역사가
기억하는
유럽의 변화

1500년부터 1600년까지

궈팡 편저 정유희 옮김

꾸벅

세계사 ❺
역사가 기억하는 유럽의 변화

발행일 / 1판1쇄 2012년 9월 15일

편저자 / 궈팡

옮긴이 / 정유희

발행인 / 이병덕

발행처 / 도서출판 꾸벅

등록날짜 / 2001년 11월 20일

등록번호 / 제 8-349호

주소 / 경기도 고양시 일산동구 장항동 775-1 삼성마이다스 415호

전화 / 031) 908-9152

팩스 / 031) 908-9153

http://www.jungilbooks.co.kr

isbn / 978-89-90636-57-7

잘못된 책은 구입하신 서점이나 본사에서 교환해 드립니다.

全球通史—欧洲的转折

作者 : 郭方 主编

copyright ⓒ 2010 by 吉林出版集团有限责任公司

All rights reserved.

Korean Translation Copyright ⓒ 2012 by Coobug Publishing Co.

Korean edition is published by arrangement with 吉林出版集团有限责任公司

through EntersKorea Co., Ltd, Seoul.

이 책의 한국어판 저작권은 (주)엔터스코리아를 통한 중국의 吉林出版集团有限责任公司 와의 계약으로 도서출판 꾸벅이 소유합니다. 신 저작권법에 의하여 한국 내에서 보호를 받는 저작물이므로 무단전재와 무단복제를 금합니다.

인류의 역사를 통틀어서 사상의 변화는 암흑 속에서 탄생했다. 인류의 역사가 16세기로 그 발걸음을 내디딜 무렵 동양의 앞선 문명에 줄곧 뒤처졌던 유럽 사회에 커다란 변화가 찾아왔다. 중세 천 년의 긴 세월 동안 억눌렸던 유럽인의 사상에 불현듯 밝은 불꽃이 피어오른 것이다. 그들은 참혹한 고문과 전쟁의 소용돌이 속에서도 새로운 변화를 이루기 위해 절대 뒤돌아보거나 원망하지 않고 용기를 내어 한 걸음 한 걸음씩 앞을 향해 나아갔다. 이들의 고귀한 희생이 있었기에 인류의 문명이 발전하고 후대인들이 더 나은 삶을 영위할 수 있었던 것이다.

16세기 유럽은 중세 천 년 동안 종교의 압제 아래 억눌렸던 인간의 본성을 새롭게 일깨운 시기이다. 한 사람의 목소리는 미약하나, 그의 새로운 사상이 오랫동안 억눌린 수많은 사람의 영혼과 만나면 산을 울리는 메아리가 되어 큰 힘을 발휘한다. 마르틴 루터는 자신의 주장이 16세기 유럽에 어떤 결과를 가져올지 전혀 예상하지 못했지만 역사는 그를 선택했다. 그러나 이는 루터 한 사람의 영예로 끝나지 않았다. 수많은 사람이 종교의 자유를 위해 피를 흘렸고, 유럽 곳곳이 전쟁으로 황폐해졌다. 종교 간의 관용과 화해는 바로 이러한 피비린내 나는 전쟁의 역사 위에 세워진 것이다. 종교 개혁의 영향은 다시 인문지리, 예술, 과학의 각 영역으로 파고들어 유럽의 문명을 진화시켰다.

콜럼버스가 신대륙을 발견한 이후 16세기의 유럽인은 지리상의 발견을 통해 위대한 성과를 거두었다. 캐벗의 북아메리카 탐험, 마젤란의 세계 일주, 스페인의 남아메리카 발견은 최종적으로 유럽인에게 엄청난 부를 안겨주었다. 이 모든 것은 과학 기술의 발전을 위해 일한 사람들의 땀과 노력이 있었기에 가능했다. 코페르니쿠스의 지동설, 갈릴레이의 자유 낙하 실험 또는 베살리우스의 인체 해부 등은 모두 당시에 인류가 이룩한 최고의 과학 기술이었다. 한편, 16세기 유럽은 문학과 예술 분야에서도 찬란한 황금기를 누렸다.

  이 책은 종교, 지리상의 발견, 과학 기술, 문학, 예술 분야로 나누어 16세기 유럽 사회에 일어난 거대한 변화를 전체적인 시각에서 조망하고 깊이 있게 분석했다. 그리고 이 변화가 후세에 미친 영향을 그림과 설명을 통해서 독자들에게 전달하여 인류 문명의 대전환기인 16세기 역사를 생생하게 기록했다.

차례

제 1 장
종교개혁

제 2 장
과학 기술의 빛

제 3 장
대양의 유혹

제 4 장

대국의 발전

제 5 장

확장 시대의 경제

제 6 장

르네상스

Transition In Europe

History of the World

제 1 장

종교개혁

역사의 전환점 **문명의 전파**

아무리 짙은 어둠도 여명을 가릴 수 없듯이 인간의 정신과 사고에 깃든 자유는 무엇으로도 억압할 수 없다. 인간만이 갖춘 창조력과 영감이 바로 이 자유에서 비롯된 것이다. 자유를 억누르는 것은 마치 성경에 등장하는 거인 삼손의 머리카락을 자르는 것과 같다. 그러면 삼손은 당장은 힘을 잃지만 머리카락이 새로 자라나면 다시 괴력을 발휘한다. 이처럼 인간의 자유는 외부의 힘에 억눌리더라도 때를 기다려 다시 새롭게 비상한다.

혼돈에서 벗어나다

세상이 아름다운 것은 인간이 존재하기 때문이다. 무한한 창조력을 지닌 인간은 스스로 만물의 영장이라고 부른다. 인간은 자유로운 영혼과 무한한 창의력으로 이 세상을 변화시켜 왔다. 그러나 아무리 뛰어난 인간의 능력도 환경의 제약을 받기 때문에 인류는 생활하는 지역에 따라 각기 다른 문명을 발달시켰다. 아시아와 유럽 두 대륙에서 문명이 꽃핀 시기가 다른 것이 바로 이 때문이다. 익히 알려진 대로 아시아를 무대로 한 세계 4대 문명[1]은 기원전 수천 년 전에 이미 시작되었다. 그러나 같은 시기에 유럽은 황량한 땅덩이에 불과해 국가도 없었고 문명이나 제도의 흔적도 찾아볼 수 없었다. 기원전 5세기에 접어들어서야 비로소 그리스 문명이 시작되었다. 기원전 2세기 로마인은 무력을 앞세워 그리스와 중동 지역을 정복했다. 그러나 그리스인은 문화로써 로마를 정복했고, 로마 문명과 하나로 융합되어 훗날 기독교 문명과 함께 유럽 문명의 정신적인 기원이 되었다.

우리가 생활 속에서 자주 사용하는 서기라는 말은 예수 그리스도의 탄생을 기점으로 한다. 기독교가 전 세계에 걸쳐 선교 활동을 시작한 지 수백 년이 흐른 후에는 지중해 전역까지 두루 전파되었다. 392년, 로마 황제 테오도시우스 1세(Theodosius I)는 기독교를 로마의 국교로 정하고 이교를 금지했다. 당시 로마는 광활한 영토[2]를 차지하고 있어서 기독교는 이때를 시작으로 비약적으로 발전했다. 서

---

1) 중국의 황허, 이집트, 메소포타미아, 인더스
2) 동쪽으로 유프라테스 강, 서쪽으로 스페인과 영국, 남쪽으로 북아프리카, 북쪽으로 다뉴브 강과 라인 강

로마제국이 멸망하고 나서도 유럽인들은 노르만족(Norman)[3], 골족(Gaule)[4], 반달족(Vandals)[5]을 불문하고 기독교 신앙에 동화되었다. 이후 유럽 대륙은 장장 1천여 년에 걸쳐 기독교가 지배하는 중세로 접어들었다.

중세 유럽 사회는 기독교의 영향 아래 스콜라철학(Scholasticism)[6]이 발달했고 병원이 설립됐으며 영아 살해가 금지됐다. 정치적으로는 평화롭고 통일된 체제가 유지되었다. 이렇듯 기독교가 사회에 많은 공헌을 했지만 한편으로는 교리를 앞세워 인간성을 말살하고 사상의 자유를 제한했다. 이런 이유에서 중세의 유럽을 '암흑기'라고 부르는 것이다. 유럽 대륙이 거대한 제국에서 독립된 왕국으로 분열될 때도 교회의 세력은 절대 흔들리지 않았다. 오히려 예전보다 세력을 확장하여 정신적인 영역만이 아닌 세속적인 생활에도 그 영향력을 강하게 뻗어나갔다. 가혹한 형벌을 집행하던 종교재판, 십일조[7] 헌납의 강요 등이 그 대표적인 예이다.

▼ 유럽의 회화

하인리히 4세가 클뤼니(Cluny) 수도원장(왼쪽 위)을 따라 토스카나의 백작부인인 마틸데(Matilde La Gran Contessa, 오른쪽) 앞에 무릎을 꿇고 있다. 그는 백작부인에게 자신을 파문한 교황 그레고리우스 7세에게 자신의 사면을 청해줄 것을 부탁했다.

REX ROGAT ABBATEM MATHILDIM SUPPLICAT ATQ

---

3) 게르만족 중에서 덴마크 · 스칸디나비아 지방을 원주지로 하는 일파
4) 프랑스인의 선조
5) 5세기에 로마제국을 침범한 게르만족의 일파로 북아프리카의 카르타고를 중심으로 국가를 건설했다.
6) 중세 유럽에서 등장한 신학 중심의 철학으로 교회 교리의 학문적 근거를 체계적으로 확립하기 위해 이루어진 기독교 변증 철학이다.
7) 교회가 교구민에게 과세 대상의 10분의 1 비율로 징수하던 세

세속적인 권력이 확대되자 교회의 재산은 더욱 늘어났고, 이렇게 늘어난 부는 세대를 이어 누적되었다. 막대한 재산과 광활한 토지를 소유한 교회의 권력은 경제 분야에 국한되지 않았고 정치적으로도 무소불위의 힘을 행사했다. 1075년, 교황 그레고리우스 7세(Gregorius VII)는 교회를 정화하고 왕권으로부터 독립하기 위해 세속 군주가 행사하던 평신도의 성직 임명권을 금지하는 칙령을 내렸다. 이에 반발한 신성로마제국 황제 하인리히 4세(Heinrich IV)는 이 칙령을 무시하고, 교회 회의를 소집하여 그레고리우스 7세의 교황직을 박탈하자고 선동했다. 그러자 교황은 하인리히 4세를 파문하고 황제의 지위마저 부정한다고 선포하여 맞대결했다. 교회의 파문으로 하인리히 4세가 기독교 사회에서 힘을 발휘하지 못하게 되자 봉건 영주들은 교황의 편에 섰다. 이렇게 측근들로부터 배신당하고 궁지에 몰린 하인리히 4세는 추운 겨울 알프스 산을 넘어 당시 교황이 머물던 카노사(Canossa) 성을 찾아갔다. 눈 속에 사흘 밤낮을 맨발로 서서 자비를 청한 뒤에야 그는 비로소 교황의 사면을 받았다. 카노사의 굴욕(Walk to Canossa)으로 알려진 이 사건은 교황의 권력이 봉건 국가의 왕권보다 우위에 있음을 설명해준다.

　　11세기, 기독교 사회에 대분열과 십자군 전쟁이라는 중대한 사건이 일어났다. 이 두 사건은 유럽 사회에 역사적인 전환점이 되었다. 대분열(Great Schism)이란 1054년 이후 기독교가 그리스 정교와 로마 가톨릭으로 갈라진 것을 가리킨다. 십자군 전쟁은 교황 우르바누스 2세(Urbanus II)가 1095년 기독교의 성지 예루살렘을 이슬람으로부터 탈환하기 위해 시작한 전쟁이다. 전쟁은 2세기에 걸쳐 계속되었고, 결국 기독교의 실패로 끝났다.

　　십자군 전쟁의 실패는 로마 교황청의 위엄과 명예를 땅에 떨어뜨렸다. 사람들은 이 전쟁의 동기와 의미에 대해 회의를 품기 시작했다. 동방 원정을 목표로 한 십자군의 열정은 처음에는 단순한 신앙심에서 출발했지만 나중에는 약탈, 모험으로 바뀌었기 때문이다. 그러나 십자군 원정의 실패는 끝이 아니라 새로운 시작, 즉 유럽이 세계를 향해 발을 내디디게 된 출발점이었다. 이 출발점을 지나 유럽은 어둡고 고립된 시대를 벗어나서 더욱 개방된 사회로 전진했다.

　예루살렘(Jerusalem)은 예부터 분쟁이 끊이지 않았다. 유대교, 이슬람교, 그리고 기독교 이 3대 종교 모두 예루살렘에서 발원하여 이곳을 자신의 성지로 여겼다. 성경의 기록에 따르면, 기원전 1000년경 이스라엘 왕 다윗(David)이 이곳을 정복하고 그 이름을 '평화의 도시'라는 뜻의 '예루살렘'으로 지었다고 한다. 그러나 그 이름의 의미와 달리 예루살렘에서는 이곳을 차지하기 위해 세 종교가 일으킨 논쟁, 유혈 충돌, 전쟁이 멈춘 적이 없다. 오늘날에도 예루살렘에서 울려 퍼지는 총성은 여전히 사람들의 마음을 공포에 떨게 한다. 636년, 세력을 키운 이슬람이 로마제국을 무너뜨렸다. 이때부터 예루살렘은 오랫동안 이슬람의 통치를 받았다. 전쟁에 능한 이슬람은 단순히 무력을 앞세워 영토를 확장한 것으로 그치지 않고, 정복한 민족의 문화를 흡수했다. 마호메트(Muhammad, 570~632)가 이슬람교를 전파한 이후 그들은 경제적인 발전을 바탕으로 찬란한 이슬람 문명을 이룩했다. 학술, 문학은 물론 예술 분야에서도 이슬람 문명은 동시대의 유럽보다 훨씬 앞서 있었다. 메카(Mecca)와 메디나(Medinah)는 이슬람 세계에서 최초로 학문의 중심지가 되었다. 수많은 문인과 학자가 이라크로 모이면서 이곳을 중심으로 언어학, 철학, 의학이 빠르게 발전했고 다양한 문화가 축적되었다. 시리아와 다마스쿠스에는 방대한 그리스 서적과 번역 서적이 소장되었고, 알렉산드리아에서는 건축, 학술이 발달했다. 1067년에는 바그다드에 최초의 고등교육 기관인 니자미야 마드라사(Nizamiyyah Madrasah)를 세웠다. 이 학교의 제도와 운영 방식은 이후 유럽 대학에 영향을 주었다. 비잔틴, 페르시아, 시리아, 이집트, 그리고 인도 문명을 한데 아우른 이슬람 문명은 인류 역사에서 중요한 역할을 했다.

　1095년 11월, 로마 교황 우르바누스 2세는 제1차 십자군 원정을 단행했다. 성지를 회복하고 물질적인 이익을 차지하겠다는 두 가지 목표 아래 수많은 봉건 지주, 기사, 상인, 농민이 십자군에 자원했다. 교황은 모든 병사에게 십자가를 하사했고, 여기에서 십자군이라는 이름이 생겨났다. 제1차 십자군 원정에는 총 10만여 명이 참전했다. 동방에 도착한 십자군은 처음 보는 신기한 물건들에 감탄했고 발달한 문화와 경제적인 풍요로움에 큰 충격을 받았다. 그들은 가는 곳마다 이민족을 몰아내는 동시에 수많은 진귀한 물품을 약탈했다.

1099년 7월 15일 예루살렘을 점령한 십자군은 이어서 지중해 연안에 유럽의 국가 형태를 모방한 봉건 국가를 건설했다. 그러나 이들의 행운은 오래가지 못했다. 1187년에 이슬람의 살라딘(Saladin, 1137~1193)이 빠르게 세력을 규합하여 예루살렘을 수복했다. 이후 십자군은 일곱 차례 원정에 나섰지만 모두 실패로 끝났다.

1291년에 이르자 장기전으로 돌입한 십자군 전쟁으로 유럽 각 나라의 국력은 약해졌고 백성은 고통 속에서 허덕였다. 사람들은 이 전쟁이 과연 정의를 위한 것인지 회의를 품기 시작했다. 기독교가 지향하는 것이 살육과 피비린내가 아닌데도 소년 십자군 3만 명을 머나먼 이국으로 보냄으로써 천주교 역사에 치욕적인 오점을 남겼다. 사람들은 교황의 미혹에서 차츰 깨어나기 시작했다. 사자왕 리처드 1세(Richard I, 1157~1199)는 정세를 살펴보고 그동안 적대시하던 이슬람과 우호 관계를 맺기로 했다. 그리하여 자신의 여동생을 살라딘의 동생에게 시집보냈고, 살라딘의 동생은 그에 대한 답례로 기독교로 개종했다.

십자군 원정은 실패했지만 유럽인은 이를 계기로 세상을 보는 안목이 넓어졌다. 그들은 동방의 풍요로움을 인식했으며 이슬람 문명으로부터 아라비아 숫자, 대수, 나침반, 화약, 종이, 그리고 그리스의 문명을 받아들였다. 이는 유럽에서 르네상스가 싹트는 데 사상적인 뒷받침이 되었다. 한편, 십자군이 지중해 동쪽 해안에 세운 기독교 국가가 중심이 되어 지중해 무역이 시작되었다. 베네치아, 제노바, 마르세유의 상인들이 이곳에서 이슬람 상인의 자리를 차지했고 이때부터 유럽과 밀접한 관계를 맺은 지중해 무역이 서서히 형성되었다. 상업이 발달함에 따라 유럽에는 도시화가 진행되었고, 동양의 발달한 문명을 접하고 받은 문화적 충격은 사상의 해방을 촉진했다. 자본주의의 싹이 움트면서 이러한 해방에 대한 요구는 점점 절실해졌다.

영혼의 해방을 위한 외침

인간의 사상은 절대 구속받지 않는다. 시대적 상황에 의해 그 눈이 가려질 수는 있지만, 상황에 변화가 생기면 사상은 어김없이 행동으로 나타나기 마련이다. 유럽의 중세가 바로 이와 같았다. 기독교의 교리가 사람들의 마음 깊이 뿌리를 내렸고 교회는 온갖 수단을 이용해서 자신들의 명령에 복종하게 했다. 그러나 15세기에 이르러 교회가 극도로 부패하자 교황과 성직자에 대한 존경과 신망은 급격히 추락했다. 천주교회는 최대의 위기를 맞은 것이다. '대분열' 이후 각지의 교회마다 더 많은 권한을 얻으려 파당을 형성했다. 성직자는 자신의 종교적 사명을 철저히 망각하고 오로지 재물을 탐하는 데에만 혈안이 되었다. 역대 교황의 자리에 오른 사람은 모두 자신의 가문을 위해 재물을 수탈하고 자신이 다스리는 영토를 넓히는 데에 관심을 쏟았지, 교회 내부의 개혁은 안중에도 없었다. 개혁을 요구하는 목소리가 갈수록 커져도 탐욕에 빠진 그들의 귀에는 아무런 소리도 들리지 않는 듯했다. 이때 천주교회가 신도의 마음을 감화하기 위한 수단으로 선택한 것은 복음의 전파가 아니라 엄격하고 가혹한 교리, 종교재판소, 그리고 무거운 형벌이었다. 대다수 신도가 여전히 천주교를 신봉했으나 더 이상 성직자를 자신과 하느님의 사이를 이어주는 다리로 여기지 않았다.

▼ 제1차 십자군 원정

유럽인은 200년 동안 아홉 차례에 걸쳐 십자군을 동방으로 파병했다. 제1차 동방 원정이 실패하자 교회 지도자들은 단순한 열정만으로는 성지를 수복할 수 없다는 것을 깨달았다. 그러나 이들은 포기하지 않고 계속해서 다음 전쟁을 준비해나갔다.

▲ **십자군이 점령한 콘스탄티노플**
십자군이 1204년 동로마제국의 수도 콘스탄티노플(Constantinople, 현재의 터키 이스탄불)을 점령했을 때의 상황을 묘사한 것이다.

십자군 원정 이후, 학자들은 유럽에서 이미 자취를 감춘 고대 그리스와 로마 시대의 서적을 새롭게 연구하고 편찬하기 시작했다. 지중해 연안의 도시인 베네치아, 로마, 피렌체 등지에서 고대 그리스 시대와 유사한 형태의 공공 도서관과 아카데미가 출현했다. 이러한 학술기관의 등장을 계기로 이탈리아에서 르네상스가 처음으로 시작되었고, 세계 최고로 평가되는 예술가와 인문주의가 이탈리아에서 출발하여 유럽 각국으로 전파되었다. 새로운 문명이 이끌고 온 새로운 사상은 마치 하염없이 몰아치는 파도처럼 부패한 천주교를 공격했다. 교회는 학자들이 고대의 서적을 연구하는 것을 결코 반기지 않았다. 고대 그리스 로마의 사상 대부분이 교회의 교리와 어긋나기 때문이다. 단적인 예를 들면 고대 그리스 로마인은 현세의 행복을 인생의 궁극적 목표라고 본 반면에 기독교가 강조하는 것은 현세의 고난, 사후의 심판, 천국의 행복이었다. 따라서 상품 경제가 발달한 이탈리아의 도시 국가에서 나타난 자유를 추구하고 종교의 억압에서 벗어나고자 하는 사상은 인문학자들에게서 크게 환영받았다. 이탈리아 인문학자들은 인간의 자유를 소리 높여 외쳤고, 상품 경제의 발달로 부를 획득한 공장주, 은행가, 부상들은 이때도 여전히 기독교를 신봉했지만 차츰 인간의 능력과 가치에 눈을 떠나갔다. 이 시기에 인문주의 예술가들은 교회를 풍자의 대상으로 삼아 작품을 발표했다. 그들은 예수를 존경했지만 아리스토텔레스(Aristoteles) 또한 존경했다. 그들은 교황의 권위를 존중했지만 이성적인 로마법 역시 숭상했다. 영국, 프랑스, 독일의 수많은 인문학자는 초기 신학자의 저술에서 경건한 신도는 마땅히 성경의 가르침을 철저히 준수해야 한다는 기독교 정신을 새롭게 발견했다. 교회는 그들의 새로운 해석을 환영하지 않았지만 그렇다고 이를 반박할 수도 없었다. 이 새로운 해석은 훗날 개신교의 역사를 바꾼 종교개혁과 크게 다르지 않았다.

인문주의를 옹호한 교황 니콜라우스 5세

15세기 말, 르네상스 사상은 이탈리아의 베네치아, 로마, 피렌체에서 커다란 성과를 거두었다. 인문주의 학자가 부패한 종교를 향해 과학, 인간 본성, 자유라는 예리한 검을 겨눌 때, 종교계에 뜻밖의 인물이 지도자로 나섰다. 그는 인문주의 사상을 배척하지 않고 오히려 자신도 그 거센 흐름에 합류했다. 이로써 이탈리아 사회의 전 영역에서 인문주의 정신이 화려한 불꽃으로 타오를 수 있었다.

교황 니콜라우스 5세(Nicholas V)는 학식이 넓고 재능이 많은 인물이었다. 어려서부터 라틴어, 논리학, 신학에 능통했던 그는 18세가 되던 해 당시 각 분야의 인재들이 모였던 피렌체로 갔다. 그곳에서 인문주의 사상의 영향을 받고 여러 인문주의 학자를 사귀며 고전 문화를 연구하는 데 몰두했다. 니콜라우스 5세는 1419년에 신학 박사 학위를 취득했고, 1447년에 교황의 자리에 올랐다. 그는 부정이

▲ 니콜라우스 5세

로마 교황 니콜라우스 5세(재위 기간 1447~1455)는 르네상스를 지지한 최초의 교황이자 문학과 예술 분야에 재정적인 지원을 아끼지 않은 든든한 후원자였다.

가득하고 폐쇄적인 교회를 개혁하고 힘 닿는 데까지 인문주의 학자들을 후원했다. 이를 계기로 이탈리아 르네상스는 절정기를 맞이했다. 이렇게 되자 각지의 인문주의 학자들이 로마와 바티칸으로 모여들었다. 천주교회가 이단을 배격하던 것과 달리 니콜라우스 5세는 인문주의 학자에게 교회의 중요한 직무를 맡기는 과감한 결단력을 보여주었다.

니콜라우스 5세에 관해 전해오는 일화가 있다. 콘스탄티노플이 이슬람에 함락되자 니콜라우스 5세는 다른 무엇보다 그곳의 주인 잃은 책들을 서둘러 사들였다. 이때 가져온 서적 중에는 그 가치가 도시 하나와 맞먹을 정도로 진귀한 그리스 시대의 수기 원고도 있었다. 이 밖에도 그는 막대한 자금을 들여 교황청 도서관을 건설했는데 그것이 바로 오늘날 바티칸 도서관의 전신이다. 유명한 성 베드로 성당 역시 그의 지시로 지어진 것으로 그 예술성은 지금까지도 사람들의 감탄을 자아낸다.

하느님이 인간 세상에 보낸 사자使者이자 까마득히 높은 곳에 자리한 교황이 세속적인 인문주의 사조의 옹호자가 되어 로마 교황청의 '르네상스 교황 시기'를 열었다.

변질된 면벌부 레오 10세와 교회의 타락

"저희가 탐심貪心을 인因하여 지은 말을 가지고 너희로 이利를 삼으니 저희 심판은 옛적부터 지체하지 아니하며 저희 멸망은 자지 아니하느니라."

〈베드로후서 2장 3절〉

레오 10세와 면벌부

15세기 피렌체의 실제적인 주인은 막대한 재산을 등에 업고 정국을 장악한 메디치(Medici) 가문이었다. 르네상스 절정기에 재능 있는 예술가들을 적극적으로 후원한 교황 레오 10세(Leo X)가 바로 이 메디치 가문 출신이다. 레오 10세의 누나가 교황 인노켄티우스 8세(Innocentius VIII)의 아들과 결혼할 때 그는 14세의 어린 나이임에도 추기경으로 지명되었다. 부친 로렌초 데 메디치(Lorenzo de Medici)와 마찬가지로 그 역시 예술을 열렬하게 후원했다. 그는 돈이 가득 담긴 붉은색 주머니를 늘 지니고 다니며 어려움을 호소하는 인문학자들을 경제적으로 후원했다. 씀씀이가 컸던 그는 자신을 위해 언제든 연주하는 개인 악단을 운영하기도 했다. 38세에 교황으로 선출됐을 때 그는 동생에게 이렇게 말했다고 한다. "천주께서 나를 교황의 자리에 오르게 하셨으니 그 자리를 마음껏 누려야겠다." 그러나 이때까지 인생을 즐길 줄만 알았던 교황은 당시의 시대적인 변화를 어떻게 받아들이고 대처해야 하는지 몰랐다. 그의 헤픈 씀씀이는 교황이 되어서도 전혀 바뀌지 않아 재임한 지 불과 2년도 안 되어 교황청의 3대 재원을 모조리 탕진했다. 그중 하나는 인색한 전임 교황이 남긴 재산이었고, 다른 하나는 당시 교황청의 매년 고정된 수입이었다. 그리고 마지막 또 다른 하나는 장래에 그가 남긴 재정적 부담을 짊어질 후임 교황의 수입이었다. 한순간에 교황청의 재정

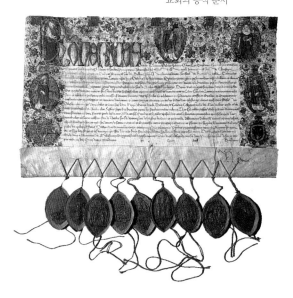

▼ 중세 유럽의 면벌부
참회한 신도의 죄를 사면해주는 교회의 공식 문서

은 잠시나마 고갈 상태에 이르렀다. 그러자 레오 10세는 재물을 모으기 위한 방책으로 성 베드로 성당을 수리한다는 명분을 내걸고 면벌부(Indulgentia)[8]를 발행했다.

면벌부는 레오 10세가 처음으로 만든 것이 아니라 십자군 원정 때에도 이미 존재했다. 종교 전쟁을 치르기 위해 떠나는 전사들의 신앙심을 고취하고자 당시 교황은 모든 십자군에게 면벌부를 하사하고 이로써 그들의 죄에 내려지는 하느님의 벌을 면할 수 있다고 선포했다. 선천적으로 사업가의 수완을 타고난 레오 10세는 이 면벌부를 대대적으로 판매하기 시작했다. 교황청은 면벌부를 대량으로 발행해서 각 교구에 이 면벌부의 판매 대행권을 팔았다. 해당 교구는 교황에게 거액의 돈을 바쳐 이 면벌부의 판매 대행권을 얻기만 하면 면벌부의 판매로 벌어들인 돈을 고스란히 차지할 수 있었다. 이렇게 되자 대주교들은 면벌부의 판매 대행권을 얻기 위해 은행에서 돈을 빌려 교황에게 바쳤다. 한편, 은행은 주교들이 빌려간 돈을 기한 안에 갚을 수 있도록 따로 영업 사원을 파견해 주교의 면벌부 판매를 도왔다. 교회와 은행의 영업 사원은 면벌부를 팔기 위해 유럽 전역을 동분서주했으며 심지어 사람들로 북적거리는 시장에서도 아무 거리낌 없이 면벌부를 팔았다. 면벌부 외에 교회는 성직도 매매해 누구나 돈만 있으면 교회의 어느 자리에든 오를 수 있었다. 이 시기 천주교회 내부의 부패는 걷잡을 수 없는 지경에 이르렀다.

면벌부의 폐단

면벌부가 시장에 진열된 일반 상품과 다른 점이 있다면, 판매자가 성직자이고 구매자가 신도라는 점이다. 성직자들은 "면벌부는 신이 주신 가장 귀중한 선물이다. … 심지어 당신이 머릿속으로 생각하는 죄까지도 사면해준다. … 면벌부만 있으면 아무리 크나큰 죄라도 용서받게 해준다. … 당신이 기꺼이, 그리고 상당한 금액의 돈을 내기만 한다면 모든 죄에서 벗어날 수 있다. … 면벌부는 살아 있는 사람에게만 효력이 있는 것이 아니라 이미 죽은 사람에게도 효력이 미친다. 따라서 고해도 필요 없다. … 헌금함에 동전이 떨어지며 땡그랑

---

8) 라틴어로 '은혜' 또는 '관대한 용서'라는 의미인데, 돈을 냄으로써 죄로 말미암아 현세에서 받아야 할 징벌의 일부, 곧 고백성사 때 신부가 부과하여 실제로 치러야 할 고행이 면제되었음을 증명하는 문서

하는 소리가 날 때 지옥에 갇혀 있던 영혼이 천국으로 올라가게 된다."라고 설교했다. 이들의 주장은 사탄의 유혹과 다를 바가 전혀 없었다. 이렇게 되자 신도들은 너나 할 것 없이 돈을 내고 면벌부를 구입했다. 신실한 성도는 면벌부로 자신의 영혼이 구원을 얻기를 바랐고, 부정한 마음을 품은 사람은 면벌부가 자신이 저지른 과거의 죄 또는 앞으로 저지를 못된 짓으로 받을 죄과에서 벗어나게 해주리라 기대했다.

면벌부는 범죄의 통행증이 되어 유럽 전역을 무법천지로 바꾸어 놓았다. 어떤 못된 짓을 하더라도 돈만 있으면 그 죄가 없어지고, 악마마저 돈만 있으면 천국으로 오를 수 있었다. 이렇게 되자 악인들은 극악무도한 행동을 서슴지 않았고 정직한 신도들은 이 혼란한 사태를 보며 안타까운 마음에 그저 한숨만 지을 뿐이었다. 이런 상황은 독일에서 특히 심했다. 대주교들 사이에서 면벌부의 판매 대행권을 얻으려는 경쟁이 치열해지더니 결국 경매라는 형식으로 이어졌고 이는 여러 사람의 불만을 일으켰다.

▼ 〈교황 레오 10세와 두 추기경〉
라파엘로 작품, 이탈리아 우피치 미술관(Galleria degli Uffizi) 소장. 그림 속의 교황은 레오 10세이며 좌우의 두 사람은 추기경이다.

면벌부에 관해 재미있는 이야기가 있다. 면벌부에 불만이 많은 작센의 한 귀족이 수도사에게 자신이 어떤 사람을 해코지할 계획인데 사전에 면벌부를 살 수 있느냐고 물었다. 욕심 많은 수도사는 그 말을 곧이곧대로 믿고 그에게 원래보다 세 배의 가격으로 면벌부 한 장을 팔았다. 면벌부를 받아든 이 귀족은 수도사를 흠씬 두들겨 패주고는 돈이 가득 담긴 헌금함을 빼앗아 달아났다. 수도사가 법원에 고소했으나 귀족은 면벌부를 제시하고 무죄를 선고받았다. 이것은 단지 우스갯소리에 불과하지만, 이 이야기를 통해서 당시의 흉흉한 사회 풍조와 부패한 교회의 행태, 면벌부에 대한 사람들의 불만을 엿볼 수 있다.

새로운 구원 루터와 '95개조 반박문'

면벌부 자체가 죄악을 조장하는 도구가 되자 사람들의 분노는 활화산처럼
끓어올랐고 이 분노의 용암은 한 독일 신부의 등장으로 마침내 분출구를
찾았다.

구원에 관한 루터의 새로운 견해

1483년 11월 10일 저녁 11시 독일 중부 작센의 한 농촌에서 마르
틴 루터(Martin Luther)가 태어났다. 1497년, 소년 루터는 세 곳의 교
회 학교에서 교육을 받았다. 그러나 부모에게서 재정적 지원을 받을
수 없어 수시로 거리로 나가 구걸해야만 했다. 다행히 부유한 귀부
인을 만나서 경제적인 도움을 받을 수 있었다. 1505년에 루터는 대
학을 졸업하고 박사 학위를 받았다. 그해 7월 2일, 루터는 부모를 방
문하고 돌아가는 도중에 폭풍우를 만났다. 갑자기 벼락이 치더니 그
의 바로 옆에 서 있던 나무에 떨어지자 생명의 위기를 느낀 루터는
두려움에 휩싸인 채 소리 높여 외쳤다. "성 안나여, 제 목숨을 살려
주시면 수도사가 되겠습니다." 그 후 루터는 부친의 반대에도 아우
구스티누스 수도회(Augustinian friary)에 들어갔다.

▼ 마르틴 루터
마르틴 루터(1483~1546)의 눈
빛에는 타협을 모르는 강렬한
의지와 자신감이 깃들어 있다.
진실한 신앙을 향한 그의 노력
과 열정은 유럽을 종교개혁이라
는 거대한 전환점으로 이끌었
다.

1507년 2월 신부가 된 루터는 신중하게 처신하고 경건하
게 생활했다. 성경을 연구하는 데 온 힘을 쏟았으며 〈로마서〉
의 "의인은 믿음으로 말미암아 살리라."라는 구절에 크게
감동했다. 그러나 수도회에서 일하는 성직자의 부정을 목격
하고 크게 실망하고 말았다. 그는 매일 참회해도 도무지 마
음의 위안을 얻지 못했다. 그러던 중 수도회의 지도 신부였
던 요한 폰 슈타우피츠(Johann von Staupitz)의 충고를 받아
들여 1508년 비텐베르크 대학(University of Wittenberg)에서
신학을 공부하기 시작했다. 이곳에서 그는 신이 인간에게
부여한 자유의지를 강조하는 신학자 오컴(William of
Ockham)의 신학 이론을 심도 있게 연구했다. 또 고대 헬라
어와 히브리어를 공부했고, 1년 후에는 이 대학에서 교수가
되어 성경학을 강의했다. 매일 학생들에게 성경을 강해하면

서도 교회의 부패를 생각하면 루터는 늘 마음이 편치 않았다. 그는 번민으로 가득한 삶에서 해탈하는 방법을 성경에서 구했고, 시간이 지날수록 성경을 깊이 이해하게 되었다. 1511년 루터는 아우구스티누스 수도회로 돌아와 교회 탑에서 칩거하며 밤마다 깊은 사색에 잠겼다. "의인은 믿음으로 말미암아 살리라."라는 구절의 감동이 수시로 그의 머릿속에 맴돌았고, 점차 견고한 신념으로 자리 잡았다. 그리하여 루터는 성경을 새롭게 이해하기 시작했다. 그는 누구나 예수 그리스도를 믿기만 하면 영원하고 정의로운 선물을 얻을 수 있으며 이 선물은 결코 인간이 관여할 수 없다고 여겼다. 이미 하느님의 뜻을 깨달은 이상 다른 사람에게 재차 물을 필요도 없고, 고해성사와 같이 성직자가 주도하는 성례전을 거행할 필요도 없었다. 따라서 그는 천주교회의 형식적인 미사, 면벌부, 그리고 각종 번잡한 의식이 인간을 구원한다고 보지 않았다. "나는 나 자신이 중생[9]을 얻고 활짝 열린 천국의 문을 통과하여 낙원에 들어갔다고 생각한다."라고 당당하게 주장했다.

교회를 향한 루터의 비판은 계속 이어졌고, 사상의 변화는 곧이어 행동으로 나타났다. 1515년 루터는 〈로마서〉 강해 교재에 자신의 새로운 견해를 반영했다.

95개조 반박문

루터의 관점에서 교회의 신권 남용은 기독교 교리에 어긋나는 것이고, 신성한 교회는 손때 묻은 동전에서 피어나는 악취로 가득했다. 면벌부를 샀으니 지옥에 가지 않는다고 믿는 사람들이 고해하러 그를 찾아오면 루터는 그들을 위해서 기도를 하는 것을 거절했다. 교회의 부패가 더욱 심해지자 1517년 10월 31일 루터는 안타까운 심정으로 95개조 반박문(The Ninety-Five Theses)으로 더 잘 알려진 '면벌부의 효과에 관한 논제(Disputation of Martin Luther on the Power and Efficacy of Indulgences)'이라는 제목의 글을 써내려 갔다. 루터가 이 글을 쓴 것은 대학 교수의 신분으로 신학적인 관점에서 면벌부를 논한 것이었을 뿐 이때만 해도 종교개혁이라는 역사적인 사건을 주도하겠다는 생각은 추호도 없었다. 글쓰기를 마친 후

---

9) 원죄 때문에 죽었던 영이 예수 그리스도를 믿음으로 해서 영적으로 다시 새사람이 됨

▲ 마르틴 루터가 종교개혁의 도화선이 된 '95개조 반박문'을 게시하고 있다. 그는 16세기 독일 종교개혁 운동의 발기인이며 기독교 개신교 중 루터교의 창시자이다.

루터는 관례에 따라 이 글을 비텐베르크 성당의 대문에 붙였다. 오늘날 개신교 국가에서는 이날을 종교개혁 기념일로 삼는다.

이날 비텐베르크 성당의 입구를 지나던 사람들은 모두 매우 놀랐다. 라틴어로 쓴 이 반박문은 한 마디 한 마디가 사람의 마음을 움직였고, 각 항목에서 면벌부의 병폐를 예리하게 지적했다. 예를 들면, 제27조 "동전이 헌금함에 떨어지며 땡그랑 하는 소리를 낼 때 영혼이 연옥을 떠난다는 주장은 세상에서 가장 어처구니없는 말이다." 제36조 "진심으로 참회한 신자는 면벌부가 없어도 그 죄과에 대해 완벽한 사면을 얻는다." 제86조는 교황을 직접적으로 언급했다. "교황이야말로 세상에서 가장 부유한데 어째서 성 베드로 성당의 중수에 자신의 재산을 쓰지 않고 오히려 가난한 신도들에게 돈을 내라고 하는가?" 이와 같은 총 95개 항목의 논제를 오늘날에는 '95개조 반박문'이라고 부른다.

그의 글을 읽은 사람들은 한 명도 예외 없이 그의 주장에 고개를 끄덕였다. 당시의 사회 상황에 대해 깨어 있던 사람은 참았던 숨을 마침내 내쉬는 듯했고, 별다른 생각 없이 세상의 흐름에 따라 살아가던 사람은 몽둥이로 뒤통수를 호되게 얻어맞은 것처럼 정신이 번쩍 들었다. 반박문은 인간의 이성에 불씨를 당겨 오랜 세월 교회가 저지른 온갖 부패를 바라보며 느꼈던 분노를 자극했다. 사람들은 그의 글을 서로 다투어 베끼고 독일어로 번역해 작은 책자를 만들었다. 인쇄술의 도움을 받아 불과 2주 만에 이 소책자가 독일 전역에 퍼졌고 한 달 만에 기독교 세계에 전파되었다. 이리하여 위로는 군왕의 화려한 궁전에서 아래로는 근근이 삶을 연명하는 농민의 허름한 오두막까지 마르틴 루터의 이름이 전해졌다.

교황의 교서를 불사르다 루터교의 확장

"나는 단지 햇불 하나를 밝혔을 뿐이지만 여기에 사용된 것은 진리의 말씀이었다."라고 루터는 말했다. 진리의 불꽃이 타오르자 이것은 곧 영원한 빛이 되었고 그 무엇도 막을 수 없는 시대의 흐름을 대표하며 맹렬한 기세로 앞을 향해 나아갔다.

로마 가톨릭의 분열

'95개조 반박문'이 발표된 후 루터 본인도 예상치 못한 일이 일어났다. 순식간에 수많은 지지자가 생긴 것이다. 독일의 시민, 농민이 앞다투어 그에게 존경을 표시했다. 유명한 대학 교수마저 그와 악수하기 위해 사람들 틈을 비집고 손을 내밀었으며 작센의 선제후[10]는 그를 칭찬하며 높이 받들었다. 대학의 관례에 따라 '95개조 반박문'에는 '공개 토론 환영'이라는 문구가 덧붙여졌다. 이에 저명한 신학자들이 루터의 명성을 듣고 그와 토론을 벌이고자 찾아왔다. 루터는 사람의 마음을 움직이는 목소리, 풍부한 상상력과 뛰어난 순발력으로 토론회에서 자신의 의견을 펼쳤다. 그는 목소리를 낮춰 부드럽고 냉정하게 자신의 주장을 펼치다가도 열정에 휩싸이면 저속한 말도 가리지 않으며 신랄하고 거침없이 비난했다. 이와 같은 토론은 루터를 신임하는 사람과 천주교도 사이의 쟁론으로 확대되었고, 독일 전체에 거대한 반향을 일으켰다. 그를 지지하는 사람 못지않게 그를 반대하는 사람도 많았다. 요한 에크(Johann Eck, 1486~1543)라는 신학자와 토론했을 때 루터는 독일어로 이렇게 말했다. "나는 교황 또는 교회의 권력을 부정하는 것이 결코 아닙니다. 그 이유는 단지 그들이 성직자이기 때문입니다. 그러나 독일 황제가 성직자가 아니라고 해도 우리는 마땅히 그를 존경해야 합니다." 이 말에서 루터의 정치적 성향을 알 수 있다. 다시 말해, 독일인의 독립성과 자율성이 드러난다.

1517년, 루터는 여전히 스스로 교회의 일원이라고 생각했고 자신의 반박문을 통해 면벌부를 판매하는 교회의 폐단이 개선되기를 희

---

10) 중세 독일에서 황제 선거의 자격을 가진 제후

망했다. 1518년에 루터는 일반 대중도 이해하기 쉽도록 간결한 문장으로 반박문을 새로 썼다. 그러자 루터를 지지하는 사람이 점점 늘어났고, 한때 뜨겁게 일어나던 면벌부 판매는 시간이 지날수록 부진해졌다. 이에 대응하여 대주교 알브레히트(Albrecht)가 로마에서 루터를 고소했고, 레오 10세를 대표로 하는 로마 교황청은 천주교에 커다란 위협이 된다고 여겨 그를 이단으로 규정하고 6월에 로마에 와서 스스로 변론하도록 명령했다. 이때 작센 선제후 프리드리히 3세(Frederick III, Elector of Saxony, 1463~1525)의 도움으로 루터는 로마로 가지 않고 독일 경내인 아우크스부르크(Augsburg)에서 추기경 카예탄(Cajetan, 1468~1534)에게 심문을 받았다. 카예탄은 루터에게 교회의 권위를 흔드는 저술과 강연을 그만두라고 요구했으나 루터는 자신의 생각을 굽히지 않았다. 그는 공의회를 열어 자신의 주장을 심판해달라고 요구했고 공의회라도 잘못을 저지를 수 있다고 말했다. 루터의 굳은 의지는 교회의 거센 압력에도 절대 움츠러들지 않았다. 오히려 그는 자신이 가야 할 길을 서서히 찾아갔다. 그는 교회의 폐단을 공개적으로 비판하고 이를 신학적으로 고찰한 논문을 썼다. 이 논문에서 "신자와 하느님은 서로 사랑하는 연인과 같아서 이들 사이에 제삼자는 필요하지 않다."라는 구절이 특히 교황의 화를 부추겼다.

1519년, 마르틴 루터는 라이프치히(Leipzig)에서 열린 신학 논쟁에 참석해 종교가 없어도 교회는 존재할 수 있다며 교회의 권위를 부인하는 발언을 했다. 자신이 일으킨 종교개혁의 불꽃이 독일에서 거세게 타오르자 루터는 로마 교황청이 쇄신하여 번잡한 의식을 버리고 신도들에게 성경만을 유일한 신앙의 대상으로 삼도록 지도하기를 희망했다. 1520년 루터는 《독일 기독교 귀족에게 바치는 공개 편지(To the Christian Nobility of the German Nation)》, 《바빌론의 포로가 된 교회(On the Babylonian Captivity of the Church)》, 《그리스도인의 자유에 대하여(On the Freedom of a Christian)》 등 개혁을 선전하는 내용의 소책자를 연이어 집필했다. 그는 이 책자들을 통해 부패한 교회를 개혁하고자 했으나 교회는 그의 뜻대로 바뀌지 않았다.

1520년 6월, 로마 가톨릭은 루터에게 '주여, 일어나소서!(Exsurge Domine)'라는 교서를 반포하여 정식으로 그를 이단으로 선포했다.

또 그가 60일 안에 자신의 잘못을 뉘우치고 회개하지 않으면 파문하겠다고 통보했다. 이 사건이 일어나기 전에 루터는 친구에게 이렇게 편지를 썼다. "나는 이미 결심을 굳혔네. 교황청이 이 사태를 어떻게 처리하든 나는 개의치 않기로 했네." 루터가 비텐베르크 대학에서 강의하고 있을 때 교황의 교서가 전달되었다. 그는 아무런 감정의 동요도 보이지 않고 학생들이 지켜보는 앞에서 이 교서를 불태워 버렸다. 1521년 1월, 결국 교황 레오 10세는 루터를 파문했다.

자유인이 된 루터

로마 가톨릭과 관계를 끊은 이후 루터는 진정한 자유를 얻었다. 이 자유는 사상에서 행동으로 옮겨졌고, 종교에서 세상으로 침투했다. 그는 사람들을 향해 이렇게 외쳤다. "신도는 누구나 평등한 관계이며 모든 사람이 사제가 될 수 있다. 모든 사람이 성경을 유일한 진리로 삼아야 하며 황제와 제후가 종교보다 공의회를 소집할 더 큰 권력을 가진다. 세례식과 성찬식을 제외한 나머지 다섯 가지 성사를

▼ **16세기 독일 개신교의 개혁을 풍자한 그림**
화면 오른쪽은 독일 천주교회이고 왼쪽은 마르틴 루터가 이끄는 개신교이다. 마르틴 루터에 의해 시작된 종교개혁으로 독일의 기독교는 서로 대립하는 천주교와 개신교의 두 교파로 나뉘었다.

▲ 1520년 마르틴 루터는 교회법령집과 교황의 교서를 불태워버렸다.

폐지해야 한다." 루터는 종교개혁의 강론을 담은 '참회에 대한 로마 교황의 권한에 관하여(On Confession, Whether the Pope has the Power to Require It)'라는 글에서 신앙과 사상의 자유를 자세히 논했다. 그는 종교개혁에서 한 걸음 더 나아가 정치적 자유를 요구했다. 교황의 전횡은 독일을 멸망의 길로 이끈다고 지적하고 소리 높여 분노를 표출했다. "로마에서 온 흉악한 무리를 독일에서 몰아내자!" 이때 루터는 독일 민족을 위해 용감하게 나선 전사였다.

1521년, 즉위한 지 얼마 되지 않은 카를 5세(Karl V)가 루터에게 보름스(Worms) 제국 의회에 출두하라고 명령했다. 이때 루터는 사람들의 반대에도 이 젊은 황제를 찾아가 만나기로 했고, 그의 결정은 나라 전체를 술렁이게 했다. 이전까지 이단, 사교로 지목된 사람이 황제를 만나러 가면 다시는 돌아오지 않았기 때문이다. 루터가 황궁으로 가는 동안 자원해서 그의 뒤를 따르는 사람들의 행렬이 길게 이어졌다. 보름스에 도착했을 때, 그를 존경하던 한 군인이 호각을 불자 이 소리를 들은 군중이 루터를 보려고 구름처럼 몰려들었다. 병사들은 하는 수 없이 루터를 호위하며 길을 열어주었다. 4월 17일, 모든 귀족과 도시의 대표 앞에서 루터는 자신의 잘못을 인정하고 모든 주장을 철회하라는 최후 통고를 들었다. 이를 거부하면 죽음 외에 아무런 선택의 여지가 없다는 것을 알면서도 루터는 끝까지 자신의 소신을 굽히지 않았다. "나는 교황을 믿지 않으며 공의회 역시 믿지 않는다. 지금까지 그들이 한 말이 과오와 모순이라는 사실이 드러났기 때문이다. 나는 내가 했던 말을 되돌릴 수 없으며 그것을 원하지도 않는다. 양심을 저버린 행동은 아무런 이익도 영광도 가져오지 않기 때문이다." 이렇게 루터가 조금도 뉘우치는 기색이 없자 카를 5세는 크게 노했다. 카를 5세는 당장에라도 루터를 사형에 처하고 싶었지만, 그를 따르는 군중을 의식해 루터가 더 이상 법률의 보호를 받지 못하며 누구도 그를 도와서는 안 된다고 명령했다. 그러나 사람들은 황제의 명령에도 아랑곳하지 않고 스스로 나서서 루터를 보호했다.

작센의 선제후 프리드리히 3세는 군대를 보내 루터를 보호했고 바르트부르크(Wartburg)에서 은신하게 했다. 나무 사이로 높이 솟은 이 성채에서 그는 신약성경을 독일어로 번역했다. 이는 독일인이 최초로 성경을 자신의 모국어로 번역한 것으로, 대중이 성경을 쉽게 읽을 수 있도록 도왔을 뿐만 아니라 독일어의 발전에도 매우 중요한 공헌을 했다. 번역 작업을 위해 루터는 주택가 골목을 다니며 사람들이 어떤 방식으로 대화를 시작하는지 자세히 관찰했다. 후대 철학과 문학 분야에서 명성을 얻은 칸트(Immanuel Kant)나 헤겔(Georg Wilhelm Friedrich Hegel), 괴테(Johann Wolfgang von Goethe)나 하이네(Heinrich Heine) 모두 루터가 번역한 독일어 성경을 읽고 자란 세대이다.

1525년 루터가 42세가 된 해의 6월 11일, 그는 수녀 카타리나 폰 보라(Catherine von Bora)와 결혼했다. 그는 금욕을 반대하는 자신의 주장을 행동으로 입증했고, 예상 외의 지지를 얻었다. 결혼을 원했던 수많은 수도사가 그의 뒤를 이어 결혼했고 수녀들 역시 답답한 수도원을 떠났다. 종교개혁 운동은 초원의 불길처럼 독일 전역으로 퍼져갔다.

루터교의 확장

1522년 3월 루터는 바르트부르크를 떠나 비텐베르크로 가서 엿새 동안 교회를 전파했다. 그전에 비텐베르크 시 의회는 루터의 건의에 따라 개혁하기로 했다. 이때 루터를 지지하는 사람들은 이미 하나의 교파를 이뤘고 독일 전역이 종교개혁의 열기로 가득했다. 그러나 루터교도 내부적으로 급진파와 온건파로 나뉘었다. 루터가 온건파의 대표였고, 급진파의 대표는 그의 친구 토마스 뮌처(Thomas Müntzer, 1489~1525)였다. 농민 출신인 뮌처는 폭력을 동원하여 농민의 자유와 권리를 쟁취하려 했으나 루터는 유혈 투쟁에 반대했다. 처음에 두 사람은 종교개혁이라는 동일한 목표를 위해 노력했고, 농민 전쟁에 대해 루터는 아무런 의견을 내지 않았다. 그러나 사태가

▲ 1521년 4월, 신성로마제국 황제
카를 5세는 독일 보름스에서 제
국 회의를 열어 독일의 종교개
혁가 마르틴 루터를 심문했다.
마르틴 루터는 자신의 주장을
철회할 것을 거절했다.

점점 심각해지자 서로 이루고자 하는 목표가 다름을 인정하고 결국
각자의 길을 갔다. 1524년 마르틴 루터는 '반역의 무리를 타도하기
위해 작센 선제후에게 바치는 글'에서 뮌처를 '사탄의 도구'로 지적
하고, 귀족들이 그에 대해 결단 있는 행동을 하도록 촉구했다. 한편,
뮌처 역시 기세를 굽히지 않고 루터를 '비텐베르크에 아무 쓸모도
없는 무능력자'라고 비난했다. 1525년 5월 15일 뮌처가 이끈 농민
전쟁은 실패로 끝났다. 농민 5천여 명이 전사했고 뮌처는 27일 참혹
한 죽음을 맞았다.

루터의 종교개혁은 봉건 귀족의 정치적 이익과 맞아떨어졌다. 작
센, 브란덴부르크 등의 선제후와 자유도시[11]가 루터교로 개종했고,
이때를 이용해서 로마 가톨릭의 재산을 몰수했다. 독일에 루터교가
생긴 지 얼마 되지 않아 스칸디나비아 반도의 덴마크, 스웨덴, 노르
웨이도 비슷한 시기에 루터교로 개종했다.

---

11) 제국에 속해 있지만 황제를 위한 출정이나 세공 등의 의무가 면제된 도시

합의를 이끈 아우크스부르크 회의 독일의 종교 분화

무슨 일이든 초기에는 혼돈과 분열이 따른다. 루터의 처음 의도는 평화적으로 교회의 개혁을 진행하는 것이었다. 그러나 그의 예상과 달리 횃불을 밝힌 작은 불꽃은 삽시간에 전 유럽으로 번졌고 기독교 사회 전체에 대분열이 일어났다. 이 여파로 봉건 제도가 흔들리고 제국이 분할되기 시작했다.

카를 5세의 후회

스페인 왕 펠리페 1세(Felipe I)와 카스티야의 후아나(Joanna of Castile)의 아들이자 아라곤의 페르디난트 2세(Ferdinand II of Aragon)와 이사벨 1세(Isabel I of Castile)의 외손자이며 신성로마제국 황제 막시밀리안 1세(Maximilian I)와 부르고뉴의 메리(Mary of Burgundy)의 손자인 카를 5세는 어린 나이에 4개 왕실의 왕위를 계승했다. 이처럼 복잡한 계보에서 보듯 합스부르크 왕조(House of Habsburg)는 정략 결혼을 통해 세력을 유지해왔다. 1519년 그는 뇌물을 제공하여 프랑스 왕 프랑수아 1세(Fransois I)를 누르고 신성로마제국 황제로 선출되었다. 1521년 교황 레오 10세의 요청으로 카를 5세는 독일 경내에서 루터를 재판했다. 합스부르크 왕조는 천주교를 믿는 왕실 연맹이었고 카를 5세 역시 충실한 천주교 신자였다. 그러나 루터를 지지하는 수많은 사람이 폭동을 일으킬지도 모른다는 불안을 느껴 그는 재판정에서 루터와 그의 추종자들을 불법이라고 선포했으면서도 이들에게 즉각 사형 명령을 내리지 못했다. 카를 5세는 훗날 이때 자신의 행동을 후회했다. 루터의 종교개혁의 영향으로 귀족마다 각자의 신앙을 선택했고 그 결과 봉건 영주들이 분열된 것이다. 신앙의 분화로 제국의 통치가 더욱 어려워지자 카를 5세는 커다란 난관에 부딪혔다. 천주교와 신교 두 교파의 지지를 모두 받지 못하면 유럽을 제패하겠다는 그의 꿈이 물거품이 되기 때문이었다.

루터와 그를 따르는 무리를 증오한 카를 5세는 처음에는 루터교파를 탄압하는 방법을 택했다. 그러나 오스만

▼ 스페인 왕 카를로스 1세
합스부르크가의 신성로마제국 황제(재위기간 1519~1556)이며 카를 5세로 불린다.

제국과 프랑스를 상대로 한 전쟁에서 수세에 몰리자 어쩔 수 없이 루터파로 개종한 독일 제후들에게 도움의 손길을 내밀어야 했다. 이를 위해 카를 5세는 두 종교의 화해를 꾀하는 조정자 역할을 맡았다. 이때 루터교파와 천주교의 제후들은 이미 각각 군사 동맹을 조직하고 있었다. 1526년 두 종교 사이의 충돌을 피하기 위해 카를 5세는 독일 경내의 모든 이에게 신앙의 자유가 있다고 선언했다. 그러나 얼마 지나지 않아 카를 5세는 자신의 이 선언을 후회했다. 1529년, 그는 "그 선언을 취소하며 공의회를 열기 전까지 개종을 금한다."라는 새로운 선언을 발표했다. 그러자 여섯 명의 주교와 14개 도시가 이 선언에 반대하고 나섰다. 사람들은 이들을 '항의교파' 혹은 '반대교파'라는 의미의 '프로테스탄트주의(Protestantism)'라고 불렀고, 한국에서는 '개신교'라고 통칭한다. 독일의 내분이 다시 시작되자 루터교파와 로마 가톨릭의 대립을 조정하기 위해 카를 5세는 양측에 합의를 촉구했고, 이에 따라 1530년에 아우크스부르크 회의가 열렸다.

아우크스부르크 회의

카를 5세가 아우크스부르크 회의를 연다는 소식에 천주교회 대표들은 신성로마제국의 후원 아래 교회의 통일을 회복할 수 있으리라고 기대했다. 그러나 그 결과는 그들에게 큰 실망을 안겨주었다. 회의에서 신교가 제시한 '아우크스부르크 신앙 고백(Augsburg Confession)'은 신교가 처음으로 정리한 정식 요강이자 루터교의 사상을 충실히 반영하여 이 교파의 기본적인 신앙 진술서가 되었다. 천주교회에서는 신교도의 신앙이 절대 흔들리지 않을 만큼 견고해 황제라도 그들의 마음을 돌이킬 수 없다는 것을 확인했다. 구교와 신교가 서로 의견을 굽히지 않아 회의는 결국 아무런 소득 없이 끝났다. 종교 분쟁은 제후와 제후, 제후와 황제, 황제와 교황 간에도 복잡하고 격한 갈등을 일으켰다. 상황이 불리하게 돌아가자 카를 5세는 무력을 동원해서라도 제국 내에서 종교를 통일하겠다고 결심했다.

천주교의 세력에 맞서기 위해 신교도는 1531년 슈말칼덴 동맹(Schmalkaldischer Bund)을 맺어 천주교도와 길고 지루한 내전을 시작했다. 루터는 작센 선제후의 비호 아래 만년을 보냈고 1546년 2월

▲ 아우크스부르크 회의

1530년 카를 5세는 아우크스부르크에서 또다시 회의를 열어 신교와 로마 가톨릭의 화해를 꾀했으나 회의는 아무런 소득 없이 끝나고 말았다.

28일 세상을 떠났다. 1550년 카를 5세는 가혹한 수단을 동원해 신교도를 다루었고, 누구든 신교의 교리를 전파하지 못한다는 조서를 내렸으며, 재세례파를 무력으로 진압했다. 교황과 천주교 제후들은 이러한 조치에 불안을 느꼈다. 세속 황제가 종교와 신앙을 간섭한다는 것은 천주교와 교황의 권위에 심각한 도전이 되기 때문이었다. 이에 천주교는 신교와 손을 잡고 카를 5세에 대항했다. 이로부터 5년 후인 1555년, 카를 5세 역시 신교도와의 전쟁에서 승리를 거두지 못한 채 중병에 걸려 황제의 자리에서 물러나야 했다. 그는 페르디난트 1세(Ferdinand I)에게 제위를 넘기고 각 지역 신교 대표와 아우크스부르크에서 협약을 맺는 권한을 부여했다. 마침내 루터교파는 독일 경내에서 천주교와 동일한 지위를 갖게 되었으며 그런 한편 황권은 약화되었다.

루터교가 최종적으로 승리함에 따라 종교의 통일이라는 카를 5세의 꿈은 실현되지 못했다. 당시 루터는 이미 이 세상 사람이 아니었지만 그의 사상은 후세에도 깊은 영향력을 발휘했다.

오직 성경 츠빙글리

종교개혁 운동이 유럽 대륙을 휩쓸고 독일의 개혁 운동이 불길처럼 번질 때 스위스에 또 한 명의 교회 개혁가가 등장했다. 그는 루터와 달리 인문주의라는 사상적 기반을 통해 더욱 깊이 있고 철저한 개혁을 주장했다. 그가 바로 츠빙글리이다.

젊은 개혁가

츠빙글리의 본명은 울리히 츠빙글리(Ulrich Zwingli)로 루터와 동시대 사람이다. 스위스 토겐부르크(Toggenburg) 지방 빌트하우스(Wildhaus)에서 루터보다 6개월 늦은 1484년 1월 1일에 태어났다. 루터와 달리 그는 부유한 가정에서 태어나 르네상스의 영향 아래 우수한 인문 교육을 받을 수 있었다. 그는 어려서부터 고대 그리스 로마 저작을 탐독했고 고전문학에 깊은 관심을 느꼈다. 14세 때 빈 대학(University of Vienna)에 들어가 고전문학을 공부했고 그곳에서 기독교 인문주의 사상의 영향을 받아 성경의 원래 의미대로 인생을 살고자 결심했다. 이후 바젤 대학(University of Basel)으로 옮겨 신학을 공부했으며, 천주교의 부패와 면벌부 제도의 폐단을 의식하기 시작했다. 신학을 연구한 뒤로 그는 믿음의 중요성을 더욱 확신했다. 1506년 대학을 졸업하고 글라루스(Glarus)의 성당에서 신부로 일하면서 스위스의 용병 제도를 규탄하는 데 앞장섰다. 당시 스위스 연방은 높은 보수를 제시하는 국가(예를 들면 프랑스)와 계약을 맺어 스위스 군인을 용병으로 파견했다. 동포의 피를 돈과 바꾸는 비인간적인 처사에 츠빙글리는 분노를 억누르지 못했다. 스위스 연방이 프랑스와 용병 계약을 체결하려 할 때 츠빙글리는 온 힘을 다해 반대했다. 이에 자신에게 피해가 돌아올지 모른다고 생각한 권력가들이 교회에 압력을 행사하여 츠빙글리는 1516년에 글라루스를 떠나야 했다. 이후 그가 옮겨간 아인지델른(Einsiedeln)은 스위스 인문주의의 중심이 되었다.

1516년 츠빙글리는 당시 명성을 떨치던 에라스뮈스(Desiderius Erasmus, 1469~1536)를 만났다. 이 만남을 통해 그는 처음으로 로마 가톨릭을 공격했고, 교육을 통해 교회를 점진적으로 개혁하고자 했다. 아인지델른에서 머무는 동안 츠빙글리는 성경 연구에 힘을 쏟으며 신약성경을 더욱 깊이 이해하게 되었다. 그는 성경에 대해 알면 알수록 성모 마리아를 향해 속죄를 구하고, 면벌부를 판매하는 등 당시 천주교의 가르침에 더욱 회의를 느꼈다. 1518년에 교황은 츠빙글리를 취리히 대성당의 설교자로 임명했다. 성경을 체계적으로 강해하는 그의 설교는 사람들을 감화하여 츠빙글리는 곧 설교자로 이름을 떨쳤다. 1년 후 루터교의 주장이 취리히에도 전해졌다. 츠빙글리 역시 루터의 영향을 받았고, 그의 초기 저작을 살펴보면 곳곳에서 루터의 그림자를 볼 수 있다. 이때 취리히에 흑사병이 창궐해 도시 인구 3분의 1이 목숨을 잃었다. 츠빙글리는 죽어가는 환자들을 위로하러 다니다가 병에 전염되어 하마터면 목숨을 잃을 뻔했다. 당시 그는 신이 자신의 생명을 구해준다면 평생 헌신하겠다고 서약했다. 그리고 병에서 회복하자 앞으로 종교와 사회 개혁을 위해 일하기로 했다.

츠빙글리의 정교일치

취리히에서 루터의 주장을 접한 츠빙글리는 1519년 스위스에서 종교개혁을 시작했다. 그의 주장은 루터와 거의 비슷했다. 다른 점이 있다면 더욱 철저한 개혁을 추구했고 인문주의 사상이 더 농후했다는 것이다. 그는 개혁과 정치 세력을 결합하여 취리히에서 활동한 지 2년도 되지 않아 의회의 신임과 지지를 얻어냈다. 1522년 츠빙글리는 세 자녀를 둔 과부와 동거하고 있었다. 그는 자신처럼 아내가 있는 사제 열 명과 함께 자신들의 결혼을 허락해달라는 청원서를 대주교에게 제출했다. 그 후 이들은 또 성경에 금식에 대한 규정이 없으므로 사순절[12]을 폐지해야 한다고 주장했다. 대주교는 이를 천주교에 대한 배반으로 보고 강경하게 탄압하려 했다. 그러나 대주교의 반응을 예측한 츠빙글리는 오히려 시 의회가 통과시킨 법령을 공표했다. 그 내용은 성경의 가르침에 따라 교회의 절기를 제정한다는 것이다. 그해 츠빙글리는 '시작과 끝(Apolgeticus Archeteles)'이라는 논문을 발표했는데 그 주된 내용은 루터의 주장과 유사했다. 그 역시 '오직 성경'이라는 명제를 제시하여 성경만이 유일한 권위를

---

12) 기독교에서 부활 주일 전 40일 동안의 참회 기간으로 예수 그리스도가 광야에서 금식한 것을 본받아 일요일을 제외한 40일을 금식 기간으로 정하고 있다.

▲ 츠빙글리
1484년 스위스의 부유한 가정에서 태어나 우수한 인문 교육을 받았으며 스위스 개신교 개혁 운동에 앞장선 개혁자이다.

가지며 성경을 근거로 하지 않은 전통이나 관습은 마땅히 폐지하거나 무효를 선언해야 한다고 했다. 또 그는 모든 사람이 성경을 읽을 권리가 있다고 지적하며 당시 성직자만이 성경을 읽을 수 있도록 한 제한 규정을 반박했다.

1523년 1월, 공개적인 신학토론회가 열렸다. 이 자리에서 제기되는 모든 주장은 반드시 성경을 근거로 제시해야 했다. 이 회의에서 츠빙글리는 그의 유명한 '67조 논강 (the Sixty-seven Articles)'을 낭독했다. 이 글은 성경의 진리를 간략하게 정리하여 천주교의 부패를 비판했다. '67조 논강'에서 츠빙글리는 성경의 권위가 교회보다 위에 있다고 인정했고 모든 사람이 믿음으로 의롭게 된다고 주장했다. 그는 선행을 통해 죄가 사해진다는 주장을 부인하고 미사와 연옥을 부정했다. 그리고 성직자의 결혼은 성경에서도 허락했다는 사실을 강조했다.

예를 들어 57조 "내세의 연옥은 성경에 아무런 언급이 없다.", 28조 "신께서 허락하시고 금지하지 않았다면 어떤 일도 정당하다. 따라서 결혼은 모든 사람에게 허용된다."가 있다. 그의 주장은 모두 성경을 근거로 하여 천주교회에서는 아무런 반박을 하지 못했다. 그의 연설은 신의 도움을 입은 듯 마르지 않는 샘처럼 이어졌고 강한 흡인력으로 청중의 주의를 끌어당겼다. 이때의 토론에서 츠빙글리는 천주교에서 행하는 모든 의식을 부정했고 미사를 비판했으며 성상, 십자가상, 그리고 제단을 파괴했다. 심지어 오르간마저 온전한 모습으로 남지 못했다. 주 의회의 지지를 얻자 츠빙글리는 개혁 운동에 박차를 가했다.

츠빙글리가 스위스에서 전개한 개혁의 여정은 루터가 겪은 것만큼 험난하지는 않았다. 이는 당시 스위스의 정치 체제가 연방 국가였기 때문에 가능했다. 스위스는 여러 개의 주로 구성되었고, 각 주가 독립적으로 자치하며 연방 의회의 간섭을 받지 않는다. 취리히의 주 의회에서 종교개혁을 지지한다고 입장을 표명하자 아무도 이에 반대를 제기하지 않았다. 다만, 스위스 전체에서 오직 취리히만이 개신교로 개종했기 때문에 츠빙글리의 개혁은 아무런 지원을 받지 못하여 결국은 실패로 끝날 공산이 컸다. 이에 츠빙글리는 취리히와 가까운 다른 주에서 지원을 얻어내기로 했다. 그는 신도들과 함께 힘을 모아 스위스 연방 중 거의 절반에 가까운 주가 개신교 운동에 동참하도록 이끌었다.

교파 분쟁

개혁 초기에 츠빙글리에게는 콘라트 그레벨(Conrad Grebel)과 펠릭스 만츠(Felix Manz)라는 든든한 지지자 두 명이 있었다. 그들은 츠빙글리의 개혁이 철저하지 않다고 여겼다. 특히 유아 세례의 폐지와 관련해 이들은 진정으로 회개한 성인은 유아 세례를 받았더라도 다시 세례를 받아야 한다고 주장했고, 나중에 재세례파로 분리되어 나갔다. 그들은 매우 급진적인 성향으로 정치와 교회의 결합을 반대했다. 이들의 주장은 정치적 노선을 채택해 개혁을 이루고자 한 츠빙글리의 생각과 근본적으로 달랐다. 양측의 이견이 점점 심화되자 재세례파는 츠빙글리를 맹렬히 비난했고 츠빙글리 역시 재세례파를 반대하는 측에 섰다. 1520년부터 1530년 사이에 재세례파 신도 수천 명이 살해되었는데, 이 사건에 대해 천주교와 개혁파는 같은 노선을 걸었다.

스위스의 천주교 세력에 대응하려면 개혁교파의 단결이 필요했다. 그러나 개혁교파 내부의 분쟁은 이를 불가능하게 했다. 당시 츠빙글리의 개신교 운동은 스위스에서 독일어를 사용하는 지역을 중심으로 빠른 기세로 퍼져갔으나 외진 산악 지방에서는 여전히 천주교 신앙을 고수했다. 츠빙글리가 개혁을 추진하는 동안 신교 양측이 서로 팽팽히 맞섰기에 언제 전쟁이 터질지 모르는 일촉즉발의 상황이었다. 비록 양측이 화해 협정을 맺었지만, 천주교 진영에서는 전쟁 준비를 늦추지 않았다. 이에 츠빙글리는 천주교와의 전쟁을 피할 수 없다는 것을 직감했다. 당시 독일에서는 카를 5세가 무력으로 신교도를 탄압할 준비를 하는 등 독일 루터파 역시 위급한 상황이었다. 이런 상황에서 츠빙글리는 루터파와 손을 잡고자 했다. 그러나 그들은 이때도 성찬식에 대한 이견으로 갈등을 빚어 츠빙글리는 단독으로 스위스 천주교 세력에 맞서야 했다.

츠빙글리와 루터는 신학적인 관점이 거의 유사하여 모두 성경을 유일한 권위로 인정하며 교황과 우상을 부정했고 복잡한 천주교 의식의 간소화를 주장했다. 그러나 성찬식에 대한 관점에서 양측은 합의에 이르지 못했다. 1529년 독일 헤센(Hessen)의 영주 필리프(Philip, 1504~1567)는 두 교파의 세력을 하나로 합쳐서 동맹을 맺고자 했다. 그는 츠빙글리와 루터를 따로 불러 마르부르크(Marburg)에서 조정 회의를 열었다. 츠빙글리는 루터 측이 제시한 초안인 '마르부르크 조문' 중 처음 14개 조항에 대해 모두 동의했지만 마지막 조항인 성찬식과 관련한 항목에 대해서는 뜻을 굽히지 않았다. 츠빙글리는 성찬식은 그리스도를 기념하는 의식이며 떡과 포도주는 단지 상징일 뿐 실제로 그리스도의 몸과 피를 이루지 않는다고 주장했다. 그러나 루터는 떡은 그리스도의 실제 몸이며 포도주는 그리스도의 피라고 주장했다. 양측이 각자의 주장을 고집하자 결국 루터는 화를

▼ 스위스 종교개혁 운동의 지도자 츠빙글리는 신교의 주장을 더욱 빠르게 전파하기 위해 무력 사용도 주저하지 않았다. 그 결과 1531년에 일어난 전쟁에서 전사했다.

이기지 못해 이에 대한 협의를 제기하지 않은 채 다만 회의 탁자에 "이것은 나의 몸이다."라는 문장을 남기고 회의장을 나섰다. 이로써 양측의 회담은 정식으로 결렬되었다. 이에 따라 츠빙글리는 독일 루터파의 지원을 얻지 못했고 홀로 스위스 경내의 로마 가톨릭 세력과 맞서야 했다.

츠빙글리파와 천주교 사이의 종교 분쟁은 곧 정치적인 전쟁으로 변했다. 1531년 마침내 전쟁이 터지자 츠빙글리는 카펠(Kappel)에서 종군 신부로 참전했다. 10월 11일 전쟁 중 부상을 당했고, 결국 적이 내리치는 돌에 맞아 목숨을 잃었다. 천주교 연맹은 전쟁에서 승리를 거두었지만, 스위스 내 대다수 신도가 이미 개신교로 개종한 사실을 바꿀 수는 없었다. 신교도는 천주교도와의 회담에서 결국 종교의 자유를 쟁취했다. 주마다 독자적으로 종교를 결정할 수 있지만 천주교를 믿는 다른 주에서는 개신교 운동을 선동할 수 없었다. 이렇게 하여 츠빙글리가 이끈 개신교 운동은 그때까지의 성과를 유지할 수 있었지만 교세를 확장하지는 못했다. 스위스 내의 종교 분쟁은 이로써 수습되었고, 또 다른 개혁가가 출현하기 전까지 안정을 지켜갔다.

반항적인 신교 청년 천주교회에서 벗어난 칼뱅

새로운 사물은 그 탄생 초기에는 고통 속에 발버둥치고 수많은 의혹과 충돌과 갈등을 이겨내고 나서야 자신을 완성할 수 있다. 종교개혁으로 혼돈에 싸인 유럽에서 루터 못지않은 위대한 인물이 출현했으니 그가 바로 장 칼뱅(Jean Calvin)이다.

칼뱅의 출현

칼뱅은 루터보다 후에 태어났다. 루터가 비텐베르크의 신학원에서 학생들에게 성경학을 강해할 때인 1509년 7월 10일, 장 칼뱅이 프랑스 피카르디(Picardie) 지방 누아용(Noyon)에서 태어났다. 칼뱅의 부친은 그 지역 주교의 비서였고 모친은 여관 주인의 딸이었다. 수완이 좋았던 부친은 겨우 12세밖에 되지 않은 칼뱅을 위해 주교의 개인 비서라는 자리를 얻어냈다. 이 덕분에 가정형편이 부유하지는 않았지만 칼뱅은 완벽한 프랑스식 교육을 받을 수 있었다. 14세가 되던 해 칼뱅은 파리의 콜레주 드 라 마르슈(Collège de la Marche, in Paris)에서 라틴어를 공부했다. 이때 루터교의 교리가 프랑스에 전파되었는데 파리 대학은 이를 이단으로 규정했다. 그러나 당시 프랑스 왕 프랑수아 1세는 루터파가 프랑스에서 포교하는 것을 대대적으로 진압하지는 않았다. 그의 여동생 마르그리트(Marguerite de Valois)가 신교를 믿었기 때문이다. 그는 카를 5세에게도 신교에 관용적인 태도를 취할 것을 충고했다. 이렇게 되자 프랑스에도 루터교로 개종하는 사람이 많아졌다.

당시 칼뱅은 아직 유순하고 부모의 뜻에 순종하는 아이였다. 1528년 3월, 부친이 정해준 대로 오를레앙 대학(University of Orléans)에서 법률을 공부했고 저명한 법학자 피에르 드 레스투알(Pierre de l'Estoile, 1480~1537)을 사사했다. 이때 그는 명석한 사고와 정확한 논리 분석 능력을 기를 수 있었고, 이는 훗날 종교개혁의 여정에 큰 도움이 되었다. 1531년 칼뱅의 부친이 세상을 떠난 이후 그는 헬라어, 라틴어, 히브리어를 수학했으며 인문주의 정신에 큰 영향을 받았다. 대학에서 수학하는 동안 그는 매우 부지런했고 자신의 직분에 충실했다. 다른 학생보다 뛰어난 성적을 거두어 자주 대리 교수로 초빙되었고 함께 공부하는 학생 모두 그의 명쾌한 강의에 감탄했다. 처음에 그는 종교에 대해 별다른 관심을 두지 않았고 학자로서 조용하고 안정적인 생활을 하기를 원했다. 그러나 1532년 그의 첫 번째 고전문학 주해서인 세네카(Lucius Annaeus Seneca(기원전 4~65)[13]의 《관용에 관하여(De Clementia)》를 완성하고 나서 불현듯 영적인 각성을 경험했다. 당시 칼뱅은 신교를 신봉하는 사람들이 화형 당하는 것을 자주 목격했는데 그들이 죽음 앞에서도 두려워하지 않고 오히려 기쁨과 관용을 보이자 크게 감화되었다. 이때부터 그는 루터의 교리를 접하기 시작했고, 당시 자신의 심경을 이렇게 진술했다. "그의 새로운 주장에 충격을 느꼈다. 너무나 큰 충격이어서 있는 힘껏 저항도 해보았다. 그런데 마치 한 줄기 빛이 나를 비추는 것만 같았다. 그 순간 내가 가장 먼저 해야 할 일은 하느님의 길을 걷는 것임을 깨달았다. 나는 눈물을 흘리며 지난 과거를 참회했다." 신앙은 이때부터 그에게 가장 중요한 위

▲ 칼뱅
프랑스 종교개혁가이자 개신교의 주요 교파인 칼뱅교파의 창시자이다.

치를 차지했다. 이어서 그는 성경을 연구하는 데 몰두했고 차츰 인간의 죄와 신의 성결을 체험하고 인정하게 되었다. 또 개혁파의 주장에 찬성하고 교회가 잘못을 고쳐야 한다고 생각했다. 생각의 전환은 그를 신교도로 바꾸어놓았고, 그는 언제라도 사형장에 오를 수 있는 투철한 신앙인으로 거듭났다.

망명

사상이 행동을 지배한다는 명제를 칼뱅의 삶에서 다시 한 번 확인할 수 있다. 신교도가 된 칼뱅은 개혁파 사이에서 차츰 활동을 시작했다. 당시 프랑스의 종교개혁 운동은 에타플의 자크 르페브르(Jacques Lefevre d'Étaples)가 주도하고 있었다. 그가 쓴 바울 서신 주해가 큰 반향을 일으켜 많은 사람이 그를 지지했다. 그 지지자 중 한 사람이었던 기욤 파렐(Guillaume Farel)이 칼뱅의 친구가 되었는

---

13) 스페인 태생의 고대 로마 철학자이자 극작가

데 그는 칼뱅의 개혁 운동에 중요한 역할을 했다. 1533년 11월 1일, 칼뱅의 친구 니콜라스 코프(Nicolas Cop)[14]는 파리 대학(Collège Royal) 교목으로 취임했다. 코프는 취임 연설에서 에라스뮈스와 마르틴 루터의 말을 인용하여 교회의 개혁, 초기 교회의 모형으로 회귀, 순수하고 단순한 복음을 주장했다. 보수파는 그의 대담한 연설에 분노하여 사람들이 보는 앞에서 원고를 불살랐다. 사람들은 이 원고를 칼뱅이 쓴 것으로 의심했고 당국은 칼뱅에게 체포 명령을 내렸다. 신변의 위험을 느낀 칼뱅과 코프는 몸을 숨겨야 했다. 망명하는 동안에도 칼뱅은 개신교 운동의 주장을 전했고 각 계층의 신교도와 만났다. 1534년 5월 4일, 칼뱅은 고향 누아용으로 돌아갔다. 당시 급진 개혁파는 곳곳에 전도지를 뿌렸는데 프랑수아 1세는 이들의 행동에 분노하여 가혹한 박해를 시작했다. 이때 칼뱅은 체포되어 오래지 않아 석방되었지만, 프랑스는 그에게 위험한 곳이 되었다. 어쩔 수 없이 그는 다시 망명길에 올랐다. 1535년경 그는 프랑스 번역본 성경의 서문을 썼다. "만약 우리가 이 나라에서 축출되더라도 온 땅이 주에게 속했음을 기억하라. 만약 우리가 지구 밖으로 쫓겨나더라도 하느님의 나라에서는 결코 버림받지 않음을 기억하라." 칼뱅은 이 글에서 자신의 입장이 핍박받는 프랑스 신교도와 같음을 밝혔다.

1535년 칼뱅은 신교도에게 안전한 스위스 바젤로 피신했다. 그곳에서 그는 마침내 한숨을 돌릴 수 있었고, 바젤에 정착해 학자로서 조용한 생활을 보낼 계획을 세웠다. 그러나 그가 섬기는 신은 그에게 다른 계획을 세워놓고 있었다. 칼뱅이 바젤로 가기 위해 제네바를 지날 때 그의 일생에서 가장 중요하고도 역사적인 의미의 전환이 일어났다.

---

14) 역시 자크 르페브르의 추종자였다.

제네바의 새로운 종교 칼뱅교

새로운 사물이 탄생해 성장하기까지는 일정한 과정을 거쳐야 한다. 종교개
혁 역시 이와 같았다. 루터가 지핀 종교개혁의 불꽃은 칼뱅에 의해 성장했
다. 이런 의미에서 칼뱅의 공은 루터보다 절대 뒤지지 않는다.

《기독교 강요》

　1535년 2월, 프랑스 프랑수아 1세는 프랑스 내의 신교가 무정부주
의를 선동한다고 발표했다. 이로써 프랑스에서 신교도 박해가 대대
적으로 전개되었다. 이를 신교도를 향한 터무니없는 모함이라고 본
칼뱅은 신교도의 입장을 변호하고 신앙을 옹호할 필요를 느꼈다. 그
는 체계적인 신학 지식을 바탕으로 《기독교 강요(Institutio
Christianae Religionis)》라는 책을 집필했다. 책 서문에서 그는 프랑
스 왕에게 바치는 편지를 썼다. 그는 최대한 예의를 갖추고 고상한
어투로 자신의 논리를 전개했다. 국왕의 주장을 반박할 때 신교의
입장에서 매우 설득력 있게 주장을 펼치며 신교의 신앙을 옹호했다.
당시 프랑스에는 신교에 대해 이처럼 분명하고 설득력 있는 신앙 고
백이 아직 발표되지 않았다. 1536년 3월 출판된 이후 이 책은 신교
도들에게 널리 환영받고 신교도의 사상적 지침이 되었다. 26세의
칼뱅은 이때부터 이름을 떨
치며 프랑스 신교의 지도자
가 되었다. 이에 그치지 않고
신교도가 있는 곳이면 어디
에서든 칼뱅과 그의 《기독교
강요》가 화제의 중심이 되었
다. 그의 책이 이처럼 널리
보급될 수 있었던 것은 그의
주장이 당시의 진보적인 성
향과 맞아떨어졌기 때문이다.
　《기독교 강요》는 초판에 여
섯 장으로만 구성되었으나

▼ 제네바 시 공원의 개신교 기념
비는 칼뱅의 탄생 400주년이 되
는 1909년에 건립되었다. 왼쪽
부터 기욤 파렐, 장 칼뱅, 테오
도뤼 베자(Theodorus Beza), 존
녹스(John Knox)이다.

▲ 칼뱅의 수기 편지
칼뱅이 에드워드 6세에게 보낸 편지로 현재 대영박물관에 보관되어 있다.

후에 장을 추가하여 제3판이 발행될 때는 종교개혁 운동 중에서 개신교와 개신교도의 생활을 가장 논리적이고 체계적으로 설명한 저서가 되었다. 이 책에서 그는 유명한 '예정론'을 제시했고 하느님께서 사람의 일생에 대해 미리 영원한 계획을 세웠으며 인간은 이 계획을 바꿀 수 없다고 주장했다. 따라서 사람은 하느님을 떠나서는 아무것도 할 수 없으며 이미 운명이 정해진 이상 인간은 마땅히 성경의 가르침에 따라 부지런히 일해야 하는데, 하느님이 이를 기뻐하신다는 것이다.

예정론에 근거하여 칼뱅은 '믿음으로 의롭게 된다'는 이신칭의以信稱義 이론을 한층 더 논증했다. 즉, 하느님이 예정한 인간의 운명은 개인의 선악과 공덕으로는 결코 바뀌지 않으므로 내세를 위해 덕을 쌓을 필요 없이 현생에서 진심으로 하느님을 섬기고 자신의 일을 열심히 하며 각자의 직분을 다하는 것이 중요하다는 내용이었다. 이런 관점에서 출발해 칼뱅은 교황, 교회 내부의 신분 제도와 권위를 반대했다. 오로지 성경만이 가장 높고 유일무이한 권위가 있으며 사람은 누구나 직접 성경을 읽음으로써 하느님과 소통할 수 있다는 것이었다.

인문주의와 신학을 결합한 천재였던 칼뱅은 자신의 책에서 지식과 신앙의 모순을 조정하고자 애썼다. 당시 사람들은 과학과 진리를 종교적으로 모두 해석할 수 없다는 사실을 이미 알고 있었다. 따라서 칼뱅은 신앙이 모든 것의 위에 존재하며, 인간은 무지하므로 학문을 닦고 자신의 지식을 높여야 한다고 주장했다. 따라서 칼뱅은 교육을 매우 중시했다. 《기독교 강요》는 서양 교육사에서 중요한 저서가 되었고 서양 근대 교육의 발전에 커다란 영향을 주었다.

이 밖에 치부致富, 대부업을 허용하고 민주적인 선거를 통해 성직자를 임명하여 민주적이고 청렴한 교회의 수립을 원하는 칼뱅의 주장은 진보를 요구하는 신흥 자산 계급의 주장과 일치했다. 이렇듯 《기독교 강요》는 당시의 사회적 요구를 대변했으며 이에 따라 칼뱅의 명성은 더욱 높아졌다.

제네바 초기

칼뱅은 자신이 유명세를 얻을 것이라고는 전혀 예상하지 못했다. 이때 그는 조용한 학자의 삶을 살고자 바젤에 정착할 작정이었다. 제네바를 거쳐 갈 때, 그의 옛 친구 파렐이 칼뱅에게 그곳에 남아 제네바의 개혁을 도와달라고 간청했다. 칼뱅이 능력이 없음을 이유로 고사하자 파렐은 화를 냈다. "자네는 자기 욕심대로만 살려고 하는군. 나는 하느님의 이름을 받드는데, 만약 자네가 이곳에서 교회를 위해 일하기를 거절하고 평화로운 삶을 욕심낸다면 하느님께서 자네를 저주하실 것이네." 그 순간 칼뱅은 마치 머리에 벼락을 맞은 것 같았다. "마치 하느님께서 하늘에서 손을 뻗어 나를 움켜잡은 것만 같았다. 나는 공포에 휩싸였고, 여정을 중단할 수밖에 없었다." 이렇게 해서 이 위대한 인물이 종교개혁에 뛰어들게 되었다.

제네바는 평온하고 아름다운 자유도시로 의회와 선거제도가 확립되어 있었다. 츠빙글리의 선교로 이 도시의 주민들은 개신교로 개종했고, 천주교의 박해를 받은 신교도들이 이곳으로 와서 신앙의 자유를 만끽했다. 당시 루터는 이미 연로하여 개신교 운동에 앞장서기 어려웠고 츠빙글리 역시 전장에서 목숨을 잃었기 때문에 제네바의 신교도들은 목자를 잃은 양떼와 같은 상황이었다. 이러한 때 칼뱅의 등장은 개신교 운동에 새로운 전환점이 되었다.

1536년 9월 1일, 사람들은 제네바 성당 앞에 선 한 젊은이를 발견했다. 검은 머리에 콧수염을 가지런히 기른 이 프랑스 청년의 눈은 밝게 빛났다. 그는 풍부한 몸짓과 명쾌한 어투로 신부와 시민들에게 연설했다. 이때 시 의회의 서기도 청중 속에서 그의 연설을 들었다. 연설에 감명한 그가 칼뱅을 제네바 신교 단체의 대표 및 지도목사로 초빙했고, 이때부터 칼뱅은 제네바를 무대로 개신교 운동을 추진했다. 그는 파렐과 함께 대중이 기독교 교리를 이해하기 쉽도록 풀어서 설명했다. 또 신교의 예배의식을 간소화하고 주일 예배를 설교 위주로 진행했으며 교회에서 성례식은 오직 세례식과 성찬식만 지켰다. 이 밖에도 도덕적인 각성을 촉구하여 신도들이 도덕적으로 문란한 행동을 하지 못하도록 했다. 그들은 제네바에 신이 다스리는 신성한 사회를 건설하고자 했다. 그러나 인구 1만여 명의 자유도시를 관리하기란 쉽지 않았다.

칼뱅과 파렐은 제네바의 신도들을 엄격하게 관리했다. '신교 10계 (Articles concernant l'organisation de l'église et du culte à Genève)'를 제시하여 시민이 이를 준수하겠다는 선서를 하게 하고, 지키지 않으면 공개적으로 신앙 고백서를 제출할 것을 강제하는 안을 시 의회에 제출했다. 처음에는 선서를 거부해 정말로 추방되는 사람이 있었다. 이에 칼뱅은 민중을 관리하려면 강제적인 수단이 필요하다는 사실을 깨달았다. 그래서 다시 시 의회에 자신의 법령을 강제적으로 집행할 것을 요구했다. 그러자 신도들과 시민의 반대가 거세졌고 그들은 칼뱅이 발표한 법령을 준수하겠다는 선서를 하지 않겠다고 맞섰다. 시 의회도 교회의 설교자가 하느님의 뜻을 전달해야지 정치적인 주장을 해서는 안 된다고 보았다. 이로써 칼뱅과 시 의회 사이에는 조정하기 어려운 갈등이 생겼다. 1538년 4월 23일, 제네바 당국은 칼뱅과 그 밖에 의회에 반항하는 전도사를 해고한다고 발표하고 이들에게 사흘 안으로 제네바를 떠나라고 명령했다. 이렇게 해서 칼뱅이 제네바에서 처음 추진한 개혁 운동은 불과 2년도 못 되어 막을 내렸다.

칼뱅은 제네바를 떠나 박해를 피해서 도망친 프랑스 신교도가 많이 모여 있는 스트라스부르(Strasbourg)로 가 신교도들을 돌보는 일을 맡았다. 그는 그곳에서 이들레트 드 뷔르(Idelette de Bure)와 결혼했고, 인생에서 가장 여유로운 3년을 보냈다. 이 기간에 제네바는 혼란에 빠져 있었다. 시 의회의 권력은 다시 개신교 세력으로 넘어갔지만 교회의 기강은 해이해졌다. 개인의 자유를 추구하는 사회 풍조가 제네바를 타락의 극한으로 몰고 갔다. 이때 천주교 인사들은 제네바를 다시 천주교 도시로 돌려놓을 준비를 하고 있었다. 이처럼 혼란한 제네바를 쇄신하기 위해 일부 제네바 시민이 급히 사람을 보내 칼뱅을 불러들였다. 칼뱅의 지도력 없이는 도시에 개신교가 유지될 수 없다고 확신한 제네바의 지식인들은 칼뱅에게 그가 원하는 개신교의 체제를 세울 수 있는 상당한 자유를 약속했다. 1541년 칼뱅은 제네바로 돌아와 종교개혁과 시정을 주도했다.

제네바의 새로운 주인

칼뱅이 제네바에 돌아온 후 이 도시는 그와 운명을 같이했다. 그는 곧바로 교회 법령(Ordonnances ecclésiastiques)을 작성했고 시 의회는 이를 통과시켰다. 이것은 제네바 교회의 헌장으로서 개신교의 조직에 기초가 되었다. 그는 우선 개인의 자유를 강조하는 교파와 정치 지도자를 의회에서 제거하여 시 의회를 장악했다. 제네바의 시민은 이미 모두 신교로 개종했는데, 이는 칼뱅에게 하나의 거대한 교회와 같았다. 이 교회의 지도자로서 그는 제네바의 정치에 참여하지 않을 수 없었다. 그는 신의 뜻에 따라 제네바가 정의롭고 경건한 사회로 바뀌기를 바라며 엄격한 교회 법령으로 제네바를 다스렸다.

칼뱅은 제네바에서 최고의 권력을 얻은 후 목사 다섯 명과 장로 열두 명으로 종교 법원(Consistoire)을 구성하여 제네바 시민이 하느님의 영광을 위해 경건한 생활을 하도록 감독하고 지도하는 임무를 맡았다. 이에 따라 모든 제네바 시민은 일요일이 되면 교회 예배에

TEMPLE DE LYON NOMME PARADIS

◀ **칼뱅의 설교**
칼뱅이 리옹에서 전도할 때 이를 경청하던 사람 중에는 성인뿐만 아니라 어린아이들도 있었다. 이는 곧 칼뱅이 주도한 종교 개혁의 대상에 어린아이도 포함되었음을 의미한다.

참석해야 했고, 이를 어기면 벌금을 물어야 했다. 춤을 추거나 도박하는 것은 엄격히 금지되었고, 음란죄를 지으면 사형되었다. 자녀를 구타한 부모 역시 사형을 당했다. '공포 정치'에 가까운 그의 통치에 그동안 방탕한 생활에 젖어 지낸 제네바 시민은 모두 위축되었고, 제네바 시에 가득했던 문란한 풍조는 칼뱅의 재등장과 함께 자취를 감추었다.

칼뱅은 교회 법령을 통해 죄악으로 치닫는 인간의 본성을 억누르려 했다. 그러나 한편으로 그는 자유민주 정신을 존중하여 제네바에 정치와 종교가 일치된 '신권공화국'을 세웠다. 시 의회는 시민이 선출한 장로, 목사, 시민으로 구성된 최고행정기관으로 사법권을 행사하며 민주적인 방식으로 평신도와 시민을 지도했다. 이와 같은 정교 일치의 권력 형태와 민주적인 제도 운영은 유럽 국가들의 발전에 큰 영향을 주었다. 이 밖에 칼뱅은 경제 활동을 통해 부를 축적하는 것을 장려하고, 사유 재산을 모으는 것과 돈을 빌려주고 이자를 받는 것을 허용했다. 또 빈민을 위해 구제소를 세우고 제네바에 교육기관을 건설했는데 이 학교가 바로 개신교에서 세운 첫 번째 대학이다. 이 대학에서 배출된 청년 지도자들은 유럽 각지로 나가 신교의 핵심 정신을 전파했다. 당시 칼뱅이 통치하던 제네바는 다른 나라에서 종교 탄압을 피해 찾아온 신교도들의 피난소가 되었다. 그런 이유로 제네바는 '신교의 로마'라는 별명이 붙었다.

이단을 화형에 처하다 칼뱅의 공포정치

자신을 온화한 성격의 소유자라고 말하는 사람이 어떻게 자신과 종교가 다르다는 이유로 사람을 화형에 처할 수 있을까? 이것은 오늘날에도 여전히 논쟁이 끊이지 않는 문제이다. 칼뱅은 결코 태어나면서부터 냉정한 사람이 아니었다. 오히려 그는 다정하고 배려심이 깊은 사람이었다. 다만, 그는 당시 상황에서 자신이 옳다고 생각한 일을 행했을 뿐이다.

제네바의 새로운 교황

칼뱅이 제네바에 도착하기 전, 그곳은 사랑과 평화가 가득한 자유도시였다. 물론 자유, 방탕, 부패도 있었다. 제네바로 다시 돌아온 칼뱅은 이 시의 최고 권력을 장악했다. 그러지 않고서는 이 자유도시를 하느님의 도시로 바꾸는 것이 불가능하다고 생각했던 것이다. 그래서 그는 도시 전체를 정화하겠다는 생각을 행동으로 옮겼다. 이에 따라 제네바 시민은 더욱 경건하고 부지런해졌다. 놀기 좋아하는 사람들마저 칼뱅의 서슬 퍼런 법령에 행동을 자제했다. 사람들 사이에서 칼뱅은 '제네바의 새로운 교황'이라고 불렸다. 칼뱅은 이 별명에 개의치 않았다. 그가 원한 것은 제네바를 하느님의 뜻을 따르는 경건한 도시로 바꾸어 시민이 경건한 성도의 삶을 사는 것이었다.

칼뱅은 제네바에 한 가지 법령을 발표했다. 자신 외에 그 누구도 하느님의 뜻이나 성경을 해석해서는 안 된다는 것이었다. 이는 거의 독재에 가까운 명령이었으나 칼뱅에게는 나름대로 깊은 뜻이 있었다. 이렇게 해야만 신교도의 사상을 통일하여 다른 신학적 주장으로 말미암아 생기는 교회 분열을 막을 수 있다고 보았던 것이다. 누구든 성경에 대해 함부로 논하는 사람은 곧 피의 대가를 치러야 했다. 제네바에서 칼뱅의 공식적인 직분은 전도사였지만 그 권력은 시 의회의 위에 있었다. 오로지 그만이 무엇을 허가하고 금지할지 결정할 수 있었다. 제네바 입법의 기초는 종교 법원이지 시 의회가 아니었다. 누구든 이에 도전하는 사람은 하느님을 부정하는 것과 같았다.

칼뱅은 엄한 법을 동원해 이 도시를 통치했다. 그는 인간에게 내재한 죄악의 본성은 반드시 무서운 법으로 통제해야만 온몸과 마음으로 하느님을 섬길 수 있다고 보았다. 그는 죄 없는 사람이 고통받을지언정 죄인이 한 명이라도 하느님의 심판을 벗어나는 것을 원하지 않았다. 그가 통치한 처음 4년 동안 인구 1만여 명의 소도시 제네바에서 13명이 교수형 당하고 10명이 참수되었으며 35명이 화형되었고 76명이 추방되었다. 게다가 칼뱅의 공포정치를 피해 달아난 사람의 수는 여기에 포함되지 않았다. 프랑스의 문학가 발자크(Jean-Louis Guez de Balzac)는 "칼뱅의 공포정치는 프랑스 혁명에서 일어난 가장 참혹한 피의 세례보다 살벌했다."라고 평했다. 제네바에서는 말에서 생각, 음식에서 복장, 치장에서 여가 생활까지 모든 것이 성경의 가르침에 맞아야 했기에 사람들은 사생활마저 주의하여 광신도에게 밀고되지 않도록 조심해야 했다.

세르베투스 사건

칼뱅의 일생에서 가장 많은 논쟁을 불러일으킨 것은 세르베투스 사건이다. 1553년 10월 27일 스페인의 의사이자 신학자인 미카엘 세르베투스(Michael Servetus)가 온몸이 꽁꽁 묶인 채 샴펠(Champel)에서 화형되었다. 사람들은 이 사건을 칼뱅이 주도한 것이라고 굳게 믿으며 그에게 신랄한 비판을 퍼부었다. 그러나 역사가 발전하는 데에는 시대마다 한계가 있기 마련이다. 그런 면에서 칼뱅도 예외가 아니었다.

미카엘 세르베투스는 젊어서부터 로마 가톨릭을 추종했다. 소년 시절 인문주의의 영향을 받아 법률과 의학을 공부했는데, 칼뱅과 다른 점은 그의 인식이 근대과학 이론에 좀 더 근접했고 의학, 지리학, 천문학에 정통했다는 것이다. 18세 때 신교로 개종했으나 그는 삼위일체를 부정했다. 신교에서 주장하는 삼위일체가 맞는다면 하느님은 아마도 머리가 세 개 달린 괴물일 것이라고 생각했기 때문이었다. 1553년 그는 《기독교 신앙 회복(Christianismi Restitutio)》이라는 제목의 책을 발표하고 칼뱅에게 한 부를 보냈다. 이 책은 대담하게도 기독교의 기본이 되는 교리 중 하나인 삼위일체를 부정하는 내용이었다. 제목만 보고도 분노한 칼뱅은 다시는 그와 연락하지 않았다. 이 책을 출판한 지 얼마 지나지 않아 세르베투스는 자신을 비난하는 사람들을 피해 도망 다녀야 했다. 그해 8월 제네바에 도착한 그는 곧 체포되었고 두 달 후에 화형 당했다. 제네바의 교회 지도자였던 칼뱅은 이 일에 대해 문책을 받지 않았다. 그도 그럴 것이 이단을 화형으로 처단하는 것은 당시에 흔한 일이었기 때문이다. 당시의 시 의회, 신교의 모든 지도자, 로마 가톨릭 모두 화형으로써 이단을 처단했고, 칼뱅 역시 예외가 아니었다.

여러 해가 지난 1903년 10월 27일 미카엘 세르베투스의 기일에 칼뱅교 신도가 그가 화형 당한 곳을 찾아가 기념비를 세웠다. 기념비에는 다음과 같은 비문이 새겨졌다. "… 이것은 그 시대의 잘못이다. … 양심의 자유는 모든 것을 초월한다는 사실을 믿기에 특별히 이곳에 비를 세워 화해의 뜻을 나타내고자 한다."

그렇다 하더라도 칼뱅은 여전히 위대한 신학사상가이며 종교개혁가로 역사에 이름을 남겼다. 그의 사상은 유럽 근대사회의 각 분야에 영향을 미쳤고, 유럽이 세계 역사의 주인공으로 나서는 데 정신적인 기초를 세웠다.

▲ **칼뱅**
프랑스에서 태어난 종교개혁가 칼뱅은 26세 때 그의 대표 저서인 《기독교 강요》를 완성한 이후 1536년 스위스 제네바에서 종교개혁을 시작했다. 칼뱅의 《기독교 강요》는 신교의 신앙을 체계적으로 정리한 신학 저서이다. 이 책에서 칼뱅은 교리, 종교 의식, 교회의 개혁에 관한 급진적인 주장을 펼쳤다.

신앙으로의 회귀 칼뱅교의 전파

종교개혁은 발전하는 역사의 흐름에 순응했다는 데 그 의의가 있으며, 칼뱅은 종교개혁을 한 걸음 한 걸음씩 정상 궤도로 올려놓았다. 종교개혁이 대다수 사람에게 인정받은 이후 새로우면서도 정통성을 갖춘 기독교 조직이 탄생했다.

역사에 길이 빛날 칼뱅

칼뱅의 주도로 제네바는 개신교 운동의 본보기가 되어 '개신교의 로마'로 불리게 되었다. 로마 교황청은 날이 갈수록 왕성하게 전개되는 개신교 운동을 서슬 퍼런 눈으로 주목하고 있었다. 로마 가톨릭 측에서 볼 때 제네바는 가장 먼저 공격할 대상이었고 칼뱅은 최대의 적이었다. 1559년 칼뱅은 《기독교 강요》 최종 개정판을 내면서 서문에 다음과 같이 비통한 심정을 적었다. "순수한 신앙을 지키기 위해 힘을 쏟고 교회의 발전을 도모하는 것 외에 내게는 다른 목적이 없다. 그런데도 나만큼 비방과 공격을 많이 받은 사람은 다시 없을 것이다."

교파의 지도자로서 그는 이 모든 것을 참아내고 감수했다. 그의 직책은 시종일관 기독교 목사로, 그는 명예와 이익을 좇지 않고 소박한 삶에 만족하며 살았다. 다른 한편으로 그는 천재였다. 목표를 위해 계획을 구상하고 사람들을 조직하는 데 능했으며 정복자, 전도자, 지도자의 재능을 모두 갖추고 명석한 두뇌와 강인한 의지로 혼란에 빠진 신교를 정상 궤도에 올려놓았다. 매일 해결해야 하는 일상 업무에 쫓기면서도 그는 훌륭한 신학 저서를 여러 권 집필했다. 또 《기독교 강요》를 꾸준히 보완해 1559년 제4판이 출판될 때는 전체 4권 80장의 대작으로 확충했다. 1564년 5월 27일 칼뱅이 세상을 떠나던 날, 제네바 시 의회는 그의 죽음을 알리는 공고문에 이런 구절을 넣었다. "하느님께서 그에게 비범하고 위대한 은사를 내리셨다."

칼뱅의 사상은 처음부터 성경에 근거했기에 천주교회에서는 그의 주장을 반박할 수 없었다. 칼뱅교는 기독교의 한 교파이자 인류가 발전하는 데 필요한 방식으로 탄생했다. 그가 제기한 '만인제사장',

‘이신칭의’, ‘예정론’, ‘정교분리’, ‘직업 소명론’은 근대 유럽이 자유의 쟁취, 정치, 종교, 교육, 정치, 제도 분야에서 거대한 전환을 이루는 데 사상의 기초를 제공했다.

칼뱅교의 전파

1541년, 제네바로 돌아온 이후 칼뱅은 14년간 이 시의 자유파와 투쟁을 계속했다. 1553년, 교적에서 제명하는 권한을 쟁취하고자 두 진영 사이에 벌어진 갈등은 더욱 격화되었다. 1555년, 칼뱅을 반대하는 자유파의 세력이 꺾이자 제네바는 전 세계 종교개혁의 본부가 되었다. 1559년, 칼뱅은 제네바에 신학원을 세웠다. 유명한 스코틀랜드 개신교도 존 녹스는 이 학교를 사도 시대 이래 가장 완벽한 기독교 학교라고 칭했으며 이곳에서 3년을 보냈다. 수많은 학생이 이곳에서 신학과 인문 지식을 공부했고, 학업이 끝나면 유럽 각지로 나가 칼뱅교파의 교리를 전했다. 이때 루터교파는 내부적인 분열로 세력이 약화되어 칼뱅의 교리가 곧바로 그 자리를 대체했다. 제네바에서 파견된 전도사들은 프랑스, 네덜란드, 스코틀랜드, 잉글랜드,

▼ **칼뱅교파의 집회**
칼뱅교파의 신도들은 집회를 자주 열었다. 매주 일요일에 현지인은 물론 외지인도 모두 교회당에 모여 함께 예배를 드렸다.

55

심지어 머나먼 헝가리까지 가서 칼뱅의 교리를 전했다. 이 밖에도 신교의 관점을 다룬 다양한 서적이 제네바에서 출판되어 전도사들에 의해 각지로 두루 퍼졌다.

프랑스에서 신교는 처음에는 루터교파였으나 후에 칼뱅파로 빠르게 대체되었다. 처음에 신교도에 관용적인 정책을 펴던 프랑수아 1세는 곧 신교의 세력이 확대되고 주장이 점점 급진적으로 바뀌자 강압적으로 신교를 탄압하기 시작했다. 그러나 당시는 신앙을 위해서라면 목숨도 기꺼이 희생하던 시대였다. 화형도 불사한 신교도의 순교 정신은 수많은 사람에게 퍼졌다. 신교의 전도사들은 먼저 소시민, 노동자, 소상인을 대상으로 전도했고 이어서 다수를 차지하던 중산층과 귀족에게 칼뱅교를 전하기 시작했다. 이 중에는 대주교와 육·해군 장교도 있었다. 1560년에 이르러 이미 귀족과 왕족 일부도 신교로 개종했다. 나바라(Navarra)[15]의 왕과 왕비마저 신교로 개종했고, 칼뱅이 이들을 위해 직접 개종 의식을 집전했다. 이렇듯 신교의 세력이 빠르게 확산되어 왕권과 국가의 안정을 위협할 때 한 차례의 대규모 종교 전쟁이 역사의 무대에 등장할 준비를 하고 있었다.

---

15) 스페인 북부의 독립 왕국이었으나 1515년 스페인에 합병되었다.

로욜라의 '세상 속으로' 예수회

신교가 맹렬한 기세로 종교개혁 운동을 전개하자 로마 가톨릭은 위기를 느꼈다. 그들은 천주교가 유럽을 지배하던 시절은 이미 과거가 되었음을 감지하고, 시대의 변화에 순응하기 위해 일단의 개혁(Counter Reformation)을 일으켜 개신교의 확장에 대응하고자 했다.

천주교의 개혁

16세기는 신교가 맹렬한 기세로 세력을 확장하던 시대였고, 반면에 천주교는 유럽 각지에서 퇴각을 거듭했다. 종교개혁 운동이 활발하게 전개되는 상황에서 로마 가톨릭이 중심인 교황은 세 가지 주요 문제를 해결해야 했다. 첫째는 신교가 반대하는 천주교의 성례식에 대한 변호이고, 둘째는 부패한 교회를 정화하는 것이고, 셋째는 신교 세력을 반격하여 잃어버린 권력을 회복하는 것이었다. 실제로 로마 가톨릭은 아직 내부의 부패와 타락을 인식하지 못할 만큼 마비되지는 않았다. 루터의 종교개혁 운동 이전에 이미 로마 가톨릭 내부의 뜻있는 인사들이 개혁을 시도한 바 있었다. 그들은 사치와 호화로움을 추구하던 천주교 교회에 신선한 바람을 불어넣으며 새로운 도약을 기대했다.

교황 레오 10세 시기에 로마 가톨릭에서는 일군의 신부와 교인이 로마에서 단결하여 교회 혁신 운동을 일으켰다. 그들은 신애단(Roman Oratory of Divine Love)을 조직하여 함께 기도하고 가난한 사람을 위해 봉사하며 자신의 내면을 수양하고 쇄신해갔다. 1524년 신애단 출신 카예타누스(Cajetanus da Thiene, 1480~1547)와 카라파(Giovanni Pietro Carafa) 등은 테아티노 수도회(Theatines)를 창립했다. 수도회에 가입하는 신부는 청빈, 정결, 복종의 세 가지 서원을 지켜 모범적인 신부가 될 것을 서약해야 했다. 테아티노 수도회 회원은 신앙과 자신의 직분에 대해 열정이 있었다. 또 200여 명의 주교가 각자의 교구에서 신앙의 쇄신을 부르짖었다. 그러나 신애단과 테아티노 수도회 모두 이탈리아 밖으로 영향력을 뻗지는 못했다. 로마 가톨릭 내부의 소규모 혁신 운동은 외부 세계에서 일어나는 천지개벽과도 같은 변화를 막지 못했다.

루터가 이끈 종교개혁 초기에, 천주교회는 이 보잘것없는 불꽃이 유럽 전역을 불사를 줄은 꿈에도 생각지 못했다. 스페인 외의 천주교 국가들도 모두 이 개혁의 불꽃에 별다른 관심을 보이지 않았고, 그 덕분에 신교 세력은 급속도로 성장했다. 당시 교황이었던 메디치 가문의 클레멘트 7세(Clement VII, 재위기간 1523~1534) 역시 정치와 예술에 대한 사랑이 교황으로서 마땅히 가져야 할 종교에 대한 열정보다 앞섰다. 교황 파울루스 3세(Paulus III, 재위기간 1534~1549)는 천주교도와 신교도 사이의 분쟁을 해결하고 종교 분열을 매듭지으려 했으나 모든 노력이 결국 실패로 돌아갔다. 이때 침체한 천주교회에 새로운 활력을 불어넣은 인물이 출현했는데 그가 바로 이그나티우스 로욜라(Ignatius Loyola, 1491~1556)이다.

로욜라

로욜라는 로마 가톨릭의 진흥을 위해 힘쓴 위대한 인물로, 1491년 스페인 북부 기푸스코아(Gipuzkoa)의 바스크(Basque) 지방에 있는 로욜라 성에서 부유한 귀족의 막내아들로 태어났다. 스페인에서 정통 천주교의 영향 속에 자란 그는 어려서부터 장래에 천주교 사제가 되겠다는 희망을 품었다. 14세 때 부모가 모두 세상을 떠나자 그는 교회에서 사제가 되기 위한 준비 과정을 수학했다. 성년이 되고 나서 스페인 군대에 입대한 그는 전쟁에서 큰 공을 세워 기사가 되고자 했다. 그러나 1521년 전쟁터에서 포탄을 맞아 오른쪽 다리에 심한 골절상을 입었고 이 일로 평생 불구가 되어 전공을 세우겠다는 꿈은 깨지고 말았다. 상처를 치료하는 동안 그의 마음은 번민으로 가득 찼다. 이때부터 그는 그리스도의 생애와 성인들의 삶을 다룬 책을 탐독하며 새로운 깨달음을 얻었다. 상처가 회복되자 로욜라는 몬트세랫(Montserrat)으로 가 베네딕트 수도원(Benedictine monastery)에서 사흘간 참회했다. 이때 그는 성모 마리아 제단에 자신의 칼을 올려놓고 기사의 관례대로 밤새 성모상을 지켰다. 그 사흘의 시간 동안 그는 성령의 부르심을 느꼈고, 이후 천주교를 전파하는 데 자신의 삶을 바치기로 서원했다.

1522년 로욜라는 예루살렘 성지를 순례하겠다는 꿈을 실현했다. 그는 여행 내내 기도하고 묵상하며 하느님께 헌신하는 길을 찾고자 했다. 길고 긴 여정 동안 그의 수중에는 돈 한 푼 없었고 돌아갈 집도 없었다. 그러나 그의 마음속 한 가지 소원이 그의 걸음을 재촉했다. 바로 '그리스도와 함께' '그리스도를 받들며' 하느님의 인도를 따르는 것이었다. 로욜라는 자신을 순례자라고 부르며 신의 뜻을 따르려는 열정을 표현했다. 신학적인 수련을 위해 1524~1526년에 그는 바르셀로나에서 문학을 공부하고 후에 알칼라(Alcala)에서 철학과 신학을 수학했다. 이때 로욜라는 이미 신학과 문학 분야에서 상당한 학식을 쌓았다. 그러나 현재에 만족하지 않고 2년 후 파리 대학에서 계속해서 신학을 공부했다. 천주교의 부패를 직접 눈으로 확인한 그는 사회의 폐단은 인간의 악한 본성에서 기인한다고 여기고 종교적인 수련으로 덕성을 높이고 사회 풍조를 개변하고자 했다. 로욜라는 "인간이 온 세상을 얻고도 자신의 영혼을 잃는다면 무슨 소용이 있겠는가!"라는 주장을 제시했다. 1535년, 그는 《영신수련(Spiritual Exercises)》을 완성했다.

▲ 로욜라는 직업 군인으로 복무했을 때 뛰어난 통솔력과 조직 운영 능력을 발휘했다. 그는 군대 조직을 예수회의 조직에 응용하여 절대적인 복종을 맹세하게 했다. 군인, 신비주의, 수도사를 하나로 결합하여 《영신수련》이라는 책을 집필했다.

이 책은 천주교도에게 모든 일을 하느님에게서 찾아야 한다는 것을 알려주었다. 파리에서 머무는 동안 로욜라는 프란시스코 사비에르(Francisco Xavier, 1506~1552)와 알폰소 살메론(Alfonso Salmeron) 등 뜻이 맞는 동지들을 만났다. 1534년 이들은 선교를 목적으로 하는 작은 조직을 만들었는데 이것이 바로 예수회(Society of Jesus)이다. 한편, 로욜라의 《영신수련》은 훗날 '예수회 헌장(Constitutions)'의 기초가 되었다.

예수회의 성립과 전파

1537년 파울루스 3세는 로욜라를 베네치아 교구의 신부로 임명했다. 로욜라와 그의 친구들은 교황의 허락을 받고 예루살렘으로 성지 순례를 준비했다. 이들은 여행 도중에 현지의 이슬람교도를 천주교로 개종하도록 선교할 계획도 세웠다. 그러나 당시 터키와 베네치아

▲ **로욜라의 동상**
로욜라는 스페인 사람으로 로마 가톨릭 예수회의 창시자이다. 그는 마르틴 루터 등이 이끄는 개신교의 종교개혁에 대항하기 위해 로마 가톨릭 내부의 개혁을 주도했다.

가 전쟁 중이어서 성지로 통하는 길이 완전히 막혀버렸다. 이들은 결국 예루살렘 땅을 밟지 못했다. 로욜라는 예수회의 조직을 확대해 유럽과 세계 각지로 선교를 떠날 결심을 했다. 이때 교황 파울루스 3세는 점점 세력이 커지는 신교 때문에 골치를 앓았는데, 로욜라의 예수회가 바로 신교의 세력을 억누를 대항마가 되었다. 1540년 교황이 이 조직을 비준하여 예수회가 정식으로 성립되었고, 로욜라가 초대 총장을 맡았다.

예수회의 취지는 로마 교회를 중흥시키고 교황의 절대적인 권위를 다시 세우는 것이었다. 예수회는 마치 군대와 같은 내부 조직으로 구성되었고 규율이 엄했다. 예수회에 가입하기 위한 첫 번째 조건은 해박한 지식이었다. 따라서 예수회 수도사들은 반드시 12~19년의 훈련 기간을 거쳐야 했고 여러 해 동안 함께 모여 성경과 기타 학문을 연구했다. 예수회에 가입할 때에는 수도사의 일반적인 세 가지 서원인 복종, 정결, 청빈 외에 네 번째 서원을 해야 하는데 그것은 교황에게 절대적으로 충성한다는 것이다. 예수회의 가장 큰 특징은 복종이다. 예수회 조직에서 모든 회원은 자신의 상급자에게 복종해야 한다. 이에 대해 로욜라는 다음과 같이 말했다. "예수회의 회원은 자신의 상급자를 그리스도를 대하듯 해야 한다." 예수회 총장(General)은 종신제이며, 로마에 상주한다. 그는 각지의 수도사에 대해 절대적인 관리권을 행사해 '검은 옷의 교황(Black Pope)'으로 불리는데, 로욜라가 예수회의 초대 총장을 맡았다. '세상 속으로'라는 구호는 예수회의 또 다른 특징을 대변한다. 실례로 예수회 수도사의 생활과 복장은 일반인의 것과 같다. 이들은 수도원에서 조용히 수도하는 것이 아니라 사회 각계각층에 깊이 들어가 세계 각지에서 선교와 빈민 구제 등 다양한 활동을 한다. 예수회 회원은 모든 시간을 선교와 목회, 교육, 독서와 기도로 보낸다. 이들은 마치 군대와 같이 항상 명령에 대기하고 교회의 부름에 언제든지 응했다. 이 새로운 형태의 수도회는 세상 속으로 들어가 필요한 상황이 닥치면 언제라도 달려갔기 때문에 근대 교회의 요구에 부합했다. 이 밖에 예수회 회원은 각국의 왕족, 상류 사회와 교류를 넓히고 왕과 귀족의 고해 신부가 되어 빠른 속도로 각국의 고위층에 그 영향력을 침투시켰으며 신교 세력의 성장을 억제하는 데 일정한 역할을 했다.

예수회는 사상과 언론의 역할을 매우 중요시했다. 천주교 사상의 영향을 확대하기 위해 예수회는 문화 교육 사업에 특별한 관심을 보이고 서유럽 각국에 예수회 대학, 신학교, 기타 학교를 세웠다. 또 수많은 인쇄출판사를 설립해 신학 서적을 출판했다. 예수회 학교의 입학 자격은 매우 까다로워서 대부분 학생은 귀족이나 부유한 상인 가정 출신이었다. 이 학생들이 졸업하고 나서 정치와 사회에서 중요한 역할을 담당했다. 천주교의 영향을 확대하기 위해 예수회는 적극적으로 국외 선교 활동을 펼쳤다. 각지로 선교사를 파견할 때 로욜라는 그들에게 당부했다. "가서 세상에 불을 밝혀라!" 로욜라의 친구 중 한 명인 프란시스코 사비에르는 1541년 인도와 동북아시아 일대로 가서 선교해 좋은 성과를 거뒀다. 남미의 브라질과 아프리카 콩고 등지에도 여러 명의 선교사가 파견되었다. 로욜라의 노력으로 전 세계에 77개 지부가 세워졌고 각 지부에 지부장이 임명되었으며, 그 아래로 지역별 회장과 원장을 두었다. 각 지역의 회장은 지부장에게 정기적으로 '신앙 보고서'를 제출하고 각 지부장 역시 정기적으로 총장에게 보고했다. 16세기 후반까지 벨기에, 라인 강 유역, 불가리아, 오스트리아, 폴란드의 신교 세력은 천주교의 영향으로 성장이 정체되었다.

1556년에 로욜라는 로마에서 세상을 떠났지만, 그의 사상과 그가 설립한 예수회는 그 후에도 천주교에 크나큰 영향을 주었다. 천주교는 1662년에 로욜라를 성인으로 추대했다. 21세기 초까지 예수회의 활동 범위는 아시아, 아프리카, 라틴아메리카로 넓어져 천주교의 영향력을 확대했으며 가장 세력이 막강한 국제적인 수도회 조직이 되었다.

---

16) 이탈리아 지명 트렌토(Trento). '트리엔트'는 독일식 발음

트리엔트 공의회
(Council of Trient)

신교의 세력이 커지고 있을 때 로마 가톨릭의 부패는 계속 이어졌고, 이에 대해 교황은 그의 나이만큼이나 둔하게 반응했다. 그리하여 천주교 내부에서는 수도사에서 대학 교수에 이르기까지 종교개혁 회의를 개최하자는 의견이 빗발쳤다. 로마 가톨릭 교황 파울루스 3세는 1545년에 이탈리아 트리엔트*에서 대대적인 공의회를 열어 교회의 개혁과 날이 갈수록 커지는 신교 세력에 어떻게 대응할지 의논하기로 했다. 회의는 1545년부터 1563년까지 모두 세 차례에 걸쳐 열렸다. 천주교 고위급 인사 수백 명이 모여 교리, 성직자의 윤리, 신학교 설립 등에 대해 법령을 제정했다. 이는 천주교 내부의 부패를 개혁하고자 하는 분위기에 중요한 역할을 하여 사람들은 이 공의회를 천주교의 자체적인 개혁 운동으로 보았다. 이 회의에서 유럽 천주교가 종교개혁에 반대한다는 내용을 선포했기 때문에 이를 가리켜 '반개신교 운동'이라고 한다.

이단에게 열린 현생의 지옥 종교재판소

종교재판소는 그 이름만으로도 사람들을 두려움에 떨게 한다. 서양 문명에
서 종교재판소가 존재했던 시대는 진보와 퇴보가 서로 투쟁하던 역사라고
할 수 있다. 종교재판소는 당시 사람들에게 재앙과 공포를 상징했고, 수많
은 신교도에게 현생에서의 지옥이었으며, 후대인들에게는 당시의 천인공
노할 죄악상을 폭로하는 증거이다.

종교재판소

십자군 원정 이후 유럽 문명은 여전히 천주교의 그림자 아래에 숨
을 죽이고 있었지만 고대 그리스의 철학과 과학이 부흥하면서 새로
운 변화가 태동했다. 이 밖에도 교회 내부가 타락하고 신흥 봉건영
주의 힘이 커짐에 따라 사회를 통제하는 교회의 능력은 날이 갈수록
약화됐다. 사람들의 사상이 자유로워지자 천주교를 불안에 떨게 하
는 이단 역시 이 시기에 대거 출현했다. 13세기 초 교황 인노켄티우
스 3세가 프랑스 남부 알비파(Albigenses)[17] 이단을 색출하기 위해
교회에 정찰과 심판 기구를 세운 바 있는데, 이것이 종교재판소의
기원이다. 1220년 교황 호노리우스 3세(Honorius III)는 유럽 각국의
교회에 종교재판소를 설치할 것을 명령했고 이로써 날마다 커지는
이단 사상을 없애고자 했다. 1231년 교황 그레고리우스 9세
(Gregorius IX)는 이단자를 체포하고 재판하기 위해 교황 직속으로
종교재판소를 설치했다.

종교재판소의 재판관은 주로 도미니크 수도회(Dominican Order)
의 수도사가 맡았고, 각 소속된 교구에서 이단을 색출하고 심문하고
재판하는 막강한 권력을 행사했다. 주교와 세속 정권은 이들의 활동
을 지원하는 책임만 있을 뿐 그들을 통제하거나 간섭할 수 없었다.
로마 가톨릭과 다른 주장이나 사상을 전하는 사람은 점술사, 반봉건
주의자, 과학자, 진보학자를 가리지 않고 모두 체포 대상이 되었다.
종교개혁 운동이 일어나자 수천수만의 사람들이 종교재판소로 끌려
왔고 결코 성한 몸으로 돌아갈 수 없었다.

---

17) 12~13세기 프랑스 남부에서 발생한 카타리파 이단의 추종 세력

종교재판소는 고발, 정보 수집, 심문, 형벌, 재판의 다섯 단계로 진행되었다. 우선 밀고자가 이단이 모이는 집회 장소를 종교재판관에게 알려주면 재판관이 직접 집회에 가서 사실을 확인한다. 재판관은 밀고자가 알려준 정보가 맞는지를 확인하고 증인과 증거를 수집한 뒤 상부의 동의를 얻어 피의자를 체포하라는 명령을 내린다. 형벌에 관해 교황 인노켄티우스 4세는 "고문을 해서라도 체포된 이단자가 자신의 죄를 인정하게 하고, … 그가 아는 다른 이단자의 이름을 실토하게 하라. 다만, 불구가 되거나 생명에 위험을 주어서는 안 된다…." 이단으로 확정되면 종교재판관은 그를 교회에서 추방하고 세속 법정에 넘긴다. 세속 법정에서는 이단으로 낙인 찍힌 사람을 사형시키는데 그 형식은 주로 화형이었다. 화형은 일반적으로 시내 중심 광장에서 집행되었는데, 우선 사형수를 끌고 마을 주위를 돈 다음 광장으로 와서 기둥에 묶고 그 아래에 쌓아놓은 장작에 불을 붙여서 태워 죽였다. 종교개혁 기간에 유럽 각국에서 이단으로 선고받아 사형당한 사람은 그 수를 셀 수 없을 정도로 많았다. 그러나 신앙을 위해서라면 목숨도 버렸던 시대의 수많은 개신교도는 초연하게 죽음을 맞이했다. 이들은 하느님의 영광을 위해 자신을 헌신했다고 생각했기 때문에 형이 집행될 때 얼굴 가득 미소를 띠고 세상을 떠났다.

박해

모든 종교재판소 가운데 스페인의 종교재판소가 가장 잔인하고 악랄했다. 그곳은 1478년에 스페인 카스티야의 이사벨 여왕이 천주교의 정통성을 유지하고 보호하기 위한 목적으로 교황에게 요청해 만든 것이다. 1483년부터 1820년까지 모두 38만 명이 이단으로 판결받았고 10만 명이 화형장에서 목숨을 잃었다.

사실상 종교재판소와 유사한 종교적 핍박은 천주교에서만 일어난 것이 아니다. 개신교에서 한때 관용을 부르짖었지만, 그들 역시 로마 가톨릭의 교황과 다름없이 오로지 자신의 종교만 인정할 뿐 그에 반하는 주장은 절대 받아들이지 않았다. 1522년 루터는 공개적으로 다음을 선언했다. "그 누구도 나의 주장을 비판하는 것을 허락하지 않는다. 그가 천사라 할지라도 예외가 되지 않는다. 나의 주장을 받아들이지 않는 사람은 누구도 구원을 얻지 못한다." 아우크스부르

▲ 중세 유럽의 종교재판소

크 화의(Augsburger Religionsfrieden)[18] 결과 제후와 도시가 신앙을 선택할 자유를 얻게 되자 아우크스부르크 시는 천주교도들에게 8일 안으로 신교로 개종할 것을 명령했고, 그렇지 않으면 추방했다. 루터는 성경의 〈신명기〉 제13장에서 하느님의 손을 빌려 이단을 죽음으로 몰아넣는다는 기록을 발견했다. 1530년, 그는 정부에 그리스도는 사람일 뿐 신이 아니라고 주장하는 이단과 이교도를 모조리 처형할 것을 건의했다. 신교 중에서 극단적인 사람들은 국가 차원에서 사이비 종교를 믿는 사람들을 뿌리 뽑아야 하며 그 자녀 역시 함께 처벌해야 한다고 주장했다.

칼뱅은 더더욱 말할 필요도 없다. 그는 제네바의 이단을 철저하게 색출해서 처단했다. 이렇듯 16세기에 신교와 천주교는 모두 박해를 통해 이단을 축출했다. 이는 종교개혁 운동의 역사적 한계 중 하나이다.

---

18) 1555년 아우크스부르크에서 열린 제국의회의 결의로 이때 루터교는 로마 가톨릭과 동등한 권한을 인정받았다.

변덕 심한 태후 카트린

혼란한 사회 상황에서 사람의 목숨을 좌지우지하는 막강한 권력을 가진 그녀도 운명 앞에서는 아무런 힘을 쓰지 못했다. 한때 종교 간의 갈등을 해결하고 화해를 이끌려는 시도도 했지만, 권력을 향한 욕망은 그녀를 진퇴양난의 막다른 길로 몰아넣었다.

메디치 가문의 카트린

카트린은 본래 야심이 강하거나 정치적인 수완이 뛰어난 인물이 아니었다. 여느 여인처럼 그녀 역시 순수한 소녀에서 성숙한 모친으로 성장하는 과정을 겪었다. 다만, 다른 사람과 달랐던 것은 그녀의 출신이 매우 특별했다는 것이다.

카트린 드 메디시스(Catherine de Médicis)[19]는 1519년 4월 13일 이탈리아 피렌체에서 태어났다. 그녀의 부친은 로렌초 데 메디치(Lorenzo de Medici)이고 모친은 프랑스 귀족 마들렌(Madeleine de La Tour d'Auvergne)이다. 또 교황 클레멘트 7세가 그녀의 숙부였다. 이탈리아의 부호 메디치 가문에서 태어나 호화로운 생활을 한 그녀는 예술을 사랑하고 적극적으로 후원하여 이탈리아 르네상스에 원동력을 제공했다. 막강한 권력을 가진 메디치 가문에서 태어났지만 카트린은 어렸을 때 부모를 모두 잃었다. 그 후 수도원에서 정통 천주교 교육을 받고 성장했다. 14세가 되던 해, 그녀의 숙부이자 교황이었던 클레멘트 7세

▼ 카트린 드 메디시스의 방

---

19) 이탈리아어로는 카테리나 데 메디치(Caterina de' Medici)

는 각자의 정치적 이익을 위해 그녀를 프랑수아 1세의 차남 앙리 (Henry, Duke of Orléans)와 결혼시켰다. 이 정략결혼을 통해 교황은 프랑스가 밀라노를 되찾는 데 힘을 실어주었고 교황은 프랑스에서 재정적인 원조를 받았다. 또 메디치 가문은 프랑스 군대의 도움으로 피렌체를 다시 지배할 수 있었다. 결혼식 전에 교황은 거액을 들여 카트린과 그녀가 물려받은 광활한 영지를 맞바꾸었다. 그 후 왜소한 체구에 평범한 외모인 카트린은 거액의 지참금을 가지고 앙리와 결혼식을 올렸고 프랑스의 왕비가 되었다. 이때 그녀의 나이 열네 살이었다.

　카트린이 결혼한 지 10년이 지나도록 아이를 갖지 못하자 프랑스 궁정 내부에서는 이에 대한 의견이 분분했다. 크나큰 위기를 맞이한 그녀였으나 다행히도 교황이 세상을 떠나기 전에 아이를 임신했다. 1547년 앙리 2세(Henry II)가 왕위에 오르자 카트린은 프랑스 왕비가 되었다. 이때만 해도 그녀는 평온한 삶을 누렸고 매사에 수동적으로 대처했지만, 왕궁에서 돌아가는 상황을 지켜보면서 차츰 자신만의 생각과 주장을 갖게 되었다. 한편, 남편인 앙리 2세는 그녀에게 눈길조차 주지 않았고 오히려 정부인 디안 드 푸아티에(Diane de Poitiers)에게만 마음을 쏟았다. 그는 왕궁에서 대대로 전해오는 진귀한 보석과 슈농소 성(chateau de Chenonceaux)을 디안 드 푸아티에에게 선물로 주었다. 그러나 몇 년 후 태후가 되어 섭정하게 된 카트린은 이때의 선물을 모두 회수했고 슈농소 성을 보수하여 호화롭고 아름다우며 우아한 성으로 탈바꿈시켰다. 그 후 이 성은 그녀가 왕족의 성대한 행사를 여는 별궁이 되었다.

　1559년, 신교도를 탄압하던 앙리 2세가 세상을 떠나자 그녀의 장자 프랑수아 2세(Fransois II)가 15세의 나이로 왕위에 올랐고 카트린은 태후가 되었다. 하지만 왕의 나이가 어리고 병약하다 보니 귀족들이 권력을 마음대로 휘두르고 기즈(Guise) 가문에서 궁정 사무를 장악했다. 천주교를 신봉하는 기즈 가문은 잔인한 수법으로 개신교도를 탄압했다. 카트린은 권력을 차지한 기즈 가문을 눈엣가시로 여겼고, 결국에는 비밀리에 이들을 제거할 계획을 세웠다. 프랑수아 2세가 죽고 당시 아홉 살이었던 그녀의 차남 샤를 9세(Charles IX)가 왕위에 오르자 그녀는 태후의 신분으로 국정을 맡았다.

내전의 시작

샤를 9세가 등극한 뒤 프랑스의 종교 갈등은 날이 갈수록 격렬해졌다. 본래 천주교도였던 카트린은 이때까지만 해도 위그노교도[20]에 대해 별다른 적대감이 없었다. 그녀는 평화와 안정을 원했기 때문에 천주교와 신교 사이의 분쟁을 해결하고자 했다. 대신들의 제안에 따라 카트린은 종교 간의 화합을 취지로 하는 신학 회의를 개최했지만, 천주교와 위그노교도 양측 모두 화합에 대한 뜻이 없어서 회의는 실패로 끝나고 말았다. 1562년 카트린은 위그노교도에게 공식적으로 신앙의 자유를 허용했다. 그러나 당시 프랑스에서는 자신이 믿는 종교와 다른 종교를 인정하는 관용이라는 개념이 아직 싹트기 전이었다. 게다가 대다수 사람이 종교에 과도하게 집착하여 타 종교를 증오하는 단계에까지 이르렀다. 따라서 단순히 신교도에게 신앙의 자유를 허용하는 것으로 신교와 구교 사이의 갈등을 해결할 수는 없었다.

▲ 카트린 드 메디시스

1562년 3월 1일, 기즈 공작이 부대를 이끌고 바시(Wassy)를 지날 때 현지의 신교도들과 충돌이 일어났다. 그 결과 신교도 30여 명이 죽고 100여 명이 다쳤는데 이 사건이 바로 프랑스 30년 전쟁의 발단이 되었다. 이 전쟁은 신교도와 천주교도 사이의 증오에서 비롯되었기 때문에 종교 전쟁이라고도 부른다. 1562년부터 1593년까지 프랑스에서 모두 여덟 차례의 종교 전쟁이 일어났는데 신교와 천주교 양 진영은 잔혹하고 비정한 방법으로 적을 상대했고 각각 외국에 원조를 청했다. 장장 30년에 걸쳐 계속된 전쟁에서 양 진영 누구도 상대를 제압할 힘을 갖지 못하여 전쟁은 교착 상태를 이어갔다.

---

20) 프랑스에서는 신교도를 '위그노(Huguenots)'라고 불렀는데 이는 '동맹자'라는 뜻이다.

성 바르톨로메오 축일 신교도 대학살

성스러운 축제의 날이 재앙의 날로 바뀌고 말았다. 프랑스 곳곳이 붉은 피로 강을 이룰 때 사람들은 종교에 대한 광적인 집착이 가져온 재앙을 두 눈으로 확인했다. 갈등과 모순이 가득했던 그 시대에 선택은 오로지 죽음뿐이었다.

곳곳에 도사린 죽음의 위기

카트린은 프랑스의 기즈 가문이 자신과 자신의 아들에게 가장 큰 위협이라고 생각했다. 기즈 가문의 세력을 견제하기 위해 그녀는 천주교 신도이면서도 부득이 위그노파 가문을 지지해야 했다. 덕분에 이 시기에 위그노파는 세력을 키울 수 있었다. 이때 샤를 9세의 나이는 20세로 이미 스스로 집정할 능력이 있었다. 그러나 나약한 성격의 샤를 9세는 오랜 시간 모친의 그늘에 가려 있다 보니 친정을 선언할 자신이 없었다. 1570년, 종교 분쟁에서 우세를 점하던 위그노파가 평화적인 회담을 제안하자 샤를 9세를 대표로 하는 천주교 측은 이들과의 화해에 동의했다. 카트린 역시 위그노파인 해군 장교 가스파르 콜리니(Gaspard Coligny)가 궁정으로 돌아와 중임을 맡는 것을 허가했다.

카트린은 기즈 가문을 견제하고 위그노파와 우호적인 관계를 유지하기 위해서 샤를 9세와 상의하여 19세의 마르그리트를 신교도인 부르봉(Bourbon) 가문의 나바라의 앙리(Henry III of Navarra)[21]에게 시집보내기로 했다. 이 혼사를 계기로 프랑스에서 위그노교도의 지위가 인정받게 되었기 때문에 이 일은 프랑스 역사에서 그 의의가 매우 크다. 카트린은 개인적으로 독실한 천주교도였지만 특정 귀족이 정치 권력을 장악하는 것을 원치 않았고 프랑스가 신교 국가로 바뀌는 것 역시 원하지 않았다. 따라서 그녀는 신교와 구교 사이에서 배회할 수밖에 없었다.

신교의 지도자인 콜리니는 대신이 된 뒤 신교와 천주교 사이에 벌어진 내전을 중단하고 외부로 눈을 돌려 스페인과의 전쟁에 총력을

---

21) 훗날의 앙리 4세

기울이고자 했다. 그는 샤를 9세에게 스페인이 네덜란드의 배반으로 힘을 잃고 있으니 지금이야말로 다른 나라와 연합하여 펠리페 2세에 대항할 절호의 기회라고 진언했다. 그가 연합하고자 한 동맹은 신교를 믿는 독일 연방, 오스만튀르크제국, 그리고 영국의 엘리자베스 1세였다. 콜리니를 신임하던 샤를 9세는 그의 계획에 적극적인 관심을 보였다. 젊은 혈기가 넘치는 샤를 9세는 콜리니의 지원을 받아 독자적으로 정국을 통치하려는 야심을 내보였다. 그러자 이를 눈치 챈 카트린은 마음이 몹시 초조했다. 이미 성년이 된 아들에게 정치를 맡기는 것이 당연했지만, 한편으로 나약한 성격의 샤를 9세가 신교의 유혹에 쉽게 넘어가지 않을까 하는 걱정이 앞섰다. 그 외에도 섭정을 오래하다 보니 권력을 넘겨주기가 그다지 내키지 않았다. 그녀는 이런 복잡한 상황을 모두 신교도의 탓으로 돌렸다.

마르그리트의 결혼

1572년 8월 18일, 파리 왕궁에서 마르그리트와 나바라의 앙리가 성대하게 결혼식을 올렸다. 마르그리트에 대해 소개하자면 그녀는 카트린 태후의 세 번째 딸로 대단한 미인이었으나 행실이 문란하다는 소문이 파다하게 퍼져 있었다. 파리에서 태어난 그녀는 애인을 여러 명 두었는데 그녀의 어머니가 증오하는 기즈 가문의 앙리 드 기즈(Henri de Lorraine Guise)[22]도 그녀의 애인 중 한 사람이었다. 그녀는 나바라의 앙리를 촌뜨기라고 흉보았는데 그 촌뜨기가 훗날 프랑스의 왕위를 차지할 줄은 꿈에도 생각지 못했다. 나바라의 앙리는 결혼했을 때 나이가 19세에 불과했지만 이미 신교의 지도자가 될 정도로 용기와 지도력이 뛰어났다. 그는 결혼 전에 이미 마르그리트의 문란한 생활에 대해 익히 알고 있었다. 그런데도 그녀를 아내로 맞이한 것은 이 결혼을 계기로 프랑스에서 신교가 천주교와 동등한 위치를 차지할 수 있기 때문이었다. 결혼식 당일 사람들은 종교를 가리지 않고 한데 어울려 흥겨운 축제를 즐겼다. 천주교도와 신교도는 각자 속한 진영에 모였지만 이 신성한 결혼식을 종교적 갈등으로 망칠 생각은 추호도 없었다.

결혼식에서 카트린은 샤를 9세가 콜리니를 총애하는 것을 보고 그

---

22) 기즈 공작의 아들

▲ 마르세유 항에 도착한 마리 데 메디치

1599년 교황 클레멘스 8세가 프랑스 왕 앙리 4세와 마르그리트의 혼인이 무효임을 선언하자 이듬해 앙리 4세는 메디치 가문에서 두 번째 부인을 맞았다. 그림은 프랑스로 시집 온 마리 데 메디치(Marie de' Medici)가 마르세유 항에 도착했을 때의 상황을 그린 것이다.

를 다시 궁으로 불러들인 것을 후회했다. 복잡한 심경에 싸여 있던 그녀에게 셋째 아들 앙주 공작(Duke of Anjou)[23]과 기즈 공작이 찾아와 콜리니를 암살하려는 음모를 알렸다. 정권을 계속해서 유지하고 싶었던 카트린은 그들의 계획을 승인해주었다. 그들은 마르그리트의 결혼식에 참석한 콜리니를 우선 제거하고 이어서 축제 분위기에 들떠 경계를 늦춘 신교도를 일망타진하기로 계획을 세웠다.

결혼식이 열리고 나흘 후, 콜리니 장군은 교회당으로 가는 길에 자객의 공격을 받았으나 부상만 당했을 뿐 다행히 목숨은 건졌다. 이 소식을 들은 샤를 9세는 크게 노하여 곧바로 이 암살 음모를 조사하도록 명령했다. 각지에서 파리로 몰려온 신교도들은 자신들의 지도자가 테러를 당했다는 소식을 듣고 천주교의 파렴치한 행동을 비난했다. 이 일로 신교와 구교 양측의 감정의 골은 점점 깊어갔고 축제의 흥겨움은 한순간에 분노로 바뀌었다. 신교도는 콜리니를 해친 범인을 찾아내겠다고 맹세했고, 기즈 가문을 위해 일하던 사람을 혐의자로 체포했다. 법원에서 재판이 열리자 샤를 9세는 이 사건의 범인을 절대로 용서하지 않겠다고 선언했다. 상황이 걷잡을 수 없이 돌아가자 천주교를 대표하는 카트린과 기즈 공작, 앙주 공작은 난처한 지경에 빠지고 말았다. 왕의 명령이 아니고서는 신교도의 뿌리를 뽑으려는 계획을 실행할 수 없는데 정작 이들의 발목을 잡은 사람이 바로 왕이었던 것이다.

---

23) 훗날 앙리 3세

자신의 아들에 대해서라면 누구보다도 잘 알고 있던 카트린 태후는 이때야말로 자신이 나서야 할 때임을 알았다. 그녀는 샤를 9세가 콜리니의 관저에 호위 병사를 파견하는 데 동의하고 마르그리트에게 콜리니의 병문안을 다녀오게 했다. 그리고 한편으로 앙주 공작, 천주교 진영의 귀족, 이탈리아인들과 함께 샤를 9세를 찾아가 콜리니를 암살하려고 한 배후 세력이 바로 자신이라고 밝혔다. 그러면서 그녀는 신교도의 세력이 커지고 있으니 미리 손을 쓰지 않으면 신교도가 파리에서 반란을 일으킬 것이라고 왕을 위협했다. 나약하고 주관이 없는 샤를 9세는 어머니의 말에 잔뜩 겁을 먹고 신교도를 처단하라는 명령을 내렸다. 이 명령을 집행한 사람은 기즈 공작, 앙주 공작, 그리고 그의 수하인 천주교 극단 분자였다.

성 바르톨로메오 축일

성 바르톨로메오 축일(Saint Bartholomew's Day)은 예수의 제자 중 한 명인 바르톨로메오를 기념하는 날로 매년 8월 25일 열렸다. 마르그리트의 결혼식이 마무리된 지 얼마 되지 않은 터라 파리 성내는 아직도 축제의 분위기가 가시지 않았다. 그러나 그 이면에는 무시무시한 피의 학살이 은밀하게 준비되고 있었다. 기즈 공작과 앙주 공작은 성 안의 광신적인 천주교도들에게 비밀리에 무기를 공급하고 파리 성문을 굳게 닫은 뒤 25일 새벽의 종소리를 신호로 성 안의 신교도를 뿌리 뽑기로 했다. 종소리가 울리기 전, 신교의 지도자 콜리니는 앙리 기즈가 지켜보는 가운데 살해되었고 시체마저 잔인하게 토막 내졌다. 교회의 종이 울리자 성 전체에서 미리 무장한 천주교도들이 흰색 완장과 흰색 십자가 모자를 쓰고 아무것도 모른 채 단꿈에 빠진 신교도를 잔인하게 학살했다. 이 사건에서 주목할 점은 이 학살이 파리에서만 일어난 것이 아니라 프랑스의 대도시인 모(Meaux), 오를레앙(Orléans), 루앙(Rouen), 보르도(Bordeaux) 등지로 번져서 각지의 신교도가 무참하게 살해되었다는 것이다.

이 날 신교도의 주요 인사들은 파리 성내에 모여 신교도의 지도자 나바라의 앙리의 결혼을 축하하는 데 열중한 나머지 천주교의 갑작스러운 공격에 아무런 대비를 하지 못했다. 위그노교도와 그 가족들은 이불을 뒤집어쓴 채 거리로 끌려나와 죽임을 당했고 루브르 궁에 거주하던 위그노 귀족과 관리 역시 궁정 뜰로 끌려나와 살해되었다.

그 후로 무수한 학살이 이어지자 사람들은 이 기회를 틈타 자신의 경쟁자, 뜻이 맞지 않은 동료를 합법적으로 제거했다. 살해된 사람이 위그노교도라는 말 한마디면 어떤 처벌도 따르지 않았다. 파리 시내는 한순간에 피로 강을 이루었고 곳곳에 시체가 뒹굴었다. 학살이 위험한 지경까지 치닫자 카트린 태후는 한때 신교도 학살을 금지하는 명령을 내렸고 기즈 가문에서 그 명령을 집행하기도 했으나 사태는 이미 걷잡을 수 없는 상황으로 치달았다. 그날 밤, 파리에서 총 2천여 명의 신교도가 살해됐는데 그중에는 신교의 핵심 인사도 여럿 포함되었다. 당시 프랑스 주재 스페인 대사는 눈앞에서 벌어진 지옥과 같은 참상을 보고서에 이렇게 적었다. "그들은 신교도를 철저히 처단했다. … 심지어 어린아이조차 예외가 아니었다. 오, 하느님! 저들을 불쌍히 여기소서!" 이 소식이 로마로 전해지자 교황 그레고리우스 13세는 감사의 미사를 성대하게 열었고 '이 일이야말로 하느님의 자녀에게 베풀어진 은혜'라며 감사의 기도를 올렸다. 또 그는 화가를 불러서 이 학살 장면을 그림으로 그리도록 했다.

역사학자들이 전하는 바로는 프랑스에서 일어난 이 학살로 신교도 수만 명이 살해되었다고 한다. 신교의 지도자이자 그날 결혼식을 올린 신랑 앙리는 마르그리트의 보호 아래 천주교로 개종하는 것을 조건으로 간신히 죽

▼ '성 바르톨로메오 축일의 대학살' 판화

1572년 8월 25일 새벽, 프랑스 태후 카트린은 천주교파 군인들을 동원하여 파리에 모인 위그노교 지도자들을 학살했다. 희생된 위그노교도는 파리에서만 지도자인 콜리니를 포함하여 약 2천 명에 달했다. 이 피비린내 나는 밤을 역사에서는 '성 바르톨로메오 축일의 대학살'이라고 부른다.

음의 위기를 넘겼으나, 가택에 연금당하는 신세가 되었다.

　이 대학살은 프랑스에서 일어난 두 번째 종교전쟁의 도화선이 되었고 온 나라가 다시금 사분오열되었다. 종교적 박해라는 거센 파도가 몰아치자 수많은 신교도가 프랑스를 떠났지만 남아서 피의 복수를 하겠다는 사람도 있었다. 이들은 중앙정부에 대항하기 위해 군대를 조직하고 통솔자를 선출했다. 이어서 남부와 서부에 연방공화국을 세워 프랑스 내부의 국가로서 독자적인 재정과 사법 조직을 마련했다. 게다가 신교를 믿는 귀족들은 이 기회를 틈타 각지에서 왕을 자처하며 중앙정부에 대항했다. 이에 프랑스의 왕권은 심각한 타격을 받아 군웅이 할거하는 혼란한 시대로 되돌아가는 듯했다.

　의식 있는 프랑스인들은 이 상황을 매우 불안한 눈으로 주시했다. 그들은 종교의 일치를 포기하고서라도 정치적 통일을 도모하고자 했다. 그들은 종교 간의 화해를 부르짖으며 각지를 누볐지만 타 종교에 대한 증오로 시작된 이 전쟁은 20년간 이어져서 나바라의 앙리 4세가 즉위하고 나서야 겨우 일단락을 고했다. 1574년, 병약한 샤를 9세는 24세의 젊은 나이에 세상을 떠났다. 그는 죽음을 눈앞에 두자 신교도 학살 사건을 몹시 후회했고, 정신착란을 일으키며 살해된 위그노교도가 보인다고 비명을 질렀다. "피가 튄다! 사람이 죽어간다! 하느님이시여, 저를 용서하소서!"

종교와 정치의 융합 두 앙리의 죽음

종교와 정치의 일치를 일컬어 신권 정치라고 한다. 신권 정치가 유럽에 보편화되었던 시대에 정치는 종교의 깃발을 치켜들고 자신의 잇속을 챙겼고, 종교 또한 권력이라는 화려한 외투를 두를 수 있었다. 정치와 종교가 공통으로 원했던 것은 지상 최대의 권력이었다.

앙리 3세의 퇴위

앙리 3세(Henri III)는 카트린의 셋째 아들이자 그녀가 가장 사랑하던 아들이었다. 역사학자들이 전하는 바로는 그녀가 아들에 대해 모성애 이상의 감정을 느꼈다고 한다. 앙리 3세가 왕위에 오르기 전 그의 작위는 앙주 공작으로, 성 바르톨로메오 축일에 일어난 신교도 대학살을 주도한 인물이다. 1573년에 앙리는 폴란드 왕에 추대되었으나 그가 원한 것은 프랑스 왕위였다. 1574년 샤를 9세가 죽자 그는 폴란드 왕위를 포기하고 프랑스로 돌아와 앙리 3세가 되었다.

앙리 3세가 왕위를 계승할 때 국내의 종교전쟁은 절정으로 치달았고 내전, 텅 빈 국고, 스페인의 침략 등 프랑스의 정세는 전에 없는 위기를 맞았다. 카트린은 국민의 지지를 얻기 위해 각지를 다니며 유세했고 다른 한편으로 앙리 3세에게 당시의 상황을 직시하고 위기의식을 갖도록 충고했다. 지병으로 요양할 때에도 그녀는 앙리 3세에게 장문의 편지를 보냈다. 편지에는 다음의 내용이 들어 있었다. "사태가 예상했던 것보다 위험하다. 바라건대, 문란한 생활을 자제하고 더는 백성에게서 혈세를 수탈하지 마라. 이대로 가다가는 대규모의 반란이 일어날 것이다. … 충직한 진언은 귀에 거슬리는 법이니 너의 비위를 맞추려는 자들은 모두 너를 속이려는 자들임을 명심해라." 그러나 여성적인 성격의 앙리 3세는 카트린의 충고에 아랑곳하지 않고 매일 미뇽이라고 불리던 미소년들과 환락을 즐겼고 카트린은 이 일로 괴로워했다.

앙리 3세는 즉위한 뒤 곧바로 블루아(Blois)에서 삼부 회의(Etats-Generaux)[24]를 소집했고, 유리 제조와 방직 공업을 장려하는 정책

---

24) 프랑스 혁명 전 소수 특권층인 성직자와 귀족, 그리고 대다수 민중을 포괄하는 세 신분의 대표로 구성된 회의

을 폈다. 내전이 여전히 계속되는 가운데 신교도의 세력은 제압할 수 없을 정도로 빠르게 성장해 앙리 3세의 군대에서도 병사들의 상당수가 신교를 믿었다. 이에 앙리 3세는 군에서 반란을 일으켜 왕위를 찬탈할지 모른다는 두려움을 느끼고 1576년에 어쩔 수 없이 볼리외 칙령(l'Edit de Beaulieu)을 발표했다. 이 칙령으로 위그노파는 파리를 제외한 프랑스 전역에서 공개적으로 종교 의식을 치를 수 있게 되었고 자신들을 보호할 요새 여덟 곳을 얻었다. 신교도에게도 모든 공직에서 일할 수 있는 기회가 주어졌고 규정에 따라 각급 법원의 법관 중 절반의 인원을 차지할 수 있었다. 또 앙리 3세는 성 바르톨로메오 축일의 대학살에 대해 유감을 표하고 희생자들의 명예를 회복시켜주겠다고 약속했다. 그리고 신교도와의 관계를 회복하기 위해 나바라의 앙리와 또 다른 신교 지도자를 각각 중요 직위에 임명했다. 이것은 프랑스 위그노교가 다시금 천주교를 제치고 유리한 고지를 점령했음을 의미한다. 나바라의 앙리는 이 틈을 노려 나바라로 달아나 신교의 신앙을 회복했으며 새로운 종교전쟁을 위해 신교도 군대를 조직했다.

▼ **1581년 프랑스 회화**
프랑스 발루아 왕조의 마지막 왕 앙리 3세(1574~1589)가 궁전에서 성대한 연회를 열고 있다.

75

프랑스 정부가 신교도에게 양보했다는 소식을 들은 수많은 천주교도는 불만을 터뜨렸다. 이들은 앙리 3세가 천주교 신앙을 배신했으며 프랑스의 국가적 이익에 해를 주었다고 생각했다. 그리고 신교에 대항할 방법을 찾기 위해 천주교 회의를 열었다. 회의에서 천주교도들은 기즈 가문의 앙리 기즈를 대표로 추대했다. 이 앙리 기즈는 다름 아닌 성 바르톨로메오 축일의 대학살을 주도한 장본인이었다. 광적인 천주교 신자 앙리 기즈를 주축으로 한 천주교도들은 교황, 신성로마제국의 황제, 그리고 스페인과 동맹을 맺어 공동으로 신교 세력을 제거하고 유럽 대륙에서 천주교를 유일한 종교로 만들고자 신성동맹[25]을 결성했다. 그러나 앙리 3세는 신성동맹을 싫어하여 1579년 이 동맹의 해산을 선포했고, 아울러 신교도가 당시 장악하고 있던 요새의 지배권을 이후 6년간 유지하는 것을 허락했다. 앙리 3세의 처사에 매우 실망한 천주교도들은 기즈 가문의 앙리를 더욱 지지했다.

앙리 vs 앙리

앙리 3세는 호화로운 생활을 즐겼으며 루이즈 왕비(Louise de Lorraine)와 결혼했지만 사실은 동성애자였다. 그의 남총男寵들은 막강한 권력을 차지했고 서로 간에 암투를 벌였다. 앙리 3세는 화려한 레이스와 깃털로 만든 의상을 입고 남총들을 데리고 파리 시내를 돌아다니는 것을 좋아했다. 축제가 열리면 앙리 3세는 화려한 실크로 한껏 치장해서 마치 반짝반짝 빛나는 인형과도 같았다. 백성은 이 기이한 광경을 보며 그가 왕인지 여왕인지 분간하기 어렵다며 고개를 절레절레 흔들었다. 앙리 3세는 때때로 자신의 문란한 생활을 후회했는데 그럴 때마다 교회에서 참회 의식을 거행했다. 1584년에 앙리 3세의 남동생 프랑수아(François, Duke of Alençon)가 젊은 나이에 세상을 떠났다. 프랑스에서는 왕위를 남자에게만 물려주었기 때문에 후사가 없는 앙리 3세 다음으로 왕위를 계승할 수 있는 사람은 마르그리트 공주의 남편이었다. 이는 곧 신교도인 나바라의 앙리가 프랑스의 왕위 계승자가 된다는 것을 의미한다. 천주교에서는 이 사실을 도저히 받아들일 수 없었다. 따라서 앙리 3세는 여러 차례 샤

---

25) 16세기 말 프랑스 종교전쟁 당시에 로마 가톨릭 신자들이 모여 만든 단체

▲ 앙리 기즈의 죽음

앙리 기즈(1550~1588)는 16세
기 프랑스의 군인이자 정치가이
며 기즈 가문에서 매우 중요한
역할을 했던 인물이다. 16세기
에 그려진 이 작품은 프랑스 왕
앙리 3세가 앙리 기즈를 암살하
기 위해 음모를 꾸미는 장면을
그린 것이다.

르트르(Chartres)로 가서 성모 마리아에게 왕위를 이을 아들을 낳게
해달라는 기도를 드렸다. 그러나 성모마저도 그를 위해 아무런 힘을
쓰지 못했다. 그도 그럴 것이 앙리 3세는 아내인 루이즈 왕비를 기
쁘게 해주기 위해 온갖 치장을 했지만 정작 그녀와는 동침하지 않았
기 때문이다.

　상황이 이렇게 되자 신교도에게 정권이 넘어가는 것을 두고 볼 수
없었던 앙리 기즈는 자신이 왕이 될 야심을 품었고 천주교에서도 그
를 지지했다. 그의 친한 친구는 프랑스 왕위가 오래전에 기즈 가문
의 조상인 카롤링거 왕조(Carolingian dynasty)에 속했으나 987년에
카페 왕조(Capetian dynasty)에 의해 빼앗겼다며 기즈야말로 합법적
인 왕위 계승자라고 부추겼다. 마침내 앙리 기즈는 왕위를 찬탈하기
위해 행동을 개시했다. 그는 우선 스페인의 펠리페 2세에게 자신의
뜻을 전달하여 스페인 천주교의 지지를 얻었다. 이어서 앙리 3세를
위협해 신교도가 공개적으로 종교 의식을 여는 것을 금지하는 칙령
을 새로 내렸다. 1585년 앙리 기즈는 교황에게 나바라의 앙리의 왕
위 계승권을 취소하는 칙령을 내려달라고 요청했다. 그런데 이 일이
신교도에 알려지면서 신·구교 사이에 다시 전쟁이 터졌다. 프랑스
의 통일과 왕권은 전에 없는 혼란에 빠져들었다.

두 앙리의 죽음

앙리 기즈는 '신교도 반대' 라는 기치를 높이 들어 프랑스 천주교도의 지지를 받았다. 당시 파리에 거주하는 사람 대부분이 천주교를 신봉하여 앙리 3세가 신교도에게 허락한 관용 정책에 반감을 품고 있었다. 사면초가의 상황에 놓인 앙리 3세는 앙리 기즈를 미워하면서도 두려워한 나머지 그가 파리로 입성하는 것을 금지했다. 그러나 앙리 기즈는 왕의 명령을 무시하고 1588년 5월 수많은 천주교도의 환영을 받으며 파리에 도착했다. 12일, 기즈 공작은 천주교도를 선동하여 루브르 궁을 포위하고 거리에 바리케이드를 세웠다. 이것을 역사적으로 '제1차 바리케이드 사건' 이라고 부른다. 이날 이후로 파리는 더 이상 앙리 3세의 소유가 아니었다. 앙리 3세는 두려움에 떨며 샤르트르로 피신했다.

12월 23일 기즈 공작과 그의 동생인 추기경 루이 2세(Louis II, Cardinal of Guise)는 블루아에서 앙리 3세와 회담을 열었다. 이때 앙리 3세는 두 사람을 내실로 불러들여서 사람을 시켜 살해했다. 이 일로 프랑스 정국은 혼란에 빠졌다. 교황은 앙리 기즈의 암살 사건을 조사하기 위해 앙리 3세를 로마로 소환했다. 막다른 길로 내몰린 앙리 3세는 결국 나바라의 앙리에게 도움을 구했다.

1589년 4월, 나바라의 앙리는 신교도 군대를 이끌고 앙리 3세를 도우러 왔다. 그의 군대가 파리로 진격하자 앙리 3세는 감격에 겨워 눈물을 흘렸고, 왕위 계승권을 이 위그노 매제에게 넘겨주기로 했다. 그의 결정은 기즈 세력과 스페인에 결정적인 패배를 안겨주었고 나바라의 앙리는 한층 위상이 높아졌다. 나바라의 앙리가 이끄는 군대가 파리를 포위했을 때는 같은 해 8월 초였다. 이때 앙리 3세는 파리 남서부에 군대를 주둔시키고 있었는데 자코뱅 수도원의 수도사 자크 클레망(Jacques Clément)의 칼에 찔려 목숨을 잃었다. 그는 야심을 채우려 폴란드 왕위까지 포기하며 프랑스 왕이 되었지만 재위한 지 얼마 되지 않아 비참하게 세상을 떠났다. 그의 죽음은 프랑스 발루아 왕조의 몰락을 의미했다. 그의 뒤를 이어 나바라의 앙리가 왕위에 올랐는데 역사에서는 그를 앙리 4세(재위 1589~1610)라고 부르며, 이때부터 프랑스 부르봉(Bourbon) 왕조가 시작되었다.

새로운 화해 낭트 칙령

위기를 만나도 당황하지 않는 사람이 결국 큰일을 해낸다. 앙리 3세가 피살된 뒤 신교도 나바라의 앙리가 프랑스 왕위에 올랐다. 그는 국내의 종교적 갈등을 해결하기 위해 여러 가지 방법을 모색했고 마침내 혼란에 빠졌던 프랑스를 안정된 궤도에 올려놓았다.

거듭된 개종

세 명의 앙리 사이에 벌어진 프랑스 왕위 다툼에서 최후의 승자는 나바라의 앙리였다. 그러나 그가 프랑스의 왕이 될 수 있었던 것은 단지 운이 좋아서가 아니었다. 바로 그의 재능과 과감한 결단력이 그를 프랑스 내전을 평정한 영웅으로 만들었다.

1553년 12월 13일, 앙리는 프랑스와 스페인의 접경지인 포(Pau)에서 태어났다. 그는 방돔 공작 앙투안 드 부르봉(Antoine de Bourbon, Duke of Vendôme)과 1555년부터 나바라 여왕을 지낸 잔 달브레(Jeanne d'Albret)의 사이에서 태어났다. 나바라는 프랑스 남부의 작고 가난한 왕국이었다. 마르그리트가 앙리와 결혼할 때 그를 시골뜨기라고 얕잡아 본 것이 바로 이 때문이다. 그러나 이 시골뜨기 청년이 프랑스의 왕위에 오를 줄은 그때는 전혀 예상하지 못했다. 발루아 가문의 대가 끊기자 나바라의 앙리가 왕위에 오르며 프랑스 부르봉 왕조를 개창했다. 신교도인 앙리가 프랑스 왕이 된다는 소문을 들은 대부분 프랑스인은 그를 합법적인 왕으로 인정하지 않았다. 앙리는 목숨을 지키기 위해 천주교로 개종했다가 나바라로 도망쳐서 또다시 신교로 신앙을 바꿨으며 나중에는 신교도를 이끌고 파리를 포위했다. 따라서 앙리가 프랑스 왕위에 오른 것은 결코 쉬운 일이 아니었다.

앙리 4세가 즉위할 때, 전국에서 오로지 다섯 개 도시만이 그를 왕으로 인정했고 천주교를 믿는 파리는 그를 새로운 왕으로 받아들이지 않았으며 교황은 이 이교도 왕을 파문한다고 선언했다. 신성동맹군은 스페인의 세력을 등에 업고 앙리의 군대를 공격했다. 앙리는 영국 엘리자베스 여왕의 도움을 받아 아르크(Arques, 1589년 9월)와 이브리(Ivry, 1590년 3월)에서 대승을 거두며 프랑스 도시를 하나씩 점령해갔다. 그러나 수도 파리에서는 천주교도의 거센 저항에 부딪혀 전쟁은 끝이 보이지 않았다.

정세를 파악하는 데 능했던 앙리 4세는 이때야말로 타협의 손을 내밀어야 할 시기라는 것을 알았다. 파리의 평화를 위해 그는 신교도가 포기한 천주교 의식인 미사를 열기로 했다. 그리하여 1593년 7월 25일 앙리 4세는 파리 교외의 한 성당에서 신교를 포기하고 구교에 귀의할 것을 다짐하는 선서식을 올렸다. 이것이 그의 두 번째 개종이었다. 그의 이런 행동은 의심의 여지없이 신교도의 불만을 자아냈다. 파리 한편에서 '국왕 폐하 만세' 하며 환호성이 울리는 가운데 그는 신교를 버리고 천주교 신자가 되었다. 이로써 30년을 끌어온 프랑스 종교전쟁은 정식으로 막을 내렸다. 1594년 2월 25일 앙리 4세는 샤르트르에서 대관식을 올렸다. 그리고 3월 22일 파리는 성문을 열고 앙리 4세를 맞이했고 이날 저녁 스페인 군대는 철수했다.

이듬해인 1595년 스페인 왕 펠리페 2세는 군대를 나누어 부르고뉴(Bourgogne), 피카르디(Picardie), 브르타뉴(Bretagne)로 진군해왔다. 3년에 걸친 격전 끝에 1598년 앙리 4세와 펠리페 2세는 베르뱅 조약(Peace of Vervins)을 조인했고 두 나라의 전쟁은 마침내 종지부를 찍었다.

낭트 칙령

1598년, 앙리 4세는 길고 지루한 회담 끝에 천주교와 개신교의 타협을 이끌어내어 낭트 칙령(Edict of Nantes)을 발표했다. 칙령에서 신교도는 다시금 공개적으로 종교 의식을 진행할 수 있는 권리를 얻었고 신교도와 구교도는 법률상 평등하다고 규정했다. 또 신교도가 이전부터 소유한 군사 요새를 신앙상의 안전지대로 8년간 보유하도록 허락했다. 칙령은 오랜 전쟁에 지칠 대로 지친 신교도와 구교도 양측이 마침내 서로를 향해 제시한 타협과 종교적인 관용 정신을 반영한다.

30년에 걸친 종교전쟁으로 무참하게 파괴된 프랑스는 부흥을 이끌 영웅적인 왕이 필요했고, 앙리 4세가 바로 그 적임자였다. 그는 국내의 경제 질서를 회복시키는 동시에 자신의 왕권을 확고히 해야 했다. 그가 풀어야 할 가장 어려운 문제는 신교와 구교 사이의 갈등

을 해결하는 것이었다. 그는 천주교로 개종했지만 여전히 신교를 보
호했고, 양측을 모두 배려한 정책을 펼쳤지만 양측 모두로부터 원성
을 샀다. 그럼에도 그는 생이 끝나는 날까지 낭트 칙령을 철회하지
않았다.

낭트 칙령이 발표된 뒤로 프랑스에 안정이 찾아왔지만, 천주교도
들은 여전히 신교를 옹호하는 앙리 4세에게 불만을 품었다. 1610년,
앙리 4세는 신교 진영을 한데 모아 천주교를 믿는 합스부르크 왕실
을 공격했다. 원정을 떠나기 닷새 전인 5월 14일 앙리 4세는 광신적
인 천주교도 프랑수아 라바이야크(François Ravaillac)의 손에 암살되
었다.

역사에서는 앙리 4세야말로 프랑스 역사상 인격적으로나 정치적
업적으로나 매우 훌륭한 왕으로 평가하여 그를 앙리 대왕이라고 부
른다. 그는 오랜 혼란기를 겪은 프랑스의 정치와 경제를 새롭게 진
흥시켰다. 앙리 4세 이후의 100년은 프랑스가 역사적으로 최강의 세
력을 떨친 시기이며 유럽 대륙 패자의 위치에 올랐다고 할 수 있다.

세기의 이혼 헨리 8세와 교황의 대결

예부터 동서양을 막론하고 왕위는 아들인 왕자가 계승했다. 왕에게 아들이 없다면 딸이 아무리 많아도 왕위를 이을 수 없었다. 영국에서는 헨리 8세에 이르기까지 줄곧 남자가 최고 통치자의 자리에 올랐다. 그런데 결혼한 지 여러 해가 지나도 후사를 얻지 못하자 헨리 8세는 아들을 얻는 데 집착한 나머지 오랜 세월 관계를 이어 온 로마 교황청과 결별하고 종교적 독립을 선언했다.

이혼 사건의 발단

▼ 헨리 8세

헨리 8세(1491~1547)는 잉글랜드 헨리 7세의 차남이며 튜더 왕조(Tudor Dynasty)의 두 번째 왕으로 1509년 4월 22일 왕위를 계승했다.

1509년 4월 22일, 헨리 8세(Henry VIII)가 즉위했을 때 그의 나이 겨우 18세였다. 유럽에서 멀리 떨어져 있고 한때 이등 국가였던 잉글랜드는 명철한 왕의 통치 아래 강력한 힘을 갖춘 봉건 전제 국가로 발전했다. 헨리 8세의 부친 헨리 7세(Henry VII)는 스페인과의 외교 관계를 위해 자신의 장자 아서(Arthur)와 스페인 공주 아라곤의 캐서린(Catherine of Aragon)을 결혼시켰다. 그런데 결혼한 지 얼마 지나지 않아 아서가 병으로 세상을 떠났다. 그러자 헨리 7세는 스페인 왕실의 미움을 사지 않기 위해 교황 레오 10세에게 허락을 얻어 캐서린을 자신의 차남과 다시 결혼시키기로 했다. 당시 헨리 왕자는 12세였고 캐서린은 18세였다. 두 젊은 남녀는 궁정에서 함께 지내는 동안 서로를 향한 사랑을 키워갔다. 1509년 6월 11일 두 사람은 정식으로 결혼했고, 6월 24일 런던 웨스트민스터 사원에서 헨리는 왕으로 즉위하고 캐서린은 왕비가 되었다. 캐서린은 성품이 온순하고 현숙하며 사려가 깊었다. 결혼 후 특히 국가의 자선 사업에 관심을 기울여 백성으로부터 존경과 사랑을 받았다. 그들이 결혼하고 처음 보낸 몇 년의 시간을 에라스뮈스는 '완벽한 결혼'의 모델이라고 칭송했다.

결혼한 지 10년이 넘도록 두 사람 사이에는 아이가 없었다. 캐서린은 여러 차례 유산하고 나서 마침내 1516년에 공주 메리(Mary)를 낳았다. 그녀가 바로 훗날의 메리 1세이다. 당시 헨리 8세는 딸을 품에 안고 이렇게 말했다. "이번에 딸을 주셨으니 인자하신 하느님께서 다음에는 분명히 아들을 주실 것이다." 여기서 그가 왕위를 이을 아들을 얼마나 원했는지 쉽게 짐작할 수 있다. 그러나 그의 소원은 줄곧 이뤄지지 않았다. 이미 나이가 든 캐서린은 그 후에도 임신했지만 모두 유산하고 말았다. 1519년에 캐서린이 또다시 유산하자 헨리는 그녀가 자신에게 아들을 안겨주리라는 희망을 더 이상 품지 않았다. 그는 자신의 결혼이 신에게 죄가 되지 않았는지 의심하기 시작했다. 성경에 "누구든지 그 형제의 아내를 취하면 더러운 일이라. 그가 그 형제의 하체를 범함이니 그들이 무자無子하리라."[26]라고 기록되어 있다. 따라서 형의 아내였던 캐서린과 결혼한 헨리 8세는 아들을 얻을 수 없는 것이라고 해석한 것이다. 독실한 천주교도인 헨리 8세는 두 사람의 혼인이 합법적인지에 의구심을 품었다. 그리고 1519년부터 헨리 8세가 캐서린이 아닌 다른 여인에게서 낳은 사생아의 기록이 나타나기 시작한다. 그러나 국법에 따르면 사생아는 왕위를 계승할 수 없었다. 헨리 8세가 원한 것은 합법적인 아들이었고, 이것은 그에게 새로운 왕비가 필요하다는 것을 의미했다.

헨리 8세는 왕비의 시녀 중에서 이국적인 분위기를 띠는 한 여인을 발견했는데 그녀가 바로 앤 불린(Anne Boleyn)이었다. 그녀의 언니 메리 불린은 헨리 8세의 정부였다. 앤은 한때 프랑스 궁정에서 여러 해 생활했기 때문에 프랑스의 우아한 예법과 화려한 의상에 대해 훤히 꿰뚫고 있었다. 그녀의 이런 남다른 점은 고리타분한 영국 왕실에서 사람들의 이목을 끌었다. 그러나 언니 메리가 왕에게 매정하게 버림받은 사실을 지켜보았던 그녀는 헨리 8세가 자신에게 애정 공세를 하자 교묘하게 상황을 피하며 왕의 애를 태웠고 대담하게도 왕비의 자리를 요구했다. 아들을 얻는 데 집착했던 헨리 8세는 결국 왕비를 퇴위시키고 앤을 새로운 왕비로 삼기로 했다. 그는 이혼이 절대 쉽지 않다는 사실을 알았지만 결심을 굳혔다. 이로써 엄청난 변혁을 가져온 세기의 이혼 사건의 서막이 올랐고 영국에 종교개혁의 불꽃이 타올랐다.

헨리 8세와 그의 아내들

헨리 8세는 앤 불린 이후에도 정부를 여러 명 두었다. 이는 곧 그가 훌륭한 남편도 좋은 아버지도 아니라는 뜻이다. 그의 아내들과 자식들 모두 그에게서 커다란 상처를 입었다. 1534년에 헨리 8세는 왕위 계승법(Acts of Succession)을 제정하여 캐서린의 딸 메리가 사생아이며 앤 불린의 딸 엘리자베스가 왕위를 계승한다고 선포했다. 1536년에 앤이 처형된 다음 날 헨리는 제인 시모어와 약혼했다. 그리고 이후 두 번째 왕위 계승법에서 새 왕비의 자녀가 서열에 따라 왕위를 이을 것이며 이전의 자녀인 메리와 엘리자베스는 사생아이므로 왕위 계승권을 박탈한다고 선포했다. 그의 유일한 아들인 에드워드가 죽은 뒤 1544년에 의회는 세 번째 왕위 계승법을 통과시켰는데, 여기서 메리와 엘리자베스의 왕위 계승권을 다시 인정했지만 두 사람은 여전히 사생아로 남았다. 에드워드 16세가 죽은 뒤 메리와 엘리자베스가 이어서 영국의 왕위에 올랐고 세인들의 인정을 받았다.

---

26) 《레위기》 20장 21절

위대한 변혁을 이끈 이혼 사건

　유럽 대륙과 달리 영국의 봉건 귀족은 일찍부터 세속에 간섭하는 로마 가톨릭에 강하게 반발했다. 1215년 영국이 제정한 대헌장인 마그나 카르타(Magna Carta)에 따르면 교황청의 권위 아래에서도 귀족은 기본적인 자유를 누리도록 보장받았다. 그 후 영국 의회는 로마 교황청에 상고하는 것을 금지하는 법령을 통과시켰고, 국왕만이 국내의 종교적 사건을 처리할 수 있다고 선포했다. 영국의 개신교 운동은 이미 14세기에 시작되었는데 이는 루터보다 거의 100년이나 앞선 것이다. 옥스퍼드 대학 출신인 신학자 존 위클리프(John

▼ 헨리 8세의 아내 여섯 명

왼쪽 위부터 시작해서 아라곤의 캐서린, 앤 불린, 제인 시모어(Jane Seymour), 클레브스의 앤(Anne of Cleves), 캐서린 하워드(Catherine Howard), 캐서린 파(Catherine Parr)이다.

Wycliffe)는 "예수 그리스도의 복음만이 진정한 신앙이다." 또한 "오직 성경만이 진리이다."라고 분명히 지적했다. 개혁에 관한 이들의 주장은 시기적으로 차이가 있음에도 루터의 주장과 일치한다. 위클리프는 성경을 영어로 번역해서 평민들도 쉽게 읽을 수 있게 했다. 그 영향은 매우 커서 수많은 사람이 성경을 신앙과 생활의 기준으로 받아들였다. 그들은 성경의 권위를 인정하고 교회의 타락과 우상 숭배를 거세게 비난했다. 그러나 영국 개신교 운동의 도화선은 존 위클리프가 아니라 16세기 헨리 8세의 이혼 사건이었다.

원래 헨리 8세는 교황에게 미움을 사지 않으려 했다. 그래서 캐서린이 스스로 왕비의 자리에서 물러나 수도원에서 조용히 인생의 말년을 보내고 이로써 자신은 원하는 바를 이루기를 바랐다. 그러나 왕비는 이 제의를 거절하고 자신의 조카인 신성로마제국 황제 카를 5세에게 편지를 써서 도움을 구했다. 당시 카를 5세의 권력은 막강해서 로마 교황마저 그의 뜻을 함부로 거스르지 못했다. 그는 캐서린에게 헨리 8세가 그녀를 내쫓는다면 잉글랜드로 군대를 이끌고 가겠다고 답장했다. 그러나 헨리 8세의 결심은 전혀 흔들림이 없었다. 1525년 헨리 8세는 추기경 토마스 울지(Thomas Wolsey)를 교황에게 보내 이혼을 신청했고 대신 윌리엄 나이트(William Knight)를 로마 교황청으로 보내 자신의 주장을 알렸다. 그는 캐서린이 아서와 결혼한 뒤 동침한 사실이 있었으나 당시 자신은 어려서 아무것도 모른 채 속았다고 주장했다. 이 이혼 청구를 받아든 교황 클레멘트 7세는 세력이 막강한 카를 5세의 눈치를 살펴야 했다. 게다가 이 결혼은 전임 교황이 직접 허가한 것이어서 난처해진 그는 가능한 한 이 사건의 결정을 오래 미루었다. 그러자 헨리 8세는 대중의 지지를 얻기 위해 케임브리지, 옥스퍼드의 학자를 내세워서 이혼의 타당성을 주장했고 다른 한편으로 의회에 이 사안

▼ **카를 5세의 대관식**
카를 5세는 헨리 8세의 아내 캐서린의 조카이다. 그의 방해로 헨리 8세의 이혼 사건은 결론을 맺지 못했다.

을 통과시킬 것을 요구했다. 대다수 학자가 왕위 계승을 위해 이혼에 찬성했고, 의회는 교회의 폐단을 맹렬히 비판하며 성직자의 권위를 떨어뜨릴 목적으로 왕의 이혼에 찬성했다. 1529년 교황이 이 이혼 청구에 동의하지 않자 헨리 8세는 십일조를 납부하지 않겠다며 압력을 가했다. 이런 상황에서도 교황이 처음의 태도를 바꾸지 않자 헨리 8세는 매우 화가 났다. 그의 심복이었던 토머스 크롬웰(Thomas Cromwell)이 교황을 대신해서 왕 스스로 영국 교회의 수장이 될 것을 처음 건의했을 때 헨리 8세는 이를 받아들이지 않았다. 헨리 8세 본인도 독실한 천주교 신자였고, 루터가 종교개혁을 부르짖을 때 그는 마르틴 루터를 비난하는 글을 써서 로마 교황청으로부터 '신앙의 수호자'라는 칭호를 얻은 바 있다.

길고 지루한 기다림 끝에 분노가 극에 달한 헨리 8세는 교황청과의 관계가 어긋나더라도 이혼을 하기로 했다. 그는 크롬웰의 건의를 받아들여 로마 가톨릭과의 관계를 끊고 천주교에서 이탈할 것을 결정했다. 그 후 상황은 걷잡을 수 없이 변해갔다. 그는 종교개혁 문제를 토론하는 회의를 열어서 영국 교회의 수장은 영국 왕이며 국내의 모든 성직자는 반드시 왕의 명령에 순복해야 한다고 천명했다. 또 로마 교황청과 관계를 끊고 교황에게 바치는 세금을 중단하며 교황에게 상소하는 것을 금지한다고 선언했다. 당연히 천주교 보수파에서는 이에 강하게 반대했다. 그러자 헨리 8세는 20년간 집정한 요크 대주교, 대법관 울지를 파면하고 크롬웰을 비서장으로 승진시켰으며 토머스 크랜머(Thomas Cranmer)를 새로운 캔터베리 대주교로 임명했다. 1533년 5월, 크랜머는 영국 국교회를 대표하여 헨리 8세와 캐서린의 결혼이 무효라고 선언했다. 같은 해 6월, 임신한 앤 불린이 영국 왕비가 되었다. 그러나 그녀는 결코 영국 국민의 인정을 받지 못했고 오히려 캐서린이 사람들의 동정을 얻었다. 앤 왕비의 대관식에서 충성스러운 신하와 백성은 캐서린의 딸 메리에게 환호와 경의를 표했고 앤이야말로 다른 사람의 결혼을 망친 '창녀'라고 욕했다. 3개월 후 앤은 마침내 아이를 낳았다. 그러나 하늘은 헨리 8세에게 아들을 허락하지 않았는지 이번에도 그는 딸을 얻었는데 그녀가 바로 훗날의 엘리자베스 1세이다.

이와 동시에 영국의 종교개혁은 왕의 진두지휘 아래 차근차근 전개되었다.

절반의 개혁 성공회와 정교일치

"교황이 나를 수천 번 파문한다고 해도 전혀 개의치 않는다. 나는 모든 왕에게 교황의 능력이 얼마나 미약한지를 보여줄 것이다." 이는 헨리 8세가 종교개혁을 전개하면서 품었던 결심이다.

성공회의 성립

영국 개신교 운동이 왕에 의해 시작되지 않았다면 아마도 그렇게 순탄하지만은 않았을 것이다. 한때 로마 가톨릭에서 '신앙의 수호자'라고 불리던 헨리 8세는 앤 불린과 결혼한 지 얼마 되지 않아 교황 클레멘트 7세로부터 파문을 당했다. 그러자 헨리 8세는 위와 같이 자신의 비장한 결심을 내비쳤다. 헨리는 독실한 천주교 신도였으나 교황이 하느님의 이름으로 그의 왕권을 간섭하는 것을 원하지 않았다. 당시 로마 가톨릭은 잉글랜드의 최고 행정권과 사법권을 장악했고, 잉글랜드 영토의 3분의 1을 점유해서 매년 엄청난 재물이 로마 교황청으로 빠져나갔다. 영국 각지의 교회 수도원 역시 거액의 재산을 소유했고 수도사들은 부유한 삶을 살았지만 이에 대해 영국 왕은 아무런 권한도 행사할 수 없었다. 헨리 8세는 교황청의 행정 및 사법적 간섭은 물론 재물의 수탈에 대해 갈수록 불만이 커졌다. 영국 신흥 귀족과 부르주아 계급 역시 교회의 재산을 노리고 있었기 때문에 헨리 8세와 입장을 같이했다. 이로써 영국에서 위로부터 아래로의 종교개혁이 정식으로 시작되었다.

1534년 헨리 8세는 의회에서 수장령(Act of Supremacy)을 통과시켜 영국 왕이 영국 교회에서 유일하게 최고 권한을 가진다고 선포했다. 국가반역법에서는 누구든 영국 왕을 이단이라고 칭하면 반역죄로 사형에 처한다고 규정했다. 이와 동시에 의회에서는 교황에게 바치는 헌금을 취소하고 교황에게 상소하는 것을 금지했으며, 왕위 계승에 관한 새로운 법령을 통과시켰다. 이때부터 영국은 로마 천주교의 속박에서 벗어나 영국 국교회, 즉 '성공회(Anglican Communion)'를 창설했다. 그러나 영국 국내의 수많은 독실한 천주교도는 개종을 거부하여 잔인무도한 탄압을 받았다. 이때 로마 가톨릭을 옹호한 수많은 사람이 살해되었는데 여기에는 《유토피아(Utopia)》를 쓴 토머스 모어(Thomas More)도 포함되었다.

1536년 헨리 8세는 친서를 써서 크롬웰을 '종교 특사'로 삼아 '왕의 뜻에 따라서'라는 명분으로 수도원의 토지, 재산을 몰수했다. 이 조치로 376곳에 달하는 수도원이 해산되었고 수도주의는 영국에서 완전히 자취를 감추었다. 대량으로 몰수된 토지 일부분은 왕실과 대귀족에게 돌아갔고 나머지는 시장에 내놓아 헐값으로 팔았다. 이 토지는 결국 신흥 자산 계급의 손에 돌아갔고 이로써 영국에 새롭고 영향력 있는 계층인 젠트리(Gentry)가 등장했다. 젠트리의 농장은 훗날 영국 자본주의 농업의 발전을 이끌었고 영국의 국력은 이를 통해 충실해졌다.

▼ 헨리 8세

헨리 8세는 훗날 영국 종교개혁에 커다란 영향을 주었다. 그는 처음에 왕조와 자신의 왕위 계승 문제를 해결하기 위해 종교개혁을 시작했지만, 결코 천주교 신앙의 본질을 포기하지 않았다. 그러나 그의 개혁은 영국 모든 왕 중에서 가장 급진적이고 결정적인 성격을 띠었다.

절반의 개혁

영국의 종교개혁은 헨리 8세가 바라던 이혼, 아들, 그리고 권력욕에서 비롯되었다고 말할 수 있다. 그러나 영국의 진정한 개혁파(위클리프파)는 국가가 종교개혁의 책임을 지고 성경을 신앙의 기준으로 세우기를 바랐다. 이들은 국왕에게 진정한 의미의 철저한 개혁을 요구했다. 그러나 헨리 8세가 종교개혁을 시작한 것은 단지 그 자신의 개인적인 욕심 때문이다. 따라서 천주교와 결별했다고 하지만 그는 여전히 천주교의 교리와 의식을 정통으로 보았고 개혁파 신교도를 배척했다.

캔터베리 대주교 크랜머는 개혁파적 경향을 띤 인물로 그의 노력을 통해 개혁파는 헨리 8세로부터 최대한의 양보를 얻어냈다. 1536년 헨리 8세는 '10항 조문(The Ten Articles)'을 발표했다. 여기서 그는 성경, 그리고 초기 교회의 신조 세 가지를 신앙의 최고 권위로 삼았고 세례, 고해성사, 성만찬을 필수 성례로 남겨두었다. 그러나 헨리 8세는 여전히 성찬식에서 떡과 포도주가 그리스도의 살과 피로 변한다고 믿었고, 죽은 사람을 위한 미사와 우상 숭배 등의 전통을 고수했다. 이런 점에서 그의 개혁은 신학적으로 천주교에서 벗어나지 않았고 다만 의식을 간소화했을 뿐이며 또한 성경, 이신칭의의 중요성을 인정했을 뿐이다. 한편, 개혁파는 영국 국내에서 영문판 성경을 대중에 보급하여 성경의 영향력을 확대했다. 1539년에 헨리는 정치적으로 천주교를 신봉하는 프랑스, 스페인 양국과의 관계를 고려하여 '6항 조문(The Act of Six Articles)'을 발표하고 성직자의 독신 생활, 수도 서약의 철회 불가 등 천주교의 교리를 새롭게 강조했다. 이를 위반한 사람은 처형되거나 재산 몰수, 그리고 감금의 처벌을 받았다. 그러나 이 일 이후 얼마 지나지 않아 헨리 8세가 세상을 떠났으므로 개혁파가 받은 타격은 그다지 크지 않았다.

전체적으로 보면 영국 종교개혁의 핵심은 그 조직과 권력 구조에 중점을 두었을 뿐 신학과 신앙생활에 대한 개혁은 철저하게 이루어지지 않았다. 그래서 사람들은 이를 두고 절반의 개혁이라고 부른다. 그렇지만 헨리 8세에 의해 시작된 영국의 종교개혁은 여전히 그의 일생에서 영국의 역사에 커다란 영향을 남긴 선택이었다.

전면적인 개혁 에드워드의 짧은 집정

헨리 8세는 아내를 여섯 명 두었는데 세 번째 왕후 제인 시모어(Jane Seymour)에게서 그토록 바라던 아들을 얻었다. 그가 훗날의 에드워드 6세 (Edward VI)이다. 1547년 헨리 8세가 세상을 떠나자 에드워드 6세가 아홉 살의 어린 나이에 왕위를 계승했고 신교도인 외삼촌 서머싯 공작(1st Duke of Somerset) 에드워드 시모어(Edward Seymour)가 섭정을 했다.

개혁의 심화

에드워드는 어려서부터 몸이 허약하여 병치레를 자주 했지만 같은 나이의 아이들보다 훨씬 조숙했다. 어린 나이에 이미 다양한 분야의 책을 섭렵했고 여러 언어에 능통했다. 권력 쟁탈의 중심지인 왕궁에서 생활하다 보니 그의 성격은 자연히 오만하고 냉정했다. 에드워드 6세는 신교를 열성적으로 지지했는데 이는 다분히 그의 외삼촌에게서 영향을 받은 것이다. 헨리 8세의 종교개혁을 절반의 개혁이라고 한다면 에드워드 6세가 집권한 기간에 전면적인 개혁이 이루어졌다. 영국의 신교도들은 개혁을 통해 구교의 부패와 그 잔재를 말끔히 제거하고자 했다. 에드워드의 외삼촌 시모어가 섭정을 맡은 동안 종교의 자유를 보장받은 개신교의 세력은 점점 확대되었다. 그는 국회를 움직여 이전의 '6항 조문'을 번복했을 뿐만 아니라 성경의 인쇄 제작을 금했던 명령까지 폐지했고 '통일령(Act of Uniformity)'[27]을 실시했다. 각지 교회는 캔터베리 대주교 크랜머가 편찬한 《성공회 기도서(Book of Common Prayer)》[28]를 사용하도록 명령을 내렸고 성직자의 결혼을 허가했다. 또 새로운 예배 의식을 제정했으며 전국의 교회가 이를 준수하도록 했다. 이 밖에도 그는 평신도가 성찬 예식에서 잔을 들고 마시는 것을 허용했다.

시모어의 종교개혁은 매우 순조롭게 진행됐지만 그가 소작농을 우대하고 농민이 더 많은 권리를 쟁취하도록 힘을 실어주어 대귀족으로부터 원성을 샀다. 농민 쟁의가 터지자 귀족들은 이를 기회로 시모어에게 그 책임을 물었고 그는 결국 권좌에서 밀려났다. 그 후

---

27) 예배와 기도, 그리고 의식 등을 통일하기 위하여 제정, 공포한 법률
28) 영국 국교회는 지금까지도 이 책을 사용한다.

노섬벌랜드 공작(1st Duke of Northumberland) 존 더들리(John Dudley)가 섭정을 했다. 그 역시 신교를 믿었고 영국의 개신교 운동을 적극적으로 추진한 인물이었다. 그의 명성을 들은 유럽 각지의 신교 운동가들은 영국에 개신교의 기초를 세우기 위해 하나둘 모여들었다. 그들은 개신교가 그 뿌리를 깊게 내리도록 도왔고 성직자를 훈련했다. 칼뱅교 역시 이때 영국으로 전해지면서 영국의 개신교는 한순간에 커다란 발전을 보였다. 1553년에 크랜머와 신학자 여섯 명은 공동으로 '42항 조문(the Forty-two Articles)'을 완성했는데, 이는 영국 국교회의 기본적인 교리를 정리한 것이다. 에드워드 6세의 집정 기간에 개신교의 발전에 결정적인 영향을 준 것은 바로 왕의 건강이었다.

▲ 에드워드 6세

에드워드 6세(1537~1553)는 헨리 8세의 외아들이었다. 그가 영국 왕으로 재위한 기간은 짧았지만, 영국 근대사에 매우 큰 영향력을 남겼다.

후계자 선정

병치레가 잦았던 에드워드 6세는 얼굴이 늘 창백했고 기침이 그치지 않았다. 그는 자신을 바라보는 사람들의 눈을 통해 이 땅에서의 시간이 얼마 남지 않았다는 것을 알았다. 그가 세상을 떠나고 나면 열성적인 천주교도인 이복누이 메리가 왕위에 오를 것이었다. 그때가 되면 영국은 다시 천주교 국가로 되돌아갈 것이고 자신이 그동안 개신교를 위해서 일군 모든 성과가 물거품이 될 것이 분명했다. 그는 섭정 대신의 건의를 받아들여 메리에게 사람을 보내서 개신교로 개종하도록 위협도 해보았지만 완고한 메리는 조금도 흔들리지 않았다. 결국, 에드워드 6세에게 남은 선택은 그녀가 왕위에 오르지 못하도록 방법을 찾는 것이었다.

그는 적당한 후계자를 물색한 끝에 자신의 조카딸이자 노섬벌랜드 공작의 며느리인 제인 그레이(Jane Grey)를 후계자로 삼았다. 그레이는 헨리 7세의 외증손녀이며 신교도였다. 법규에 따르면 그녀에게는 영국 왕위를 계승할 권한이 없었는데 이것은 이후 그녀에게 치명적인 약점이 되었다. 자신의 후계자를 선정한 에드워드 6세는 곧바로 새로운 왕위 계승법을 발표했다. 이 법은 헨리 8세의 유지를 완전히 뒤집은 것으로, 메리와 엘리자베스는 적통이 아니므로 법에 따라 왕위 계승권을 갖지 못한다고 선포했다. 또 그는 자신의 누이들을 국가를 통치하기에 부적합한 '잡종'이라고 불렀다. 그는 두 누나가 태어나면서 부여된 왕위 계승 권한을 포기하고 하늘이 준 운명에 만족하며 '조용히 살아가기'를 바랐다.

비록 에드워드가 자신의 후사를 정했으나 역사는 그의 뜻대로 돌아가지 않았다. 제인 그레이는 곧 정치 투쟁의 희생양으로 전락하고 말았다. 1553년 7월 10일 그녀가 여왕에 즉위한 지 9일째 되는 날 영국 의회는 그녀의 왕위를 부인하고 폐위시켰다. 이듬해에 영국의 새로운 여왕이 된 메리는 제인 그레이에게 천주교로 개종할 것을 수차례 종용했으나 뜻을 이루지 못하자 그녀를 런던 탑에서 처형했다. 당시 제인 그레이는 겨우 16세에 불과했다.

그러나 에드워드 6세의 재위 기간이 짧았음에도 그가 주도한 종교 개혁은 커다란 진전을 보여 영국의 신교 교리는 사람들의 마음속에 이미 깊이 뿌리를 내렸다.

되풀이되는 역사 피의 메리

영국 신교도가 아무리 주도면밀한 계획을 세웠어도 왕위를 둘러싼 투쟁에
서는 천주교가 우위를 차지했다. 상처투성이의 천주교도 메리 여왕은 마침
내 대권을 손에 쥐자 신교도를 향해 거침없는 복수를 시작했다.

상처 입은 소녀

사람의 성격은 선천적인 요인과 함께 후천적인 환경에 큰 영향을
받는다. 메리 튜더는 불우한 환경에서 성장했으므로 역사 속에서 그
녀가 보여준 난폭한 성격은 그다지 놀라운 일이 아니다. 그녀의 모
친은 아라곤 공주이자 헨리 8세의 첫 번째 부인인 캐서린 왕비이다.
왕위 계승권에 대해 논한다면 메리야말로 자신의 정통성을 주장할
만하다. 그러나 당시 영국에서는 여성이 집
권한 선례가 없었다. 게다가 헨리 8세는 줄
곧 아들이 왕위를 잇기 바랐기 때문에 메리
의 출생은 부친에게 별다른 기쁨을 안겨주지
못했다. 당시의 관례에 따르면 어린 메리 공
주는 궁중에서 생활해야 했으나 부모와 멀리
떨어진 곳으로 보내져 엄격한 교육을 받고
자랐다. 헨리 8세가 나중에 그녀를 보았을
때 메리는 이미 소녀가 되어 있었다. 당시 헨
리 8세는 캐서린 왕비에게 아무런 감정도 느
끼지 않을 때였다. 그래서 영리하고 음악적
재능도 뛰어난 메리였지만 그는 여느 부모처
럼 딸을 대견해하기보다는 그녀를 유럽 왕실
과의 정치적 거래에 이용할 수단으로 보았
다. 12세가 되기 전부터 그녀는 헨리 8세에
의해 처음에는 프랑스 태자, 태자의 동생, 그
리고 나중에는 신성로마제국 황제 카를 5세
의 배필로 결정되었다.

메리의 모친 캐서린 왕비는 독실한 천주교

▼ 영국 여왕 메리
메리의 굳게 다문 입술과 날카
로운 눈은 사람들에게 악랄하고
매서운 인상을 풍긴다. 그녀는
종교개혁을 반대했고 공포 정치
를 펼쳤다. 그녀의 잔악한 행동
으로 사람들은 그녀를 '피의 메
리'라고 불렀다.

93

도였다. 그녀는 요리와 뜨개질 같은 집안 살림은 물론 국정을 처리하는 데에도 능력을 보였다. 다만, 한 가지 결정적인 흠이라면 헨리 8세가 원하던 아들을 낳지 못한 것이다. 그녀는 외동딸인 메리를 무척 아끼고 사랑했다. 이런 모친의 영향으로 메리는 어려서부터 천주교식 교육을 받았고 독실한 천주교인이 되었다. 그녀가 12세가 되던 해에 헨리 8세는 캐서린 왕후와의 이혼을 추진했고 이로써 메리는 끔찍하도록 가슴 아픈 사춘기를 맞이했다. 한 개인에게 사춘기는 사고와 심리 발달에 매우 중요한 시기이다. 그러나 헨리 8세는 메리에게 조금도 관심을 보이지 않았고 오로지 캐서린과의 혼인 관계를 청산하기 위해 온갖 수단을 동원해 그녀를 모독했다. 두 모녀는 가까이에 살았지만, 냉정한 헨리 8세의 명령으로 두 사람은 하루에 단한 번밖에 얼굴을 볼 수 없었다. 부모가 갈라서는 것을 직접 보았고 부친이 새로운 왕비를 맞이하기 위해 천주교와의 관계마저 끊는 것을 보았으니, 어린 메리가 입었을 마음의 상처가 얼마나 컸을지는 짐작하기 어렵지 않다. 캐서린 왕비가 유배된 뒤 메리는 영국 백성의 동정을 받았지만 계모 앤 불린과 헨리 8세로부터 냉대를 견뎌야 했다.

앤 왕후가 엘리자베스를 낳은 뒤 영국 의회는 1534년에 새로운 왕위 계승법을 통과시켰다. 헨리 8세가 왕위 계승권을 자신과 앤 불린의 사이에서 태어난 자녀에게 부여하자 메리의 신분은 공주에서 사생아로 한순간에 추락했다. 공주의 호칭을 잃자 사람들은 그녀를 '미스 메리 튜더'라고 불렀다. 이때 그녀는 18세였다. 비록 주변의 상황이 급격히 바뀌었지만, 자신의 어머니처럼 자신도 공주라는 사실을 절대 잊지 않았다. 궁에서 열리는 모든 연회에 초대받지 못하고 시중드는 시녀도 없이 가택에 연금되는 신세가 되자 메리는 부왕에게 보내는 편지에 자신의 생각을 대담하게 표현했다. "그동안 폐하께서 저를 합법적인 딸로 여기고 계시다고 믿어왔던 저로서는 이모든 일이 그저 놀라울 뿐입니다." 그리고 편지의 끝에는 "폐하의 가장 비천한 딸, 메리 공주"라고 서명했다. 그녀의 편지를 받은 헨리 8세는 크게 노해 그녀와 오가던 모든 혼사를 취소했다. 앤 왕비는 심지어 "메리는 남종에게 시집보내면 될 것"이라는 말까지 서슴없이 했다. 그 후 메리는 엘리자베스의 거처에서 가장 작은 처소에 살라는 명령을 받고 마치 엘리자베스를 돌보는 시녀와 다를 바 없는 신세가 되었다. 엘리자베스가 가마에 앉아 나들이를 갈 때 메리는 거친 진흙길을 걸어가야 했다. 누구든 메리의 공주 신분을 옹호하는 사람은 런던 탑으로 끌려갔다. 헨리 8세가 가족을 방문하러 행차할 때 메리는 늘 자기 방에 갇혀서 부친의 얼굴조차 보지 못했다. 그녀는 부왕에게 편지를 써서 면담을 청했지만 돌아오는 것은 매번 냉정한 거절이었다. 헨리 8세는 한때 앤 왕비의 종용을 받고 공개적으로 메리를 처형하는

▲ 1553년 런던으로 돌아온 메리 여왕과 엘리자베스 공주를 귀족들이 영접하고 있다. 그러나 불과 5년 뒤 메리 여왕이 죽자 엘리자베스 공주가 왕위를 계승하여 엘리자베스 1세가 되었다.

방법을 논의한 적도 있었다. 메리가 병에 걸렸는데도 의사의 치료를 받지 못하도록 금지했고, 캐서린이 아픈 딸을 자신과 함께 살게 해달라는 간청도 거절했다. 이러한 부당한 처우는 앤 불린이 간통죄로 교수형을 당한 뒤에야 비로소 조금씩 호전되었다.

헨리 8세의 세 번째 부인 제인 시모어는 왕과 그 딸이 화해하도록 중재자가 되었다. 그녀의 노력 덕분에 메리는 마침내 궁으로 돌아올 수 있었다. 이때 메리는 부친에게 편지를 써서 겸허하게 복종하겠다는 뜻을 보였고, 이를 기회로 부녀 사이의 갈등을 풀고자 했다. 그러나 헨리가 원한 것은 다른 것이었다. 그는 메리가 왕위 계승법을 받아들이기를 원했다. 즉 자신이 사생아이며 교황이 영국에서 어떤 지위도 가지지 않는다는 것을 인정하는 것이었다. 메리는 이에 대해 죽으면 죽었지 인정할 수 없었다. 그러자 헨리는 그녀를 사형시키겠다고 공언했다. 왕의 딸을 심문해야 하는 영국 법원이 이 일의 처리를 차일피일 미뤄 덕분에 메리는 목숨을 구할 수 있었는데, 법원은 그녀에게 새로운 왕위 계승법을 정식으로 인정한다는 문서에 서명해야만 목숨을 유지할 수 있다고 경고했다. 이때, 천주교의 고문들

이 메리를 찾아가 영국에서 천주교를 지키려면 그녀가 살아남아야 한다고 설득했다. 결국 메리는 이 문서에 서명했고 한편으로 이 문서에 반대하는 항의서를 비밀리에 작성해 자신이 강요에 의해서 문서에 서명했다는 사실을 밝혔다. 그 후 부녀 사이의 갈등이 마침내 그치고 그녀의 지위는 어느 정도 회복되었다. 그러나 메리는 여전히 자신을 공주라 부를 수 없었고 성대한 혼인을 기대할 수 없었으며 왕위 계승은 더더욱 바랄 수 없었다. 그녀는 젊은 나이에 이미 깊은 원한을 가슴에 품었고 "나는 고작 메리 아가씨일 뿐이야. 기독교 세계에서 가장 불행한 아가씨."라고 자주 한탄했다.

피의 메리

헨리 8세가 세상을 떠난 뒤에야 메리는 비로소 그의 폭정에서 풀려났다. 그녀는 이복동생 에드워드 6세가 허약하다는 점을 바탕으로 가까운 미래에 엄청난 변화가 일어날 것을 예감했다. 에드워드 6세의 통치 기간은 신교의 세력이 크게 성장하던 시기였다. 신교도인 에드워드 6세는 메리에게 개종할 것을 강요했지만 메리는 완강히 거부했다. 이에 에드워드 6세는 불같이 화를 냈고 나중에 왕권을 자신의 친척인 제인 그레이에게 물려주었다. 1553년 7월 10일, 겨우 15세의 제인 그레이는 왕위에 오른 지 불과 9일째 되는 날 메리를 옹호하는 천주교 세력에 의해 폐위되었다. 1554년 2월 잉글랜드의 여왕이 된 메리 1세는 제인 그레이를 런던 탑에서 참수했다. 이때부터 메리 여왕은 여러 해 동안 마음속에 담아두었던 원한을 쏟아냈고 개신교를 향해 참혹한 복수를 전개했다.

1553년 10월 1일, 37세의 메리 1세(Mary I)는 왕위에 오른 뒤 곧바로 천주교 정부를 구성했다. 국내에서 천주교가 회복되었음을 선포하고 영국에서 교황의 종교적 권위를 새롭게 인정했으며 에드워드 6세가 만든 종교법을 폐지했다. 신교도에 대해서는 가혹한 정책을 펼쳤고 그중에서도 극렬 분자는 처단했다. 가장 먼저 화를 당한 사람은 부모의 결혼이 무효라고 선포하여 그녀를 사생아로 만든 캔터베리 대주교 크랜머였다. 다른 신교도와 마찬가지로 그는 광장에서 화형 당했다. 그 후 메리는 자신의 심복인 추기경 레지널드 폴(Reginald Pole)을 캔터베리 대주교로 임명했다. 메리의 재위기간에 300명에 달하는 신교 지도자가 화형 당했고, 부유한 신교도 800여

▲ 참수당하는 제인 그레이 여왕

1553년, 헨리 7세의 증손녀인 15세의 그레이는 영국 왕위 계승자로 지명되었다. 그러나 이 여왕은 재위한 지 9일 만에 대중의 지지를 받은 메리 여왕에게 왕위를 넘겨주어야 했다. 그레이는 감옥에 갇힌 뒤 1554년에 런던 탑에서 참수당했다.

명이 외국으로 망명했다. 이렇게 되자 영국 백성은 그녀를 '피의 메리(Bloody Mary)'라 불렀고, 사람들이 이전에 그녀에게 품었던 동정심은 그녀의 포악한 행동으로 말미암아 증오로 바뀌었다.

　메리가 가장 큰 두려움을 느낀 상대는 성공회를 믿는 이복 여동생 엘리자베스였다. 권력을 잡은 뒤 그녀는 앤 불린에 대한 증오를 엘리자베스에게 쏟아부었다. 한때 자신이 엘리자베스의 시녀였다는 생각만 해도 그녀의 마음속에는 증오심이 끓어올랐다. 그녀는 엘리자베스가 감히 자신에게 맞서지 못하도록 그녀의 약점을 찾아내려고 했다. 그러나 상황 판단에 능했던 엘리자베스는 현명하게도 천주교회에 참가했고 순종적인 태도를 보여 메리 1세는 그녀를 해칠 기회를 잡지 못했다. 그러자 그녀는 자신이 결혼하여 후사를 얻음으로써 엘리자베스의 왕위 계승 가능성을 없애고자 했다. 결국, 그녀는 자신에게 화가 될 결정을 하고 말았다. 천주교의 수호자라고 불리던 스페인의 펠리페 2세와 결혼을 추진한 것이다. 예로부터 외국인을 배척하는 것으로 유명한 영국인들은 여왕이 영국인을 놔두고 외국인과 결혼한다는 데 불만을 터뜨렸다. 게다가 결혼 후 여왕의 남편인 외국인이 실질적으로 영국을 통치하게 될 것이라는 사실에 영국인들의 반감은 더욱 커졌다. 메리 1세는 펠리페와 혼인을 통해 가톨릭 세계의 결속을 다지고 영국을 다시금 로마 교황청의 품으로 되돌리고자 했다. 그녀의 결혼은 영국 내 신교도가 폭동을 일으키는 불씨가 되었다. 엘리자베스를 여왕으로 옹립하려는 세력이 반란을 도모했지만 이들은 런던에 진입하기도 전에 성 밖에서 체포되었다. 메리 1세는 이 일을 빌미로 엘리자베스를 런던 탑에 가두었고 이 사건이 그녀와 아무 관련이 없다는 사실을 알면서도 계속해서 그녀를 연금했다.

메리의 정략결혼은 전혀 행복하지 않았다. 그녀와 펠리페 2세 사이에는 후사가 없었고 이렇게 되자 왕좌를 향한 엘리자베스의 발걸음을 막을 방법이 없었다. 메리 여왕의 결혼으로 영국은 스페인과 프랑스 사이에 일어난 크고 작은 전쟁에 휘말려 국력만 소모했고, 스페인과의 대외 무역에서 어떤 이익도 얻지 못했다. 메리 여왕에게 가장 큰 타격을 준 사건은 그녀의 생애 마지막 해에 펠리페 2세가 무정하게 그녀를 떠난 것이다. 이 밖에도 민심이 그녀에게서 떠난 반면 엘리자베스를 지지하는 세력은 나날이 목소리를 높였다. 마음속에 깊은 상처를 입은 메리 1세는 병으로 앓아누운 뒤 회복하지 못하고 마침내 1558년 슬픔 많고 잔인한 일생을 마쳤다. 그녀가 숨을 거두자 런던에서는 환호의 종소리가 울려 퍼졌다. 이 종소리는 세상을 떠나는 메리 여왕을 배웅하는 소리였고 또한 새로운 왕 엘리자베스 1세를 맞이하는 환호성이었다. 메리의 장례식에서 그녀의 죽음을 두고 눈물을 흘리는 사람은 아무도 없었다.

엘리자베스 시대의 개막 영국 성공회의 공고화

여자는 재능이 없는 것이 차라리 덕이라고 누가 그랬던가? 엘리자베스 1세의 기지와 과감한 결단력은 이 말을 완전히 뒤집었다. 국가의 이익을 위해 그녀는 결혼을 포기했고 자신의 인생을 잉글랜드와 백성에게 바쳤다. 이 '처녀 여왕'은 영국을 '영광의 시대', 즉 엘리자베스 시대로 이끌었다.

안정을 되찾은 잉글랜드

1558년의 어느 날, 25세의 엘리자베스는 하트필드 장원(Hatfield House)의 한 상수리나무 아래에서 독서 삼매경에 빠져 있었다. 그때 한 무리의 귀족이 찾아와 그녀의 앞에 무릎을 꿇으며 그녀를 여왕이라고 불렀다. 그 순간 엘리자베스는 두 손을 맞대고 하늘을 향해 감사의 기도를 드렸다. "이것은 신이 베푸신 기적이다!" 그동안 그녀는 이날이 오기만을 손꼽아 기다려왔다. 엘리자베스의 유년 시절 역시 언니인 메리보다 나을 것이 없었다. 그러나 그녀의 성격은 메리처럼 괴팍하지 않고 나이에 비해 조숙했으며 주변 상황을 민첩하게 파악해 현명하게 대처했다. 그녀는 자신을 보호하는 방법을 알았고 어려서부터 헬라어, 프랑스어, 이탈리아어, 스페인어를 유창하게 구사했다. 무정한 부친의 영향으로 엘리자베스는 소녀라면 누구나 꿈꾸는 결혼을 매우 냉소적으로 바라보았다.

메리 1세의 피비린내 나는 폭정이 끝난 뒤 신교도인 엘리자베스 1세의 등극은 안개와 비로 늘 흐린 영국 런던에 찾아온 밝은 햇살과도 같았다. 귀족들에게서 '여왕'으로 불린 그날부터 엘리자베스는 새로운 내각을 구성하는 작업을 시작했다. 왕족과 귀족들은 이 새로운 여왕의 뛰어난 재능과 넓은 도량에 놀라움을 금치 못했다. 1559년 1월 15일, 수많은 사람이 웨스트민스터 사원(Westminster Abbey)에서 열리는 대관식으로 향하는 엘리자베스 여왕을 맞이했다. 대관식으로 가는 도중 여왕은 길가에서 한 거지가 바치는 꽃을 받아서 웨스트민스터 사원까지 들고 갔다. 이 모습을 본 사람들은 뜨거운 눈물을 흘리며 새로 즉위한 여왕의 너그러운 아량에 감동했다. 대관식에서 사람들은 소리 높여 "신이여, 우리의 왕을 보우하소서!"라고 외쳤다. 이때 엘리자베스 1세는 재치 있게 "하늘이시여, 나의 백성을 보우하소서!"라고 화답했다. 대관식이 열리던 날 오후, 영국은 곳곳에 축제 분위기가 넘쳤다.

  엘리자베스 1세가 즉위할 당시 영국은 내우외환의 위기에 처해 있었다. 대외적으로 영국은 유럽 대륙에서 차지한 마지막 영토인 칼레(Calais)[29]를 프랑스에 빼앗김으로써 정식으로 대서양의 섬나라가 되었다. 국내에서는 천주교와 신교 사이의 종교 분쟁이 그친 적이 없었다. 여기에 나라의 부채가 쌓여가자 엘리자베스 1세는 외부의 도움 없이 스스로 일어서겠다는 섬 민족 특유의 정신을 강조했는데, 이때부터 잉글랜드인의 민족의식이 싹트기 시작했다. 한편, 로마 교황청은 엘리자베스 여왕이 왕위를 계승한 데 대해 그 합법성을 인정하지 않았다. 이에 따라 그녀는 영국과 로마 교황의 관계를 청산하고 영국을 신교 국가로 선포했다. 또 여왕을 성공회의 수장으로 선언하는 수장령(Act of Supremacy)을 발표하여 정치와 종교의 대권을 모두 자신의 수중에 넣었다. 그녀는 원칙을 고수하면서도 능숙하게 파벌을 조정하는 고도의 정치적 수완을 발휘하여 절충적인 종교 노선으로 신교와 천주교가 외관상으로 균형을 이루게 했다. 이는 종교 분쟁으로 혼돈에 빠진 유럽의 다른 국가와 영국을 구별 짓는 뚜렷한 특징이 되었다. 1571년 엘리자베스 1세는 '39항 조문'의 집필을 주도하여 《성공회 기도서》에 편입시켰는데 이것은 영국에서 지금까지도 사용되고 있다. '39항 조문'은 중도적 입장, 관용, 중용을 채택하여 천주교와 확실하게 선을 그으면서도 그 기본적인 형식을 따르고, 신교의 핵심 교리인 '이신칭의'를 고수하면서도 칼뱅의 엄격함, 가혹함과는 거리를 두었다. 마르틴 루터의 몇 가지 주장에 침묵을 지키는 동시에 급진적인 재세례파에 대해서는 혹독하게 비판했다. 이것이 바로 잉글랜드의 전형적인 민족성이었다. 어찌 됐든 엘리자베스 1세의 종교 방침은 잉글랜드가 신교를 믿는 스코틀랜드와 겉으로나마 공통된 특징을 띠어 훗날의 통일을 이루는 데 초석이 되었다. 이와 함께 영국만의 독창적 국교 체계인 성공회를 확립한 덕분에 영국은 종교전쟁을 피할 수 있었고 비교적 장기간에 걸쳐 안정적으로 발전할 수 있었다.

---

29) 프랑스 북부의 항구 도시

독립과 자주를 추구한 여왕

엘리자베스 1세가 왕위에 오른 뒤 구혼자가 끊이지 않았다. 여왕이 즉위했을 때 나이가 이미 25세였는데 이는 당시의 일반적인 혼인 연령보다 매우 많은 나이였다. 여왕의 결혼은 영국 국내외에서 가장 큰 관심거리가 되었고 신하들은 그녀에게 가능한 한 빨리 적당한 배우자를 선택할 것을 진언했다. 각국에서 구혼자들이 끊임없이 찾아오는데 그녀의 형부였던 스페인 왕 펠리페 2세, 스웨덴 왕, 오스트리아 대공, 프랑스 왕, 사보이 공작, 앙주 공작 등 각국의 왕족과 귀족이 결혼을 청했다. 그러나 엘리자베스 1세는 종교가 다르고 자신의 가문을 위해서라면 물불을 가리지 않는 외국 구혼자 중 누구와 결혼하더라도 영국이 유럽 대륙의 끊임없는 충돌에 휘말리게 될 것을 알았다. 한편, 국내의 귀족과 결혼하더라도 궁정에 권력 다툼이 벌어지거나 내전이 일어날 것이 분명했다. 부모의 이혼, 언니 메리의 불행한 결혼을 지켜본 그녀는 일찍부터 결혼에 냉담한 태도를 보였다. 그래서 그녀는 자신의 혼사를 미루고 또 미뤘다.

엘리자베스 여왕은 29세 때 갑작스럽게 천연두에 걸렸다. 당시 천연두는 고칠 수 없는 병으로 알려져 있었다. 중병을 앓는 와중에도 엘리자베스 여왕은 대신들과 후계 문제를 논의했다. 그녀의 조카인 스코틀랜드 여왕 메리 스튜어트(Mary Stuart), 캐서린 그레이(Catherine Grey) 모두 왕위 계승권이 있지만, 한 사람은 독실한 천주교 신자였고 다른

▼ 엘리자베스 여왕
엘리자베스 1세는 튜더 왕조의 다섯 번째이자 마지막 왕이다. 그녀는 평생 결혼하지 않았기 때문에 '처녀 여왕(The Virgin Queen)'이라는 별명을 얻었다.

▲ 연금된 메리 스튜어트

1568년 5월 19일, 잉글랜드로 망명한 메리 스튜어트는 끊임없이 모반을 계획하여 여러 성을 전전하며 연금 생활을 이어갔다. 이 기간에 그녀는 "In my end is my beginning.(나의 끝은 곧 나의 시작이다.)"라는 말을 남겼고 이 말을 자신의 옷 장식에 새겨 넣었다.

한 사람은 엘리자베스의 뜻을 거역하고 결혼하여 여왕의 신임을 잃었다. 이렇게 되자 두 사람 모두 영국 왕위를 계승하는 데 부적합했다. 다행히도 엘리자베스는 죽음의 손길에서 벗어나 다시금 건강을 회복했다. 병상에서 일어난 그녀는 자신의 왕위를 노리던 자들의 야심을 잠재우고 잉글랜드의 경제를 새롭게 일으키기 위해 박차를 가했다.

1563년, 엘리자베스는 남편을 잃은 메리 스튜어트를 신교도인 로버트 더들리 러스터 백작 1세(Robert Dudley, Earl of Leicester)와 결혼시켜서 잉글랜드와 스코틀랜드의 종교적 통일을 이루고자 했다. 그러나 이 계획은 메리의 거절로 실패로 돌아갔다. 1565년 7월 말, 메리는 뜻밖에도 헨리 스튜어트 단리(Henry Stuart, Lord Darnley)에게 시집을 갔다. 그는 잉글랜드와 스코틀랜드 두 왕실의 후손이므로 두 사람의 사이에서 태어난 아이는 잉글랜드와 스코틀랜드의 왕위 계승권을 우선적으로 갖는다. 엘리자베스 여왕은 두 사람의 결혼에 분노했고 자신의 왕위에 커다란 위협을 느꼈다. 1566년 메리 여왕은 왕자를 낳았는데 그가 훗날 잉글랜드의 왕 제임스 1세, 스코틀랜드 왕 제임스 6세이다. 얼마 후 단리가 불의의 사고로 죽자 세간에는 여왕이 자신의 남편을 죽였을 것이라는 추측이 떠돌았다. 그도 그럴 것이 메리가 남편을 잃은 지 12주 만에 신교도인 제임스 헵번 보스웰 백작(James Hepburn, Earl of Bothwell)과 재혼했기 때문이다. 스코틀랜드의 귀족들은 여왕의 부도덕한 행실을 추궁하며 이를 기회로 군대를 동원해 반란을 일으켰다. 곧 메리는 강제로 퇴위되었고 왕위는 겨우 한 살 된 제임스에게 넘겨졌다. 그 후 메리는 스코틀랜드를 탈출하여 잉글랜드로 망명했다. 1568년 4월 19일, 메리는 엘리자베스에 의해 연금되었는데 18년간 이어진 연금 생활 속에서도 메리는 잉글랜드 왕위를 찬탈하려는 모반에 수차례 참여했다. 결국 엘리자베스 여왕의 인내심도 한계에 이르러 1587년 2월 8일 여왕을 암살하려 했다는 죄명으로 메리를 처형했다. 메리의 아들 제임스 1세는 훗날 잉글랜드와 스코틀랜드의 왕이 되어 두 나라의 통일을 이루는 기초를 다졌다.

사업 수완이 뛰어난 여왕

1573년 어느덧 마흔 살이 된 엘리자베스 1세는 서둘러 결혼하지 않으면 후사를 이을 수 없게 되었다. 대신들이 계속해서 결혼을 권하자 엘리자베스 여왕은 반지를 왼손 넷째 손가락에 끼며 "나의 유일한 남편은 바로 잉글랜드이다."라고 선언했다. 그녀의 이 말은 영국인들의 마음속에 커다란 감동을 주어 영국 국민은 그녀를 더없이 존경했다. 이때부터 그녀는 '처녀 여왕(the Virgin Queen)'이라는 별명을 얻었다.

엘리자베스가 왕위에 오를 때만 해도 영국은 유럽에서 가난에 허덕이는 이등 국가였다. 1580년대에 이르러 영국은 외채를 상환하고도 국고에 상당한 여유가 있었다. 이것은 엘리자베스의 통치 철학과 큰 관련이 있다. 신교도인 여왕은 검소와 절약을 몸소 실천하는 한편으로 재물을 모으는 데 열중했다. 그녀의 궁정 지출은 메리 여왕 시기의 3분의 1밖에 되지 않아서 그녀를 두고 인색하다고 해도 지나친 표현은 아니다. 그녀는 세밀한 부분까지 계획하며 지출을 아꼈다. 무도회를 좋아했던 여왕은 성대한 무도회를 자주 열었지만 그 장소는 궁정이 아닌 대신들의 장원이나 관저였다. 당연히 무도회에 소요되는 거액의 비용은 대신들의 몫이었다. 이 밖에도 엘리자베스 여왕은 사업 수완이 뛰어났다. 그녀는 당시 '상인의 왕'으로 불리던 토머스 그레셤(Sir Thomas Gresham)을 재정 고문으로 초빙했다. 1560년에 그는 런던에 왕립 증권거래소를 설립했는데 이후 영국과 유럽 각지의 상인들이 이곳에 모여 거래했고, 거래가 활발해지면서 여왕의 금고는 점점 가득 찼다.

여왕은 상거래를 활성화하는 한편 모험적인 사업에도 뛰어들었는데 바로 해적 사업이었다. 대신들마저 해적 사업에 투자해 막대한 이익을 벌어들였다. 해적의 약탈이 심해지자 스페인 대사는 영국 정부를 향해 범인을 체포할 것을 강력하게 요청했다. 이에 엘리자베스

▲ 드레이크에게 작위를 수여하는
여왕

해적 두목 드레이크는 해적 활
동으로 스페인에 타격을 준 공
로를 인정받아 엘리자베스 여왕
의 총애를 받는 신하가 되었다.
드레이크는 1581년 세계일주
항해에서 돌아온 뒤 기사 작위
를 받았다.

여왕은 해적 체포 명령을 내렸으나 그것은 단지 제스처에 불과했고
오히려 존 홉킨스(John Hopkins), 프랜시스 드레이크(Francis Drake)
등 해적 두목들을 표창하고 그들을 보호해주었다. 스페인이 해적 두
목 드레이크의 처형을 요구했을 때 여왕은 오히려 그에게 기사 작위
를 내렸다. 1588년 스페인과 영국의 갈등이 심화되자 스페인은 무적
함대(Spanish Armada)를 조직해서 영국으로 돌진했다. 엘리자베스
여왕은 스페인 해군의 위용에 놀랐지만 신속하게 140척의 배로 함
대를 조직해 대응했다. 이 전투에서 홉킨스, 드레이크는 해적으로서
쌓은 노련한 해전 경험을 바탕으로 스페인의 무적함대를 물리쳤다.
이때부터 영국은 엘리자베스 여왕의 통솔 아래 해상 강국으로 부상
했다.

거절과 핍박 영국 청교도

엘리자베스 1세는 정치적 안정을 최우선으로 두고 종교 정책을 펼쳤다. 따라서 그녀가 이끄는 영국 국교회는 가톨릭과 신교의 교리가 혼재해 있었다. 신교의 믿음으로 의롭게 된다는 '이신칭의'를 주장하면서도 형식적인 천주교의 의식을 유지했기 때문에 영국 내에서 철저한 종교개혁을 원했던 사람들은 크게 실망했다.

청교도의 출현

1524년, 영국인 윌리엄 틴들(William Tyndale)은 신약 성경을 영문으로 번역했는데 이는 오직 성직자에게만 성경을 허용한 천주교 세력에 커다란 도전이 되었다. 글을 읽을 수 있는 영국인이면 누구나 성경을 소유할 수 있었다. 이들은 성경을 읽으면서 천주교의 교리와 주교의 설교가 예수 그리스도의 가르침에서 크게 벗어났으며 교회의 권위와 복잡한 종교 의식이 성경에 아무런 근거가 없다는 사실을 발견했다. 그러자 신교도들은 교회의 개혁을 부르짖으며 교회의 정화를 요구했다. 이들이 바로 영국 청교도 신앙의 선구자이고, 틴들은 영국의 첫 번째 청교도가 되었다. 에드워드 6세의 재위기간에 신교의 종교개혁은 큰 성과를 거두었지만 안타깝게도 왕의 갑작스러운 죽음으로 절반의 성공에 그치고 말았다. 메리 여왕 시기에 이르러 천주교가 다시 세력을 회복하자 신교도들은 이들의 박해를 피해서 고향을 떠나 유럽 대륙으로 망명했다. 유럽 대륙에서 이들은 칼뱅교를 접하고 진정으로 성결한 성도의 삶이란 무엇인지를 깨달았고 영국의 개신교에 아직도 개혁이 필요하며 천주교와 확실하게 선을 그어야 할 필요성을 느꼈다. 엘리자베스 1세가 즉위한 뒤 칼뱅의 사상에 영향을 받은 망명자들이 다시 고향으로 돌아왔다. 이들은 영국 교회가 유럽의 개혁 교회와 같이 천주교의 전통을 일제히 버리고 간소하게 예배를 드리며 신도의 영적 소양을 키우는 데 매진하기를 바랐다. 교회의 정화와 성결한 삶을 추구하는 이들을 당시 사람들은 '청교도(Puritan)'라고 불렀다.

청교도 운동

엘리자베스 1세가 즉위해서 2년 동안 영국 국교회는 성공회로 회복되었고 국왕을 교회의 최고 지도자로 규정했다. 이때 청교도 내부는 두 파로 나뉘었다. 하나는 온건파로, 케임브리지 대학 교수 토마스 카트라이트(Thomas Cartwright, 1535~1603)를 지도자로 삼아 입헌군주제를 옹호하며 영국 왕이 교회의 수장이 되는 데 반대하지 않고 국교회 내부에 남아 점진적으로 개혁을 추진할 것을 주장했다. 다른 하나인 급진파는 로버트 브라운(Robert Browne)을 대표로 하여 공화제를 제창하고 국교회를 장로제로 조직해 정치로부터 종교를 분리할 것을 주장했다. 이렇게 되면 영국 왕이 교회에 간섭하지 못하게 되므로 사람들은 이들을 '분리주의자'라고 불렀다. 이들은 또한 일체의 형식에 치우친 성상 숭배를 철폐하고 예배 의식을 간소화하며 신도가 교회를 관리하고 지방 교회의 독립성을 확보해야 한다고 주장했다. 그러나 엘리자베스 여왕에게 청교도들은 온건파이든 급진파이든 관계없이 모두 위협적인 존재였다. 이에 여왕은 영국에는 오로지 성공회 하나의 교회만 존재한다는 '통일령'을 발표했

▼ **유아 세례를 행하는 청교도**
청교도는 성찬과 세례를 중시했다. 세례를 주관하는 사람은 세례받는 사람의 이마를 물로 적시거나 그의 몸을 물속에 담가 과거의 죄악이 씻어졌음을 상징했다.

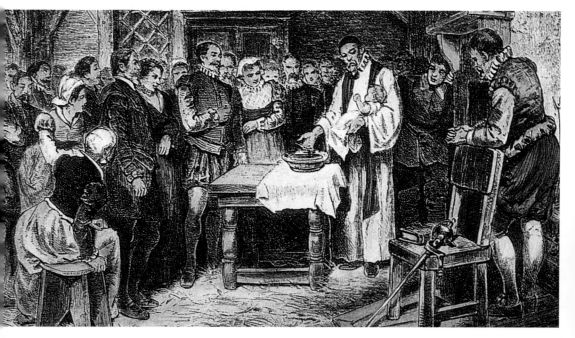

고, 이로써 청교도 역시 이 성공회 내에서만 활동할 수 있었다. 종교 개혁을 바라던 청교도들은 이에 불만을 품었다. 엘리자베스 여왕이 규정한 성례 의식과 성직자가 입는 가운 등에 관해서도 형식화를 반대하는 청교도들은 격렬하게 반대했다. 1563년, 청교도들은 영국 교회의 입법기관인 총의회에서 성직자의 가운에 관한 규정을 취소하자고 제안했고 또한 성찬식에서 신도가 성찬을 받을 때 무릎을 꿇지 않아도 되며 세례식 때 성호를 긋지 않을 것을 제안했다. 급진적인 성향을 띤 청교도 일부는 교회에서 오르간을 연주하는 것과 혼인 예식에서 반지를 예물로 삼는 것 등도 없애자고 주장했다. 의회에서 청교도의 주장과 제안은 불과 한 표 차이로 통과되지 못했다. 결과는 만족스럽지 못했지만 그들은 자신들의 힘을 확인할 수 있었고 이로써 정신적으로 더욱 고무되었다.

이 사건 후에 카트라이트를 수장으로 하는 청교도에서 놀랄 만한 주장을 했다. 교회에 주교가 필요하지 않으며 지방 교회의 목사 역시 주교가 지명해서 파견할 것이 아니라 평신도에 의해 선출하는 장로회 체제를 제안한 것이다. 그리하여 1572년에 그의 주도로 장로파가 창립되었다. 그러나 같은 해에 영국 국교회에서 탄압을 받자 카트라이트는 다시금 외국으로 망명했다. 한편, 분리주의파의 브라운은 신도들이 운영하는 교회 독립파를 창립했다. 독립파는 분리주의 이론을 그대로 받아들여서 각 교회는 모두 독립적이며 외부 세력의 간섭을 받지 않아야 한다고 여겼다. 또 예배는 가장 간단한 의식을 채택하고 전도사는 학력이 아닌 영적 능력으로 판단해야 한다고 주장했다. 독립파는 장로파보다 빠르게 발전하여 점점 세력이 커졌다. 이 사실은 엘리자베스 여왕에게 커다란 골칫거리였다. 청교도의 주장이 이미 여왕의 근본적인 권위를 흔들었기 때문에 여왕은 잔혹한 수단을 동원해서라도 이들을 제압할 결심을 했다. 청교도가 일으킨 이 운동을 후세 사람들은 청교도 운동이라고 부른다.

청교도 박해

날이 갈수록 세력이 커지는 청교도 분리파는 국내 교회의 통치권을 가진 여왕에게 직접적인 위협이 되었다. 그녀는 청교도 중에서도 분리파를 특히 증오한 존 휘트기프트(John Whitgift)를 캔터베리 대주교로 임명했다. 이후 그는 청교도를 핍박하는 데 앞장섰고 종교재

▲ 제임스 1세

1603년, 영국 여왕 엘리자베스 1세는 제임스를 자신의 후계자로 지목하고 세상을 떠났다. 잉글랜드 왕이 된 제임스는 자신을 '그레이트 브리튼의 왕(King of Great Britain)'으로 봉했는데 역사에서는 그를 제임스 1세라고 칭한다.

판소와 유사한 특별 법정을 설치했다. 그리고 성공회 내부를 샅샅이 조사하여 청교도주의에 동조하는 사람들을 엄중히 처벌하고 목사 200여 명을 정직시켰다. 청교도의 지도자 카트라이트, 존 그린우드(John Greenwood), 헨리 바로우(Henry Barrow) 등이 모두 고문을 받아 목숨을 잃었다. 1593년 엘리자베스 여왕의 강압적인 정책으로 성공회의 교리에서 벗어난 청교도의 종교 활동은 금지되었다. 의회에서는 누구든 국교회의 예배에 출석하지 않고 사적인 장소에서 진행하는 예배에 참석하는 것이 발각되면 곧 나라 밖으로 내쫓고 만약 몰래 돌아오면 체포하여 사형에 처한다는 법령을 반포했다. 영국의 청교도들은 다시 유럽 대륙으로 망명을 떠났고 종교 활동이 비교적 자유로운 네덜란드에 거점을 마련했다.

엘리자베스 1세는 시종일관 청교도를 박해했으나 영국의 청교도 수는 줄어들지 않고 오히려 늘어났다. 실제로 청교도 운동은 신흥 자본 계급이 신앙의 자유를 쟁취하고자 하는 운동이었고 전제적인 봉건제를 철폐하자는 정치 운동이었으며 적극적이고 진취적인 삶의 자세였다. 이들의 주장은 시대의 흐름에 따른 역사적 산물이었기에 훗날 영국 의회에서도 청교도를 지지하는 사람이 상당수를 차지했다. 1603년에 엘리자베스 여왕이 세상을 떠나고 잉글랜드의 왕위가 스코틀랜드 메리 여왕의 아들 제임스에게 넘어갔다. 제임스 1세는 어려서부터 신교 중 한 분파인 장로파의 교육을 받았다. 따라서 영국의 청교도들은 그에게 매우 큰 기대를 걸었다. 그러나 그러한 기대와 달리, 제임스 1세는 스코틀랜드 장로파에 대해 좋지 않은 인상을 받은 탓에 청교도를 극도로 싫어했다. 이 사실을 알지 못한 채 그들은 대담하게도 1604년의 회의에서 수천 명이 연대 서명한 탄원서를 올렸다. 이름하여 '천 인의 탄원(Millenary Petition)'이라고 하는 이것은 제임스 1세에게 종교 의식을 간소화하고 성공회 기도서의 일부 내용을

수정할 것을 요구했다.

　이에 제임스 1세는 왕의 위엄을 보이기 위해 그들의 탄원을 받아
들이지 않았을 뿐만 아니라 엄히 꾸짖고 그들에게 왕과 주교의 가르
침에 순종하라고 요구했다. 그리고 탄원서를 올린 사람 중 목사 300
명을 해임했다. 누구든 주교가 규정한 내용과 조금이라도 다르게 예
배를 인도하는 목사는 모두 엄한 처벌을 받았다. 이렇게 되자 청교
도와 왕이 화해할 가능성은 더욱 희박해졌고, 본래 성공회 내부에
남아 개혁하고자 했던 사람들마저 분리파의 진영으로 합류했다. 한
편, 네덜란드로 간 청교도들도 그곳에서 마음 편히 지내지 못했다.
네덜란드는 종교에 자유로운 반면에 도덕적인 관념이 없고 전쟁이
자주 일어났다. 이에 따라 영국에 남아 있는 청교도들은 종교적 박
해로 불안에 떨며 지냈고, 멀리 타국으로 망명한 사람들은 자녀에게
우수한 영국식 교육을 가르칠 수 없었다. 그들은 영국에 남아 있는
청교도들과 함께 종교적 박해에서 철저히 벗어날 수 있는 신대륙을
찾아 새로운 생활을 시작하기를 원했다. 이때 콜럼버스가 발견한 북
아메리카 대륙은 이미 영국의 식민지였다. 아무런 개발도 되지 않은
불모지인데도 청교도들은 신앙의 자유를 얻고자 자발적으로 그곳으

로 가길 원했다. 그리하여 이들은 버지니아 회사(Virginia Companies)[30]와 이민 계약을 맺었다.

1620년, 영국 청교도 이민을 최초로 태운 '메이플라워(Mayflower)' 호가 아메리카를 향해 영국 플리머스(Plymouth) 항에서 출항했다. 미지의 땅으로 향하는 청교도들의 마음은 자신감에 부풀었다. 개척 정신으로 무장한 이들은 학식이 높았고 도덕적 관념이 투철했으며 매우 부지런했다. 온갖 고난을 거쳐 북아메리카의 매사추세츠 연안에 도착한 이들은 이 지역을 플리머스로 명명했다. 새로운 땅에 도착한 청교도들은 가장 먼저 교회와 마을을 건설했다. 그들은 오늘날 미국의 개척자이며 미국의 정치 제도, 신앙, 문화의 뿌리가 되었다. 한편, 영국에 남은 청교도와 국교의 투쟁은 결국 정치적 투쟁으로 발전했다. 제임스 1세가 세상을 떠난 뒤 청교도 대표 올리버 크롬웰 (Oliver Cromwell)이 대권을 장악하여 영국은 한순간에 청교도의 세상이 되었다. 크롬웰이 죽은 뒤 청교도는 세력을 더욱 확장해서 나중에는 국가마저 그 세력을 감당하지 못할 만큼 강대해졌고, 이로써 청교도에게 가했던 장기간의 박해가 드디어 끝이 났다.

---

30) 17세기 영국의 식민지 건설회사

신교도의 승리 펠리페 2세와 맞선 오렌지 공

역사의 주인공은 위정자가 아니라 언제나 민중이었다. 위정자가 아무리 대단한 권력을 가졌다고 하더라도 그 권력이 민중의 이익을 침범하면 민중은 결국 봉기하기 마련이다. 물은 배를 띄울 수도 있지만 그 배를 뒤집을 수도 있다. 네덜란드에서 일어난 세계 최초의 자본주의 혁명이 이 사실을 뒷받침한다.

성상 파괴 운동

북해 연안의 저지국(the Low Countries)은 오늘날의 네덜란드, 벨기에, 룩셈부르크와 프랑스 북동부 지역에 해당한다. 16세기에 이 땅은 막강한 권력을 장악한 스페인 합스부르크 왕조의 영지였다. 일찍이 14세기부터 이곳에는 자본주의 생산 구조가 출현하여 16세기에 이르러서는 서유럽에서 경제가 가장 발달한 곳이 되었다. 상인들이 이곳으로 끊임없이 모여들었고, 수공업 작업실이 곳곳에 들어섰다. 그리하여 남부 앤트워프는 국제 무역의 중심지가 되었고 북부 암스테르담은 유럽 경제의 중심지가 되었다. 경제가 발달하면서 이곳은 인구가 300만 명에 이르고 17개 주와 300여 개 도시로 구성된 번영의 땅으로 성장했다. 그러나 이 땅의 부유함은 이곳 사람들에게 돌아가지 못하고 오히려 영주의 탐욕을 자극했다. 스페인 왕실은 젖소에게서 우유를 쥐어짜듯이 이 보배로운 땅에서 살아가는 사람들의 땀과 재산을 끊임없이 착복했다. 펠리페 2세가 왕위에 오른 뒤 상황은 더욱 악화되었다. 그가 국채 상환을 거부하자 저지국의 은행들은 엄청난 손해를 입었다. 또 그가 스페인의 양모 가격을 올리자 저지국의 수많은 양모 방직 공장이 도산했고 수많은 직공이 일자리를 잃었다. 이 밖에도 그는 저지국 상인이 스페인의 식민지와 직접 무역하는 것을 금지했다. 이처럼 민심을 저버린 정책은 저지국의 자본주의 발전에 직

▼ 19세기 벽화

오렌지 공 빌렘. 네덜란드 혁명을 주도했으나 1584년 암살당했다.

접적인 장애가 되었고 이에 대해 불평하지 않는 사람이 없었다.

그때 유럽을 뜨겁게 달군 종교개혁의 물결이 빠르게 저지국으로 몰아쳤다. 상업에 종사하는 수많은 저지국 사람들은 사회 변화에 순응하고 상업을 장려하는 칼뱅교를 쉽게 받아들였다. 그런데 이들의 영주인 스페인은 이 사실을 전혀 달가워하지 않았다. 스페인은 천주교를 신봉하는 국가이고 그 종교재판소는 예전부터 잔인함으로 악명이 높았다. 스페인 왕실은 잔혹한 수단으로 이교도를 핍박했는데 스페인의 영지인 저지국 역시 예외가 아니었다. 스페인 왕실은 이단은 누구든 가리지 않고 사형에 처하고, 그 재산은 몰수하며, 이단을 숨겨주고 도와주는 자 역시 이단과 같은 처벌을 내린다는 칙령을 반포했다. 이 칙령으로 헤아릴 수 없이 많은 칼뱅교도가 합법적으로 목숨을 잃거나 해를 입었다. 칙령이 반포된 뒤 1566년까지 5년 동안 살해되거나 추방된 사람이 무려 5만 명이 넘었다. 칼뱅교도가 다수를 차지하는 저지국에서 이 일은 전쟁의 불길을 일으키는 촉매가 되었다. 저지국 각계각층의 사람들은 스페인의 압박을 참느니 차라리 자유를 위해 투쟁하기를 원했다. 결국, 신앙과 경제적 자유를 얻기 위한 전쟁이 폭발하고 말았다.

1566년 8월 11일, 플랑드르(Flandre)의 몇몇 도시에서 폭동이 일어났다. 그들은 먼저 교회를 목표로 삼아 손에 몽둥이와 망치를 들고 성당으로 달려가 그동안 신도들에게 성상聖像, 성골聖骨이라고 속인 '성물聖物'을 모조리 파괴했다. 민중의 폭동은 빠르게 확대되어 저지국 전체 17개 주 가운데 12개 주로 번졌고 파괴된 교회당과 사원이 5,500여 곳에 달했다. 이 사건을 역사에서는 '성상 파괴 운동'이라고 부른다. 저지국 사람들은 단지 천주교 성당을 파괴하는 데 그치지 않고 종교재판소의 감옥을 열어 그곳에 감금된 신교도를 풀어주었다.

▼ 성상 파괴 운동
스페인의 폭정에 견디다 못한 저지국의 민중은 대규모의 폭동을 일으켰다. 그 시작은 1566년 8월 11일 플랑드르 일대에서 일어난 성상 파괴 운동이었다. 사람들은 몽둥이와 망치를 들고 성당으로 달려가서 '성물'을 모조리 파괴했다.

네덜란드 혁명

오렌지 공으로 알려진 오라녜 공 빌렘 1세(Prins van Oranje Willem)는 1533년 4월 24일 독일 나사우(Nassau)의 딜렌부르크 (Dillenburg)에서 나사우 백작의 아들로 태어났다. 11세 때 사촌 르네(René of Châlon)의 작위를 물려받아 오라녜 공[31]이 되었다. 같은 해 빌렘은 브뤼셀(Brussel)로 가 벨기에 궁정에서 9년 동안 천주교 교육을 받았다. 아마도 저지국의 자유를 숭상하는 분위기에 영향을 받아서인지 그는 종교에 대해 매우 관대했다. 청년 시절 그는 신성 로마제국 황제 카를 5세로부터 두터운 신임을 얻어 22세의 나이에 군대 사령관으로 임명되었다. 26세 때에는 저지국의 홀란트 (Holland), 제일란트(Zeeland), 위트레흐트(Utrecht) 3개 주의 총독이 되었다. 이때 그는 이미 자신을 네덜란드 사람으로 여겼고, 이 부유한 지역에서 겪는 고초를 의식하고 있었다. 그는 어쩌면 다른 대영주와 마찬가지로 호화롭고 방탕한 삶을 살았을 수도 있었겠지만 운

▼ 네덜란드 혁명 세력은 스페인의 통치에서 벗어나고자 불굴의 투쟁을 벌였다. 1609년 스페인은 네덜란드와 12년 정전 협정을 조인하여 네덜란드를 주권 국가로 인정했다.

31) 영어로는 오렌지 공(Prince of Orange)

명의 신은 그를 시대의 풍랑 속으로 던져넣었다. 정치적 감각이 탁월했던 그는 스페인과 저지국 사이의 갈등을 꿰뚫어보았고 강한 책임감을 느끼며 저지국 사람들을 위해서 자신이 나서야겠다고 생각했다. 거대한 폭풍이 휘몰아칠 것을 내다본 그는 온건한 방법으로 갈등을 풀어 귀중한 생명이 희생되는 것을 피하고자 했다. 귀족 중에서 에흐몬트 백작(Count of Egmont), 호른 백작(Count of Hoorn)이 그의 생각에 동의했다. 이들은 '귀족동맹(Confederacy of Noblemen)'을 맺고 다 함께 네덜란드 주재 스페인 총독을 찾아갔다.

1566년 4월 어느 날 오렌지 공, 에흐몬트 백작, 호른 백작은 거지로 변장하고 총독부 앞에 모였는데 이들의 기이한 차림새는 사람들의 눈길을 끌었다. 이들과 그 추종 세력들은 곧 '거지들'(Gueux)로 불리게 되었다. 이들은 이런 방법으로라도 스페인 총독에게 당시 상황의 심각성을 알리고자 했다. 당시 네덜란드 주재 스페인 총독은 펠리페 2세의 여동생 마르가레트(Margaret of Parma)였다. 오렌지 공이 제출한 청원서는 세금 감경, 신교도 박해에 관한 법령의 폐지, 스페인 군대 및 관리의 퇴진 등을 요구하는 내용이었다. 마르가레트는 이들의 요청을 거절하는 것으로 그치지 않고 거지 차림을 한 귀족들에게 호통을 치고 총독부 밖으로 쫓아냈다. 귀족들은 처음에는 스페인 통치자에게 양보하고 스페인왕국에 충성을 보일 계획이었으나 그들의 기대는 물거품이 되었다. 이들이 새로운 대책을 마련하고 있을 때, 저지국의 민중은 더 이상의 억압과 박해를 참지 못하고 '성상 파괴 운동'을 전개했다.

성상 파괴 운동은 저지국 전역에서 일어난 혁명의 서막이 되었다. 분노한 민중의 항쟁에 놀란 총독은 이들을 달래기 위해 종교재판소 활동을 중단한다고 선포했다. 그러나 다른 한편으로 급히 사람을 보내 펠리페 2세에게 상황을 알렸다. 완고한 펠리페 2세는 1만 8천 명의 군사를 파병하고 잔인하기로 이름난 알바 공작(Duke of Alba)을 보내 혁명을 진압하게 했다. 1567년 8월, 알바의 군대가 저지국에 도착해 '비상위원회(Council of Troubles)'를 꾸리고 잔인무도한 방법으로 혁명 세력을 진압했다. 이렇게 되자 저지국은 지상 최대의 도살장으로 변했다. '귀족동맹'의 에흐몬트 백작, 호른 백작, 앤트워프 시장 등 모두 단두대로 끌려갔다. 이들 외에도 혁명 가담자 중에 처형된 사람이 부지기수였다. 네덜란드 곳곳에 사람들이 흘린 피가 강을 이루면서 혁명은 진압되었다. 알바는 저지국의 모든 동산과 부동산에 대해 재산세를 징수하고 모든 상품에 세금을 징수한다고 발표했다. 이에 수많은 재산가가 국외로 망명했고 국내에 남은 사람들은 계속해서 스페인의 탄압을 견뎌야 했다. 오렌지 공은 다행히도 독일 나사우로 피신했다. 이때부터 그는 스페인 왕실과 왕래를 끊고 존귀한 신분과 풍족한 생활을 포기한 채 자신의 재산을 털어서 군대를 모집했다. 그리고 저지국 민중과 힘을 합쳐 대 스페인 전투를 시작했다.

승리의 함성

알바 공작의 핍박 아래 저지국 민중의 혁명은 소강 상태에 빠졌다. 그러나 이들은 신앙과 독립의 자유를 절대 포기하지 않고 스페인 군대를 상대로 치고 빠지는 유격전을 전개했다. 북부 지방에서는 파산한 어민, 부두 노동자들이 '바다의 거지들'이라는 유격대를 조직해 작고 빠른 배를 이용해서 스페인 함대를 습격했다. 울창한 숲이 많은 남부 지방에서는 사람들이 '숲의 거지들'이라는 유격대를 조직하여 스페인 군대를 공격했다. 오렌지 공은 군대를 이끌고 여러 차례 스페인 군대를 공격했지만 매번 실패로 끝나고 말았다. 그러나 '바다의 거지들'과 '숲의 거지들'의 유격 전술이 성과를 보이자 그들은 연안 지역과 플랑드르 지역으로 나누어 마을을 점거하고 혁명의 근거지로 삼았다. 알바 공작은 각 성의 거지 유격대를 상대하기 위해 군대를 나누어 대응하느라 전투에서 번번이 패배했다. 이 틈을 노린 오렌지 공의 군대는 결국 네덜란드 중심부를 공격하여 저항 세력의 지도자가 되었다.

1576년 9월, 혁명 세력이 브뤼셀에 있는 총독부를 점거하고 네덜란드 혁명의 중심은 남부로 옮겨졌다. 10월 소집된 저지국의 각 주는 겐트평화조약(Pacification of Ghent)에 조인하고 남북이 연합하여 스페인에 대항하기로 했다. 그러나 남부의 봉건 귀족은 따로 아라스동맹(Union of Arras)을 맺어 스페인과 연합해서 북으로 진격했다. 이에 북부의 일곱 개 주 역시 위트레흐트동맹(Union of Utrecht)을 맺고 아라스동맹에 맞섰다. 펠리페 2세는 전국에 오렌지 공의 체포령을 내리고 누구든 그를 죽이면 후한 상을 내리겠다고 발표했다.

위트레흐트동맹 역시 펠리페 2세를 축출하고 연방공화국을 세울 것을 선포했다. 저지국 중에서 당시 네덜란드가 가장 큰 면적을 차지하고 경제 역시 가장 발달해 있어서 새로운 연방공화국을 네덜란드 공화국(the Dutch Republic)이라고 불렀다. 이때부터 저지국은 둘로 나뉘어 북부는 독립된 국가가 되고 남부(지금의 벨기에)는 여전히 스페인의 통치를 받았다.

1584년 7월 10일 이틀 후면 네덜란드의 국왕으로 즉위할 오렌지 공은 펠리페 2세의 사주를 받은 자객에게 암살되었다. 당시 펠리페 2세는 더 이상 대규모 군대를 조직해서 네덜란드공화국을 상대할 힘이 없었다. 그의 무적함대는 전멸했고 장기간에 걸친 전쟁으로 국고는 이미 바닥이 났다. 1609년 새로 왕위에 오른 펠리페 3세는 네덜란드공화국과 12년 정전 협정을 맺었는데 이는 사실상 네덜란드 공화국의 독립을 인정한 것이다. 이로써 세계 최초의 부르주아 혁명이 완전한 승리를 얻었다.

제 2 장

과학 기술의 빛

지동설의 성립 코페르니쿠스와 지동설

코페르니쿠스는 "인간의 본분은 진리를 탐색하는 것이다."라고 말했다. 인류는 지금껏 단번에 진리에 도달한 적이 없다. 아리스토텔레스부터 프톨레마이오스까지, 그리고 다시 코페르니쿠스에 이르기까지 오류에서 벗어나 진리를 찾는 과정은 마치 사막에서 금을 찾아내는 것과 같이 험난한 여정이다. '천동설'을 교리의 핵심으로 삼은 당시 기독교 사회에서 코페르니쿠스는 대담하게도 '지동설'을 주장했다.

코페르니쿠스

코페르니쿠스(Nicolaus Copernicus)는 1473년 2월 19일 폴란드 토룬(Torun) 시에서 독일계 상인의 가정에 태어났다. 10세가 되던 해에 아버지가 전염병으로 세상을 떠나자 그때부터 외삼촌 루카스 바첸로데(Lucas Watzenrode, 1447~1512)와 함께 살았다. 어린 코페르니쿠스는 밤하늘을 바라보는 것을 좋아했고 찬란히 빛나는 은하수를 보며 흥분을 감추지 못했다. 그는 어려서부터 천문학에 관심이 많았지만 외삼촌 루카스는 그가 커서 안정적인 직업을 얻기를 바랐다. 18세 때 그는 폴란드 남부 크라쿠프 대학(University of Krakow)에서 의학을 공부했다. 대학에서 그는 인문주의자이며 수학 교수인 브루제브스키(Albert Brudzewski) 밑에서 수학했고 천문학과 수학에 흥미를 느꼈다. 이때 고대 천문학 서적을 두루 읽고 계측기를 이용해 천체를 관찰했다. 3년 후 코페르니쿠스는 고향으로 돌아갔는데 당시 바르미아(Warmia)의 대주교가 된 외삼촌의 충고에 따라 이탈리아로 가서 교회법을 공부했다. 1497년 코페르니쿠스는 볼로냐 대학(Bologna University)에서 교회법 외에도 다양한 학문을 공부했지만 그의 주된 관심 분야는 여전히 수학과 천문학이었다. 그에게 가장 큰 영향을 준 스승은 르네상스 운동을 이끈 천문학 교수 도메니코 마

▶ **코페르니쿠스 동상**
코페르니쿠스는 폴란드의 천문학자로 '지동설'을 주장하여 근대 천문학의 기초를 닦은 인물이다.

리아 노바라(Domenico Maria Novara, 1454~1504)였다. 그는 천체를 관찰하고 천문학을 연구할수록 '천동설'에 회의를 느꼈다. 프톨레마이오스(Ptolemaeos)가 주장한 지구 중심 체계는 매우 복잡하고 수학의 원리에 맞지 않으며 우주의 구조는 단순한 도식으로 표현되어야 마땅하다고 생각했다. 그런데 기원전 3세기경 그리스의 천문학자 아리스타르코스(Aristarchos, 기원전 310~기원전 230)는 《태양과 달의 크기와 거리에 관하여》라는 책에서 최초로 '지동설'의 개념을 제시했다. 당시 이 개념은 사람들의 직감과 맞지 않는다는 이유로 받아들여지지 않았다. 하지만 지동설에 관한 이론과 의견은 코페르니쿠스의 사상에 매우 큰 충격을 주었다.

볼로냐 대학에서 수학하던 첫해 코페르니쿠스는 외삼촌의 추천으로 프롬보르크(Frombork) 성당의 평의원으로 뽑혔다. 3년 뒤 그는 프롬보르크로 돌아가서 신부 단체에 정식으로 가입을 선서했다. 의학을 계속 공부하기 위해 그는 재차 휴가를 내서 이탈리아로 갔다. 그는 우선 파도바 대학(Padua University)에서 법률과 의학을 동시에 공부했다. 1503년에는 다시 페라라 대학(Ferrara University)에서 법학사 학위를 받았다. 다시 3년 뒤 코페르니쿠스는 이탈리아에서 폴란드 프롬보르크로 돌아왔다. 그곳에서 그는 뛰어난 의술로 '신의'라고 불렸다. 1512년 외삼촌이 죽은 뒤 그는 프롬보르크에 정착해 그곳 성당에서 수사로 일했다. 그가 맡은 일은 아주 한가해서 대부분 시간과 정력을 천문학 연구에 쏟을 수 있었다. 성당 벽에 망루를 짓고 옥상에는 성당 벽으로 직접 통하는 테라스를 두어 그곳에서 밤하늘을 바라보았다. 같은 해 3월, 코페르니쿠스는 이곳을 자신의 숙소 겸 개인 천문대로 삼았다. 이곳은 훗날 '코페르니쿠스의 탑'이라고 이름 붙여졌으며 17세기 이래로 사람들은 이곳을 천문학의 성지로 보존해왔다.

중세에서 코페르니쿠스의 시대에 이르기까지, 아리스토텔레스부터 프톨레마이오스(Klaudios Ptolemaeos)가 주장한 '천동설'은 기독교 교리를 받치는 기둥이었다. '천동설'과 기독교의 성경에 나오는 지옥, 천당, 인간 세상이 꼭 들어맞던 것이다. 교황청은 '천동설'을 적극적으로 지지했고, 이 주장을 성경에 나오는 천지 창조의 증거로 삼아 교회의 통치를 옹호하는 데 이용했다. 이처럼 교회에서 성경과 같은 절대적인 관념으로 받들었기 때문에 천동설은 중세와 르네상스 시대에 걸쳐서 감히 도전하지 못할 성역을 차지했다. 그러니 교회법 박사인 코페르니쿠스가 이 '천동설'을 부정하면 어떤 결과가 찾아올지 모를 리 없었다. 아마도 기독교 사회 전체를 뒤흔드는 대혼란이 벌어질 것이다. 그러나 코페르니쿠스는 진리를 탐구하려는 의지가 강했고 '인간의 본분은 진리를 탐색하는 것'이라고 생각했다. 이로 보건대 그가 진리 탐구를 교회보다 중요하게 생각했다는 것을 알 수 있다.

《천체의 회전에 관하여》

코페르니쿠스는 자신이 만든 망성대望星臺에서 직접 제작한 간단한 계측기를 가지고 밤낮으로 관측하고 계산했다. 여름이 가고 겨울이 와도, 비가 내리고 바람이 불어도 그의 노력은 평생 이어졌다. 오랜 시간에 걸친 천체 관측과 연구를 통해 그는 '태양이 우주의 중심이다'라는 결론을 내렸다. 행성의 순행과 역행은 지구와 다른 행성들이 태양을 둘러 공전하는 주기가 달라서 생긴 착시 현상이다. 겉보기에는 태양이 지구를 맴도는 것 같지만 실제로는 지구와 다른 행성들이 태양 주위를 돈다. 이는 우리가 배를 탈 때 사실은 배가 움직이는 것이지만 마치 해안이 뒤로 움직이는 것처럼 느껴지는 것과 같은 이치이다. 코페르니쿠스는 마침내 겹겹이 쌓인 장애물을 넘어 우주가 태양을 중심으로 움직인다는 '지동설'을 완성했다. 1515년경 코페르니쿠스는 '짧은 논평(Commentariolus)'이라는 제목의 논문에서 천체의 회전에 관한 기본적인 개념을 소개했다. 그러면서 프톨레마이오스의 '천동설'을 비판하고 대신 '지동설'을 제시했다. 지구가 그 중심축을 기준으로 자전하고 달이 지구 주위를 공전하며 지구와 다른 행성들이 모두 태양의 주위를 공전한다는 사실을 정확히 논술했다. 비록 그의 관점에 몇 가지 오류가 있지만 당시로써는 세상을 흔들 만큼 놀라운 발견이었고, 인간의 인식에 혁명을 일으켰다.

코페르니쿠스는 '짧은 논평'과 같은 주장이 공개될 경우 일어날 일을 두려워한 나머지 친구들에게만 '짧은 논평'의 일부 내용을 옮겨 적은 필사본을 나누어 주었다. 당시 '천동설'에 대해 이미 회의를 느끼던 사람들은 코페르니쿠스의 '지동설'을 접하고 그의 주장이 매우 새로우면서 수학적인 근거도 함께 제시되어 있다는 것을 발견했다. 지동설은 사람들의 입에서 입으로 삽시간에 퍼져 마침내 유럽 각국에서 그의 학설에 관심을 보였다. 신권을 옹호하는 수많은 사람은 그의 주장에서 모순을 찾아내려고 애를 썼다. 그들은 '짧은 논평'의 주장은 단지 가설일 뿐이며 제시한 수치 역시 직접 관측한 결과가 아니므로 신뢰할 수 없다고 반박했다. 이러한 지적에 대응하기 위해 코페르니쿠스는 1515년에 일부 이론을 보완한 《천체의 회전에 관하여(De revolutionibus orbium coelestium)》의 집필을 시작했다. 처음에는 새로 책을 쓴다는 것이 망설여졌지만 진리를 탐구하려는 과학자의 열망으로 결단을 내릴 수 있었다. 그로부터 꼬박 18년 동안 코페르니쿠스는 장기간에 걸쳐 천체를 관측하고 대량의 자료를 수집했으며 검증과 수정을 거쳐 우주의 체계를 정리하고 설득력 있는 과학 이론으로 체계화했다. 1533년 코페르니쿠스는 마침내 이 위대한 저서의 초고를 완성했다. 당시 그는 장기간에 걸친 과로로 병을 얻었지만 연구에 몰두하느라 건강을 돌아볼 겨를이 없었다. 그 후 《천체의 회전에 관하여》는 여러 차례 보완을 거쳐 마침내 완성되었다.

▲ 코페르니쿠스의 천체 모형
코페르니쿠스가 천문 현상을 관찰하기 위해 사용한 기구

《천체의 회전에 관하여》는 전체 6권으로 구성되어 있다. 제1권 우주론은 이 책의 핵심으로 우주의 구조를 네 개의 장에서 설명한다. 제1권에서 코페르니쿠스는 구형의 우주와 대지가 원을 그리며 운동한다고 설명하고 이 순환 운동은 구체의 고유한 특징이라고 보았다. 그는 단순한 기하학 모형을 제시하여 사람들에게 우주의 구조와 천체의 운행 규칙을 설명했다. 제2권에서는 삼각법을 이용하여 천체 운행의 기본 규칙을 증명했다. 제3권은 항성표이고, 나머지 세 권은 지구의 자전, 지구의 위성인 달, 행성의 운행에 관한 이론을 다뤘다. 이 책은 반박할 수 없는 과학적 근거를 제시하여 당시 과학 분야에서 최고의 업적을 이루었으며 인류가 우주를 이해하고자 내디딘 위대한 도약이었다.

코페르니쿠스의 말년

《천체의 회전에 관하여》가 완성된 뒤 여러 해가 지나도록 코페르니쿠스는 이 책의 출판을 망설였다. 이 책이 출판된 뒤 사방에서 쏟아질 공격을 잘 알고 있었기 때문이다. 우선 완고한 철학자들이 그를 비판할 것이었지만 그들보다 무서운 것은 성직자들이었다. 그들은 이 책을 진리에 어긋나는 이단 사설이라고 단정할 것이 불 보듯

흰했다. 성경에 땅은 고요하며 움직이지 않는다고 나와 있기 때문이다. 그러나 진리를 탐구하는 과학자로서 자신의 연구 결과를 사람들에게 알리지 않을 수 없었다. 코페르니쿠스에게는 '짧은 논평'을 발표했을 때부터 그를 지지하는 친구들이 있었다. 그들은 이탈리아의 고위급 성직자들에게 코페르니쿠스의 새로운 논리와 주장을 알렸고, 이런 우회적인 방법을 통해 코페르니쿠스의 학설이 사람들에게 받아들여지기를 기대했다. 1541년 가을, 결정을 내리지 못하고 망설이던 코페르니쿠스는 친구들의 충고를 듣고 유일한 제자인 독일의 젊은 수학자 G. J. 레티쿠스(Georg Joachim Rheticus, 1514~1574)에게 원고를 넘겨 출판을 맡겼다. 이 일이 있기 전, 그동안 중병을 앓아온 그는 교황 파울루스 3세에게 편지를 써서 자신을 보호해줄 것

▼ **코페르니쿠스가 그린 우주**
코페르니쿠스의 우주는 태양을 중심으로 천체가 배치되어 있다. 그는 항성을 우주의 테두리라고 보았고 천체는 완벽한 원형 궤도를 그리면서 운동한다고 믿었다.

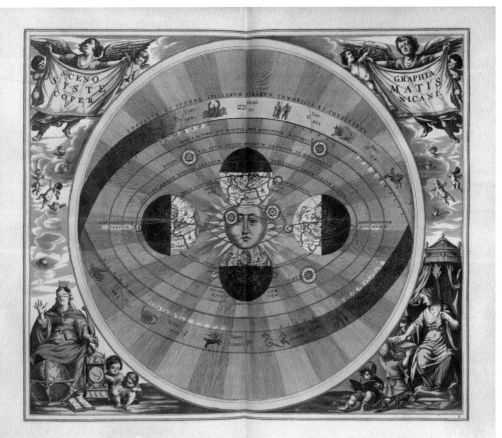

을 요청했다. 그는 시대의 변화를 감지하고 의식이 깨어 있는 이 교황이 자신을 보호해준다면《천체의 회전에 관하여》가 세상에 나와 빛을 볼 수 있으리라 생각했다. 후에 그의 편지는 이 책의 서문이 되었다.

레티쿠스는 스승의 원고를 뉘른베르크로 가지고 갔지만 교회로부터 탄압을 받을까 두려워하여 목사로 일하는 친구에게 출판을 부탁했다. 이 목사는 자신이 직접 서문을 썼는데, 그 내용은 본문과 아무런 관련이 없었고 교회의 문책을 두려워한 나머지 서명조차 남기지 않았다. 이 책은 결국 출판되었지만, 그 후 수십 년이 지나도록 사람들의 관심을 받지 못했다.

1543년 5월 24일, 뇌일혈로 두 눈의 시력을 잃은 코페르니쿠스는 마침내 평생 심혈을 기울여 완성한《천체의 회전에 관하여》의 갓 인쇄를 마친 초판을 손에 쥘 수 있었다. 그리고 한 시간도 채 지나지 않아 세상을 떠났지만, 평생의 숙원을 이루었으니 그는 죽어서도 여한이 없었을 것이다. 당시 코페르니쿠스와 그의 책은 세상의 관심을 받지 못했다. 그러나 시간이 흐르고 과학이 발전하면서 사람들은 이 위대한 천문학자를 돌아보게 되었다. 그의 이름과 탐구 정신은 마침내 세상에 알려졌고 인류의 과학 발전사에 찬란히 빛나는 큰 별이 되었다.

우주의 법칙을 발견하다 케플러

뉴턴(Isaac Newton)은 이렇게 말했다. "내가 다른 사람보다 멀리 볼 수 있는 것은 내가 거인의 어깨 위에 서 있기 때문이다." 코페르니쿠스가 세상을 떠난 지 수십 년이 흐른 후 지동설을 옹호하고 나선 젊은이가 있었다. 바로 독일의 젊은 수학자이자 천문학자인 케플러였다.

운명적인 만남

요하네스 케플러(Johannes Kepler)는 1571년 독일 바일(Weil)에서 가난한 농부의 아들로 태어났다. 코페르니쿠스의 《천체의 회전에 관하여》가 출판된 지 28년이 된 해였다. 케플러는 미숙아로 태어나 체격이 작았고 매우 허약했다. 네 살 때 천연두를 앓았는데 다행히 목숨은 구했지만 시력이 약해졌고 한쪽 손을 거의 사용하지 못하게 되었다. 이러한 신체적인 제약에도, 어린 케플러는 새로운 지식을

▼ 케플러
케플러(1571~1630)는 독일의 천문학자이다. 그가 발표한 행성 운동의 세 가지 법칙(즉 케플러의 법칙)은 뉴턴이 만유인력의 법칙을 발견하는 데 기초를 제공했다.

익히는 것을 좋아했고 학업 성적 또한 뛰어났다. 16세 때 케플러는 우수한 성적으로 튀빙겐 대학(University of Tuebingen)에 합격했으며 그곳에서 코페르니쿠스의 '지동설'을 비밀리에 선전하던 천문학 교수 M. 메스트린(Michael Maestlin)을 만났다. 그의 영향으로 케플러는 코페르니쿠스의 학설을 받아들였다. 대학에서 수학한 지 2년 만에 그는 학사 학위를 받았고 3년 후 천문학 석사 학위를 취득했다. 졸업 후에는 오스트리아 그라츠(Graz)에 있는 개신교 신학대학에서 교수로 일했다. 그로부터 몇 년 후 그의 수학적 재능과 참신한 사상이 돋보이는 첫 번째 천문학 논문을 완성했다. 덴마크 천문학자이며 관측가인 튀코 브라헤(Tycho Brahe)는 케플러의 논문을 높이 평가하며 그에게 자신이 일하는 천문대에서 조수로 일할 것을 제안했다. 케플러는 그의 제안을 받아들여

1600년 1월 프라하(Prague)에 도착했다.

튀코 브라헤는 위대한 천문학자였다. 그는 천문 관측에 능통했고 카시오페이아자리에서 신성이 폭발하는 것을 관측하여 그에 관한 기록을 자세하게 남겼다. 그는 또한 시대의 영웅을 알아보는 혜안이 있었다. 케플러에게 수학적인 재능과 독창적인 사고 능력이 있음을 발견한 그는 케플러가 머지않아 과학계에 뛰어난 업적을 남길 것을 예견했다. 튀코는 인생 말년에 자신이 그동안 천문을 관측하며 기록한 엄청난 양의 자료를 케플러에게 넘겨주었다. 튀코가 죽은 뒤 그가 맡았던 궁정의 수학자의 직무를 케플러가 이어서 맡았다. 그러나 케플러가 받은 봉급은 튀코의 절반에 불과했고 그나마 봉급이 지불되지 않은 적도 있어서 그의 생활은 늘 궁색하기 이를 데가 없었다. 그래도 그는 탐구에 몰두하여 천문학 연구를 게을리하지 않았다.

천문학적 성과

케플러는 계측에 뛰어난 재능이 있었다. 처음에 그는 튀코가 넘겨준 대량의 자료를 이용해서 화성의 궤도를 연구했다. 그러나 코페르니쿠스의 이론을 결합하여 계측해보니 화성이 궤도를 항상 이탈하는 것으로 나왔다. 도대체 무슨 이유일까, 원형의 궤도에 문제가 있는 걸까? 연구 결과, 그는 화성의 궤도가 완벽한 원형이 아니라는 것을 깨달았다. 여러 차례의 실험과 계산 끝에 케플러는 화성의 궤도가 사실은 타원형이며 삼각측량법을 이용하여 지구의 궤도 역시 타원이고 그 회전 속도는 태양과의 거리와 관련이 있다고 결론을 내렸다. 이에 따라 그는 모든 행성은 태양을 초점으로 하는 타원 궤도를 그리며 공전한다는 제1법칙[32]과 한 행성과 태양을 잇는 선은 같은 시간에 같은 면적을 휩쓸고 지나간다는 제2법칙[33]을 발견했다. 1609년 케플러는 이 두 법칙을 자신의 저서 《신新천문학(Astronomia nova)》에 발표했다.

1612년 케플러는 프라하를 떠나 오스트리아 린츠(Linz) 대학으로 가서 수학 교수 겸 측량 감독으로 일했다. 수없이 많은 실패와 오랜 시간에 걸쳐 진행되는 복잡한 계산을 통해 그는 마침내 행성의 공전

[32] 타원 궤도의 법칙
[33] 면적의 법칙

주기와 공전 궤도 반지름의 관계를 설명한 행성 운동의 제3법칙을 정리했다. 그는 이 법칙을 1619년에 출판한 《우주의 조화 (De Harmonices Mundi)》에서 발표했다. 이로써 그가 발표한 행성 운동의 세 가지 법칙은 천문학의 기초가 되었고 수십 년 후 뉴턴의 만유인력 법칙을 이끌어냈다.

진리를 탐구하기 위해 어떤 어려움도 마다하지 않았던 케플러는 말년에 천주교로부터 박해를 받았다. 천주교는 그의 저서를 금서로 규정했다. 1626년에 광신적인 천주교도들이 집을 포위하고 그의 목숨을 위협했으나 이때 그를 변호해주는 사람이 있어서 화를 면할 수 있었다. 1627년 케플러는 스승 튀코의 당부를 잊지 않고 평생에 걸쳐서 이룬 최후의 걸작 《루돌핀 목록(Tabulae Rudolphinae)》을 출판했다. 그 후 100여 년 동안 이 목록은 천문학자와 항해사들에게 보물과 같았다. 이

▲ 튀코의 저서에 등장하는 천문학 기구

목록의 형식은 지금까지도 거의 바뀌지 않고 그대로 사용되고 있다.

죽음을 두려워하지 않는 과학 용사 브루노

고대 천주교에서는 잔인한 수단을 동원해서 이단을 처단했다. 수많은 신교도와 무고한 사람들이 화형을 당했는데 그중에 후세에 이름을 떨친 사람이 있으니 그가 바로 코페르니쿠스의 '지동설'을 옹호한 과학 용사 브루노이다.

과학 용사

    1548년, 조르다노 브루노(Giordano Bruno)는 이탈리아 나폴리 부근의 작은 마을 놀라(Nola)에서 태어났다. 어려서부터 독학으로 공부했지만 지식에 대한 열정으로 다양한 분야의 책을 두루 읽어 후에 훌륭한 학자가 되었다. 그는 기억력이 매우 좋고 기억술에도 관심이 많아 한때 로마 교황을 알현하기도 했다. 어느 날, 젊은 브루노는 코페르니쿠스의 《천체의 회전에 관하여》를 우연히 읽었다. 처음 몇 페이지를 넘길 때까지는 별다른 흥미를 느끼지 못했지만, 페이지를 넘길수록 흥분을 억누르지 못했고 마치 어둠에 갇혀 있다가 찬란한 햇빛을 본 것만 같았다. 그전까지 스콜라철학에 정통했던 그는 토마스 아퀴나스(Thomas Aquinas)를 평생 존경할 대상으로 삼았다. 그런데 코페르니쿠스의 책을 읽고 나자 마치 불꽃과도 같은 열정을 느꼈다. 훗날 그는 코페르니쿠스의 《천체의 회전에 관하여》는 '불후의 명작'이며 '청년 시기 나의 영혼을 흔들어놓은 책'이라고 고백했다.

    새로운 사상을 접하자 브루노는 신이 세상을 창조했다는 창조설에 회의를 품었고 '노아의 방주(On The Ark of Noah)'라는 글에서 그러한 견해를 밝혔다. 이 글에서 그는 성경에만 집착하는 학자들을 맹렬히 비판했고 로마 교황청을 조롱했으며 그동안 연구했던 스콜라철학을 버리고 과학적 진리를 선택했다. 얼마 지나지 않아 그의 불경스러운 글을 발견한 교회는 즉시 그를 불러 경고했다. 그러나 경고가 아무런 효과를 보이지 않자 결국 수도원에서 그를 제명했다. 1576년

28세의 브루노는 사제복을 벗고 수도원에서 나와 유럽 각국을 돌아다녔다. 가명을 쓰며 제네바, 파리, 런던, 비텐베르크 등 대도시를 전전했고, 어디를 가든 코페르니쿠스의 과학적 진리를 사람들에게 알렸다. 그러다 사람들에게 쫓기면 다시 다른 도시로 도망가야 했다. 1583년 그는 런던에서 2년 동안 비교적 조용한 시기를 보냈는데 이때 《원인, 원리 및 일자에 관하여(De la causa, principio, et Uno)》, 《무한, 우주 및 세계에 관하여(De l'infinito universo et Mondi)》 등의 철학 저서를 집필하여 1584년에 출판했다.

화형당한 과학 용사

브루노의 전공은 천문학도 아니고 수학도 아니었지만 독창적인 사고를 통해 코페르니쿠스의 '지동설'을 사람들에게 알렸다. 그는 《무한, 우주 및 세계에 관하여》에서 우주와 무한의 개념을 제시했고 우주는 통일되고 물질적이며 무한하고 영원하다고 보았다. 태양계 밖에도 수없이 많은 천체가 존재하나 인류가 볼 수 있는 것은 무한한 우주 속에 지극히 작은 일부에 지나지 않는다. 지구는 무한한 우주 속 한 알의 작은 먼지에 불과하다. 별들은 빠른 속도로 사방을 향해 내달린다. 생명체는 지구에 존재할 뿐만 아니라 우리가 관찰하지 못할 만큼 먼 곳에 있는 행성에도 존재할 수 있다. 이런 개념들은 인간의 사상을 광활한 우주 공간을 향해 열어놓으며 지난 수천 년 동안 인간의 사상을 속박했던 틀을 깨뜨렸다. 엄밀히 말하자면, 당시 브루노는 마치 예언자와도 같았다. 그의 사상은 그가 속했던 시대를 훨씬 초월했기 때문에 그의 주장을 들은 사람들은 모두 큰 충격을 받았다. 심지어 천문학자들마저 그의 글을 읽고는 머리를 움켜쥐고 놀란 가슴을 진정시켜야 했다.

브루노의 괴이한 행적과 그가 코페르니쿠스의 학설을 선전하고 다닌다는 소식이 알려진 뒤로 천주교에서는 그를 눈엣가시로 여겼다. 그들은 브루노의 친구를 매수해서 그가 고향으로 돌아오게 한 뒤 1592년 5월 23일 그를 체포했다. 브루노는 종교재판소로 끌려가 오래도록 고문을 받았다. 천주교회는 처음에는 그가 공개적으로 참회하게 할 계획이었다. 그러나 어떤 모진 고문도 그의 굳은 신념을 무너뜨리지 못했다. 브루노는 자신을 설득하려는 사람들에게 "나의 주장은 성경과 조화를 이룰 수 없다."라고 말했다. 계획대로 일이

풀리지 않자 크게 실망한 천주교회는 당국에 그를 화형을 시키도록 요청했다.

1600년 2월 17일, 천주교도는 52세의 브루노를 로마에 있는 꽃의 광장(Campo de' Fiori)으로 압송하여 화형대 기둥에 묶었다. 형이 집행되기 전에 로마 교황청은 마지막으로 그에게 자신의 주장을 철회할 것을 권했다. "당신이 참회하기만 하면 형벌을 면해주겠다." 이에 브루노는 "나는 차라리 진리를 외치는 열사가 되어 희생되는 것을 택하겠다."라고 답했다. 그의 말이 떨어지기 무섭게 화형대에는 뜨거운 불길이 솟구쳐 올랐다. 사람들은 브루노가 화형 기둥에 묶여서 외치는 마지막 연설을 또렷하게 들었다. "뜨거운 불꽃마저도 나를 정복할 수 없다. 미래의 세계는 나를 이해할 것이고 나의 가치를 알아볼 것이다!"

300년이 흐르고 나서 브루노의 사상은 세상으로부터 인정을 받았다. 그는 철학적인 변론으로 무한한 우주의 개념을 설명하여 인류의 역사에 중요한 자취를 남겼다. 사람들은 브루노가 화형을 당한 장소에 그를 기념하는 비석을 세워 그의 이름을 기렸다.

자유 낙하 실험 갈릴레이

과학자는 인류의 뛰어난 지혜를 대표하며 어떤 고난도 참아내고 견디는 불굴의 의지가 있다. 바로 이런 인재들은 시대의 최전선에 서 있기 때문에 일반인은 보지 못하는 과학적인 진리를 발견한다. 16세기 과학 분야에 뛰어난 공헌을 한 과학자를 꼽는다면 코페르니쿠스와 더불어 갈릴레이가 있다.

갈릴레이

　세상에 진정한 천재가 있다면 갈릴레이는 분명히 그중 한 사람일 것이다. 1564년 2월 15일 갈릴레오 갈릴레이(Galileo Galilei)는 이탈리아 피사(Pisa)의 몰락한 귀족 집안에서 태어났다. 그가 태어난 지 얼마 되지 않아 그의 부친은 생계를 위해 피렌체에서 모직물을 파는 작은 상점을 열었다. 부친은 큰아들인 그에게 기대가 컸다. 그는 갈릴레이가 매우 영리하고 호기심이 강하며 손재주가 좋아 동생들을 위해서 자주 장난감을 만들어주는 것을 보고는 그가 커서 좋은 의사가 될 것이라 생각했다. 갈릴레이가 피렌체 수도원에서 철학과 종교를 공부하자 아들을 집으로 데리고 와서 의학을 공부하라고 권했다.

　17세 때 갈릴레이는 부친의 뜻에 따라 피사 대학에 들어가 의학을

공부했다. 이곳에서 갈릴레이는 세상을 바라보는 안목을 키울 수 있었다. 대학에 소장된 방대한 책들을 읽느라 그는 시간 가는 줄 몰랐고, 특히 유클리드(Euclid, 기원전 330~기원전 275)의 《기하원본(Stoikheia)》과 아르키메데스(Archimedes)의 저서를 좋아했다. 그는 이 책들에 빠져서 강의를 빼먹기도 했다. 사실 그는 막상 자신의 전공에는 별다른 흥미를 느끼지 못했고 어쩌다 한 번 강의를 들어도 황당한 질문을 해서 교수를 당황하게 했다. 그러나 수학, 물리 시간에는 학문에 대한 열정이 넘쳤다. 우연한 기회에 갈릴레이는

궁정 수학자 오스틸리오 리치(Ostilio Ricci)를 만났다. 그의 적극적인 권유로 갈릴레이는 이후 수학과 물리학을 집중해서 공부했다. 그는 대단한 권위를 가진 전통적인 이론에 대해 자주 회의를 품었는데 그때마다 리치를 찾아가 가르침을 구했다. 리치는 이 젊은 의대생이야말로 세상에 흔치 않은 수학 천재라고 생각했다. 그 후 두 사람의 우정은 평생 이어졌다.

관찰 능력이 뛰어난 갈릴레이는 관찰과 사고를 결합하여 새로운 결론을 도출했다. 18세가 되던 해의 어느 날 그는 성당에서 진행하는 미사에 참석했다. 다른 사람들이 찬송가를 부를 때 그의 눈은 천장에 매달린 램프를 보고 있었다. 램프는 진폭이 다르더라도 매달아 놓은 줄의 길이가 같으면 진동 주기 역시 같았다. 처음 그는 자신이 잘못 보았다고 생각했다. 아리스토텔레스의 책에 "짧은 호를 지나가는 것은 긴 호를 지나가는 것보다 빠르다."라고 나왔기 때문이다. 집으로 돌아온 갈릴레이는 곧바로 이와 유사한 실험을 시작해 결국 진자의 운동 규칙을 결론지었다. 즉, 진동 주기를 결정하는 것은 줄의 길이이며 그 길이가 같은 줄은 진동 주기 역시 같다는 것이다. 과학적 진리를 발견했을 때의 그 느낌은 억만금을 얻은 것보다 기뻤다. 이때부터 그는 평생 과학 연구에 종사하겠다고 결심했다.

자유 낙하 실험

갈릴레이가 피사 대학에서 실험에 몰두하고 있을 때, 그의 부친은 아들이 의학이 아닌 과학 실험에 빠져 있다는 사실을 알게 되었다. 화가 난 부친은 그가 학업을 그만두고 집으로 돌아와 상점에서 일하게 했다.

1589년 여름까지 갈릴레이는 피렌체의 상점에서 4년을 보냈다. 이 기간에 그는 독학과 수많은 실험을 통해 수리학에 통달했다. 그 후 리치의 도움으로 갈릴레이는 피사 대학에서 수학과 과학을 강의했다. 25세의 갈릴레이는 마침내 생계를 걱정하지 않고 학문에만 전념할 수 있게 되었다.

1590년의 어느 날, 피사 대학의 젊은 수학 교수 갈릴레이는 피사의 몇몇 학자와 대학생을 피사의 사탑 아래로 불러 모았다. 그리고 조수와 함께 사탑에 올라가서 무게가 다른 쇠공 두 개를 동시에 떨어뜨렸다. 그 결과, 무게에 상관없이 쇠공 두 개가 거의 동시에 땅에

떨어졌다. 갈릴레이는 실험을 다시 한 번 반복했지만 결과는 같았다. 이 실험의 결과에 사람들은 매우 놀랐다. 천주교가 수리학에서 절대적인 권위를 부여한 아리스토텔레스는 "무거운 물체가 가벼운 물체보다 낙하하는 속도가 빠르다."라고 주장했기 때문이다. 비록 이 주장은 아리스토텔레스 개인의 추측에 불과했지만 이 이론은 서양 학술계를 거의 2,000년 가까이 지배했다. 자유 낙하의 법칙으로 알려진 갈릴레이의 이 실험으로 사람들은 절대적인 권위를 가졌던 이론이 반론의 여지없이 뒤집히는 것을 직접 확인했다. 이 사건으로 피사 대학 내에서 보수적인 성향의 아리스토텔레스 추종자들과 갈릴레이를 따르는 사람들 사이에 갈등이 일어났다. 상황이 악화되자 갈릴레이는 피사 대학에서 한 학기를 마치고 곧바로 해임되었다.

▲ **피사의 사탑**
1590년 갈릴레이는 피사의 사탑에서 자유 낙하 실험을 했다. 무게가 다른 구체 두 개를 같은 높이에서 동시에 자유 낙하시킨 결과 두 구체가 동시에 땅에 떨어졌다.

　　1592년, 28세의 갈릴레이는 자유로운 분위기의 파도바 대학에서 수학, 과학, 천문학을 가르쳤다. 그가 이곳에서 강의와 연구를 하며 보낸 18년은 그의 인생에서 황금과도 같은 시간이었다.

망원경의 발명

　　파도바 대학에서 생활하던 초기에 갈릴레이는 물리학 연구에 몰두했다. 이때 그는 물체 운동의 관성을 연구했고 유명한 빗면 실험, 포물선 운동과 가속도 등을 실험했다. 그는 1593년에 온도계를 최초로 발명했는데, 1609년 6월 신기한 소식을 들은 뒤부터 연구 방향을 바꿨다. 네덜란드의 한 안경 장수가 우연히 렌즈를 가지고 육안으로는 볼 수 없을 정도로 멀리 있는 물건을 볼 수 있는 망원경을 발명했다는 것이었다. 그의 학생이 파리에서 와서 그 소문이 사실임을 확인해주었다. 갈릴레이는 이 망원경에 대한 설명을 듣고 아이디어가 떠올라 곧바로 연구를 시작했다. 그는 머릿속에 떠오른 이미지를 종이에 그리고 그것을 제작하는 데 필요한 재료를 구해 밤낮을 가리지 않고 연구와 계산에 매달렸다. 마침내 그는 볼록 렌즈와 오목 렌즈를 만들고 정교하게 만든 금속 파이프의 양끝에 끼워 넣었다. 그러고 나서 오목 렌즈를 통해 멀리 있는 사물을 바라보니, 신기하게도 마치 눈앞에 두고 보는 것과 같았다.

▲ 1609년 갈릴레이는 자신이 발명한 천체 망원경으로 천체를 관측했다. 그는 장기간에 걸친 관찰을 통해 달 표면이 절대 평평하지 않으며 울퉁불퉁하다는 것을 발견했고, 달 표면의 그림을 직접 그렸다.

그 후로 갈릴레이는 자신의 망원경을 계속 보완해 확대율을 높였고, 10여 년에 걸친 연구 끝에 우주의 비밀을 관측할 수 있는 천체 망원경을 완성했다. 이로써 수천 년 동안 인간이 육안으로 천체를 관찰하던 역사는 끝이 나고 망원경의 등장으로 근대 천문학이 새롭게 시작되었다.

매일 밤의 장막이 내려오면 갈릴레이는 흥분을 억누르고 망원경으로 하늘의 별을 관찰했다. 그는 이전 시대를 살던 수많은 사람이 발견하지 못한 별들의 비밀을 발견했다. 달 표면이 평평하지 않으며 달 자체에서 빛을 내는 것이 아니라 태양빛을 반사하는 것이라는 사실을 알아냈다. 또 은하수는 수많은 별이 모여서 이루어진 것이지 옛날부터 전해오는 이야기처럼 연기와 구름이 모인 것이 아니었다. 목성에는 커다란 위성이 네 개 있고, 태양도 자전한다. 이처럼 듣기만 해도 흥분되는 별들의 세계가 하나씩 밝혀졌고, 갈릴레이는 이러한 발견들을 정리하여 《별의 전령(The Starry Messenger)》라는 제목의 책을 집필했다. 1610년 3월, 베네치아에서 이 책이 출판된 이후 전 유럽은 충격에 휩싸였다.

멈출 수 없는 진리의 추구

1613년 갈릴레이는 로마에서 편지 형식으로 '태양 흑점에 관하여'라는 제목의 글을 발표하여 프톨레마이오스의 학설에 오류가 있으며 코페르니쿠스의 주장이 정확하다는 사실을 명확하게 지적했다. 그는 이 편지글의 사본을 교회에 보냈는데 이 때문에 천주교의 종교재판소로부터 박해를 받았다. 1616년 갈릴레이는 교회의 위협에 못 이겨 코페르니쿠스의 학설을 포기한다는 입장을 밝혔다. 그 후 피렌체로 돌아가 세상과 단절된 삶을 살았다. 그러나 진리를 추구하는 그의 의지는 결코 사라지지 않았다. 5년이 지난 뒤 그는 《프톨레마이오스와 코페르니쿠스의 2대 세계 체계에 관한 대화 (Dialogo sopra i due massimi sistemi del mondo, tolemaico e copernicaon)》라는 책을 집필했고, 이 책으로 말미암아 또다시 종교재판소의 탄압을 받았다. 그의 책은 출판은 물론 열람마저 금지되었다. 그때 이미 69세의 나이로 만성 질환을 앓고 있던 그는 다시금 코페르니쿠스의 학설을 포기한다는 성명을 냈다. 그는 "두 점을 잇는 가장 짧은 것이 꼭 직선만은 아니다."라고 말해 브루노처럼 화형을

▼ 1633년 갈릴레이는 종교재판소의 위협에 못 이겨 교황의 뜻에 굴복했다.

당하는 것은 면했다. 이후 갈릴레이는 글을 쓰며 여생을 보냈고, 《두 개의 신과학新科學에 관한 수학적 논증과 증명(Discorsi e dimonstrazioni mathematiche intorno a due nuove scienze attenenti alla meccanica)》이라는 위대한 저서를 남겼다. 이 책은 친구의 도움을 받아 1638년에 네덜란드에서 출판되었다. 말년의 갈릴레이는 인생 최대의 위기를 맞았다. 자신은 두 눈의 시력을 모두 잃었고, 하나밖에 없는 외동딸 마리아를 자신보다 먼저 저 세상으로 보내는 슬픔을 겪었다.

1642년 1월 8일, 78세의 갈릴레이는 세상과 작별했다. 그의 장례는 몹시 초라하게 치러졌고, 그의 유골은 18세기가 되어서야 고향의 성당으로 옮겨졌다.

인체 구조의 이해 베살리우스의 해부학

인체는 우주만큼이나 무궁무진한 신비로움으로 가득하다. 코페르니쿠스가 《천체의 운행에 관하여》를 출판한 그 해, 베살리우스는 《인체의 구조》라는 책을 출판했다. 이 두 권의 책은 근대 과학사에서 신학을 뒤엎는 데 가장 큰 영향을 끼친 저서로 불린다. 또 베살리우스는 코페르니쿠스와 더불어 16세기 과학 혁명을 이끈 위대한 인물로 기억된다.

시체 도둑

▼ 안드레아스 베살리우스

베살리우스는 해부학자이며 의사였다. 그가 저술한 《인체의 구조》는 인체해부학에서 권위를 자랑하는 책이다. 이러한 공로로 그는 근대 인체해부학의 창시자로 인정받고 있다.

1514년 12월 31일, 안드레아스 베살리우스(Andreas Vesalius)는 벨기에 브뤼셀의 의사 집안에 태어났다. 조상 대대로 궁정 어의를 지냈기에 그의 집은 방대한 의학 서적을 소장하고 있었다. 베살리우스는 어려서부터 의학 서적을 읽으며 자랐고, 자연히 커서 의사가 되겠다는 꿈을 꾸었다. 소년 시절 그는 루뱅 대학(University of Louvain)에서 공부하다가 18세가 되던 해에 파리 대학으로 가서 의학을 공부했다. 당시 파리 대학의 의학 교육은 천주교의 영향 아래에 있어서 매우 낙후되어 있었다. 해부학 수업은 언제나 실습이 아닌 강의로만 진행되었다. 교수가 높은 강단에 서서 갈레노스(Aelius Galenus)[34]의 저서 한 단락을 읽으면 하인이 나와서 개 또는 원숭이 등 동물 시체의 가슴과 배를 절개했다. 그리고 학생들이 동물의 내부 장기를 보는 것으로 이 과정은 끝났다. 학생들이 직접 해부할 기회가 없었을 뿐더러 그 대상도 인체가 아닌 동물이었으니 학습 효과는 기대할 수 없었다. 젊은 베살리우스는 학교의 수업 운영 방식을 받아들이지 못했다. 그는 이런 식의 교육으로는 진정한 지식을 배울 수 없다고 판단하고 결국 자신이 직접 시체를 구해서 해부하기로 했다. 그의 대담한 결정에 여러 동료

---

34) 고대 로마 시대의 의사

가 동조했다.

그렇지만 어디서 시체를 구한단 말인가? 그 유일한 답은 무덤과 형장이었다. 베살리우스와 그의 동료들은 추운 겨울 밤 조심스럽게 교문을 나서서 주인 없는 무덤을 찾아다녔다. 이들은 시체의 썩은 냄새를 참아가며 잔해를 훔치거나 사형장에서 죄수의 시체를 훔쳤다. 베살리우스는 시체 부패 속도가 느린 겨울에 주로 시체를 훔쳤다. 어떤 때는 한 번에 시체 여러 구를 해부한 적도 있었는데 그럴 때면 작업을 마치는 데 몇 주일씩 걸렸다. 이처럼 남다른 투지 덕분에 베살리우스는 숙련된 해부 기술과 인체 해부에 관한 귀중한 지식을 얻을 수 있었다.

그러나 세상에 비밀이란 없는 법. 베살리우스가 시체를 훔쳐서 해부 실험을 한 사실이 학교에 알려졌다. 보수 세력이 거센 비난을 퍼붓자 학교 당국은 그의 학위를 인정하지 않았고 심지어 그를 학적에서 제명했다. 베살리우스는 결국 파리를 떠나야 했다.

《인체의 구조》

1537년에 베살리우스는 해박한 의학 지식과 의사 가문이라는 배경 덕분에 유럽에서 의학의 중심지였던 베네치아 파도바 대학에서 교수직을 맡았다. 교수로 재직하는 동안 그는 시체와 생체의 해부를 가르쳤고 많은 의사 지망생이 그의 강의를 듣고자 모였다. 또 그는 학교라는 유리한 조건을 이용해 자신의 해부학 연구도 계속해나갔다. 그는 틈나는 대로 인체해부학에 관한 저서인 《인체의 구조》를 집필했다. 1543년, 28세의 베살리우스는 마침내 이 책을 완성했다. 그의 책이 발표되자 유럽 전체가 놀라움에 휩싸였으며 그 파장은 콜럼버스가 신대륙을 발견했을 때만큼이나 컸다. 이전까지 누구도 이처럼 인체를 사실적이고 정교하게 표현한 적이 없었기 때문이다.

그러나 이 역사적인 해부학 서적이 발표되자 갈레노스를 추종하는 보수 세력이 베살리우스를 향해 악의적인 공격을 퍼부었다. 그가 예전에 파리 대학에서 공부했을 때의 스승마저 그를 미치광이라고 불렀다. 종교 서적 검열 기관은 터무니없는 '근거'를 들이대며 그를 공격했다. 즉 성경에는 하느님이 아담의 몸에서 갈비뼈를 취해 하와를 만들었다고 나온다. 따라서 남자의 갈비뼈는 여자보다 하나가 적어야 마땅한데, 베살리우스의 책에서는 남녀의 갈비뼈 수가 동일하

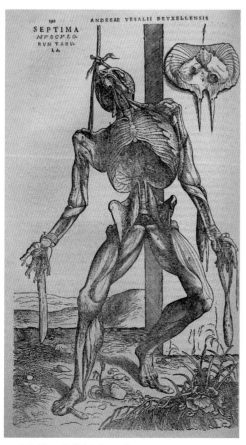

▲ 베살리우스의 《인체의 구조》 삽화

베살리우스의 《인체의 구조》에는 다양하면서도 상세한 인체 해부도가 익살스러운 자세로 그려져 있다.

게 나오니 잘못되었다는 것이었다. 부패한 교회와 보수적인 갈레노스파는 이처럼 어처구니없는 주장을 내세우며 베살리우스를 비방했다. 이에 분을 참지 못한 베살리우스는 1544년 파도바 대학을 떠나 의학 연구마저 포기한 채 스페인으로 가서 카를 5세의 어의로 일했다. 그곳에서 그는 20년간 조용한 삶을 보낼 수 있었다. 그러나 교회는 베살리우스가 생체를 해부했다는 이유로 다시금 그를 문책하며 멀고 먼 예루살렘으로 속죄를 위한 성지순례를 떠나라고 명령했다. 이 여행에서 베살리우스는 살아 돌아오지 못했다. 1564년 고향으로 돌아가는 도중에 베살리우스가 탄 배가 조난을 당해 겨우 50세밖에 되지 않은 이 위대한 해부학자는 세상을 떠나고 말았다.

베살리우스는 평생 진리를 찾기 위해 잘못된 주장, 부패한 종교와 치열한 투쟁을 벌였다. 그가 이룬 과학적 성취는 근대 해부학의 기초를 닦았고 그 발전을 촉진했다. 그의 공로를 기념하여 후인들은 그를 '해부학의 아버지'라고 부른다.

화살을 대체한 총과 대포 냉병기 시대의 종결

화약은 고대 중국의 4대 발명품 중 하나이지만 훗날 유럽인의 손에 들어가서야 비로소 그 가치를 발휘했다. 아기가 태어나 자라는 것처럼 총은 화살을 대체하기까지 매우 길고 험난한 과정을 거쳤다. 아이러니하게도, 인류의 발전과 함께 탄생한 살인 무기의 발달로 인류의 과학 기술은 더욱 빠르게 발전할 수 있었다.

총의 등장

화약은 열이나 충격 등의 자극에 반응하여 폭발하기 때문에 위험물로 분류된다. 화약의 발원지는 중국이지만 중국인은 이런 화약의 특성을 알지 못했다. 중국의 작가 루쉰은 "외국에서는 화약으로 무기를 만들어 전쟁을 하지만 중국은 이것으로 폭죽을 만들어 귀신에게 제사를 지낸다."라고 말한 바 있다. 사실 중국인은 명나라 때 이미 상당한 화력을 갖춘 총과 화포를 발명했다. 다만 보수적인 사회 성향으로 이 새로운 무기의 중요성을 인식하지 못했을 뿐이다. 청나라 말기에 청나라 군대는 명나라 때 만든 화포로 유럽의 침략자를 상대했다. 청나라는 말을 타고 활을 쏘는 전통적인 궁술을 중시했기 때문에 화약을 이용해 만든 무기의 가치를 알아보지 못했다. 같은 시기에 유럽에서는 화약의 위력을 알아보고 이를 살인 무기로 발전시켰다. 결국, 중국인과 서양의 침략자 사이에 전쟁이 일어나자 중국은 처음부터 패배할 수밖에 없었다. 총과 대포로 무장한 영국과 프랑스 연합군을 향해 청나라의 3만 기마병이 돌격한 것은 자살과 다를 바 없었다. 이 전쟁에서 청나라 군대의 생존자가 단 세 명이었던 반면에 영국과 프랑스 연합군의 사상자는 매우 적었다.

유럽인은 아랍 문명으로부터 화약과 화기를 받아들였다. 그들은 처음에 화약의 폭발력을 보고 너무 놀란 나머지 이것을 가리켜 '마귀'라고 불렀다. 1250년에 이르러서야 화약의 성질을 조금씩 알게 되어 이것을 전쟁에 이용했다. 사람들은 질산칼륨, 유황, 그리고 숯의 혼합물을 밀폐 용기에 넣고 불을 붙인 뒤 여기서 생기는 기체의 폭발력을 이용해 병기와 대포에 이전보다 강력한 살상력을 더했다. 흑색 화약을 이용해 실험하는 과정에서 한쪽 입구가 뚫린 통 안에 흑색 화약을 넣고 불을 붙이면 엄청난 파괴력이 생기는 것을 발견한 것이다. 공식적인 문헌 기록에 따르면 14세기 초 유럽에 금속 파이프 형태의 화약통이 출현했다고 한다. 14세기 말에는 이미 총과 대포가 유럽 모든 국가의 전쟁에서 사용되었다. 그러나 당시의 총은 목표를 정확하게 조준하지 못했고 사정거리도 짧아서 진정한 의미의 '총'이라고 할 수 없었다. 그 후 유럽인은 연구를 거듭한 끝에 아케부스(Arquebuse)를 만들어냈다. 아케부스는 여전히 사정거리가 짧고 화약을 안에 채워 넣는 과정이 복잡해 1분에 겨우 1발을 발사했지만, 이것만으로도 대단한 발전이었다.

화승총의 출현

스페인 기독교도는 화약 무기를 잘 다루는 무어인[35]과 오랜 전쟁을 치르면서 총에 대해 끊임없이 연구해 방아쇠를 발명했다. 15세기 초에 이르러 화승으로 발사약에 점화하여 총알을 발사하는 화승총이 만들어졌고, 1421년 이탈리아의 전쟁에서 처음으로 출현했다. 화승총을 뜻하는 '머스킷(Musket)'이라는 단어는 1499년 나폴리 병기고의 목록에 처음 등장했다. 이 총은 무게가 11킬로그램, 총알 무게 50그램, 최대 사정거리 250미터로 매우 둔하고 무거워서 조작하는데 두 사람이 필요하지만 성능에서는 큰 진전을 보였다. 이런 머스킷이 발사하는 총알 앞에서 기사의 무거운 갑옷은 아무런 쓸모가 없는 장식품에 지나지 않았다. 1513년 노바라(Novara) 전투에서 긴 창과 소총으로 무장한 스위스군은 무거운 갑옷으로 무장한 프랑스 기사를 순식간에 말에서 떨어뜨렸다. 1525년 스페인, 독일, 그리고 프랑스의 파비아(Pavia) 전투에서 화승총의 가치가 처음으로 입증되었다. 화승총으로 무장한 스페인과 독일 연합군은 사상자가 불과 200명이었던 반면 프랑스 군대는 사상자가 8,000명에 달했다. 1520년대에 이르러 이탈리아 전쟁이 끝나자 유럽 대륙의 주요 국가들은 화승총을 위주로 사격 무기를 갖췄다.

이에 따라 16세기 중엽 유럽에서 일어난 전쟁은 아군과 적군이 뒤엉켜 칼과 창으로 공격하는 백병전 대신 일정한 거리를 사이에 두고 포탄을 쏘는 형태로 바뀌었다. 화승총이 인류의 전쟁 패러다임을 바

---

35) 이슬람계인으로 이베리아 반도와 북아프리카에 살았던 사람들을 가리키는 말

꿰놓은 것이다. 이 시기에도 유럽 국가들의 군대는 여전히 긴 창, 화살, 소총을 함께 사용했지만, 16세기 말에 이르러 활과 화살은 군대에서 공식적으로 퇴출되었다. 주조 기술과 공업이 발달하면서 소총의 사용은 더욱 보편화되었다. 궁수를 훈련시키는 데는 오랜 시간이 필요한 반면 총수는 짧은 시간에 훈련을 마칠 수 있었다. 제작 기간도 활은 일주일, 화살 한 대는 30분이 걸렸지만 소총 한 자루를 만드는 데는 하루면 충분했고 총알은 공장에서 대량으로 제조했다. 1595년 영국 의회는 장궁長弓을 소총으로 대체하는 법안을 통과시켰다. 앞으로 군대에서 활은 더 이상 적합한 무기로 인정하지 않으며 이제부터 모든 사격 부대는 반드시 화승총이나 활강총[36]을 갖추어야 한다는 것이 주요 내용이었다. 이는 전쟁에서 활과 화살의 퇴장을 의미할 뿐 아니라 유럽에서 냉병기 시대가 끝나고 화약 무기를 사용하는 열병기 시대가 시작되었음을 의미한다.

---

36) 총알이 통과하는 파이프인 총열에 나선형 홈이 없는 총

처음 모습을 드러낸 기계화
다 빈치부터 편물기의 발명까지

유럽인은 기계의 제작에 광적일 정도의 애착을 보인다. 기계의 보급은 사회를 크게 변화시켰는데 16세기 유럽에서 이미 기계화의 조짐이 나타났다. 기계 설계에 몰두했던 다 빈치와 편물기의 출현은 모두 새로운 시대가 다가오고 있음을 예고하는 것이다.

다 빈치의 기계 설계

▼ 레오나르도 다 빈치

레오나르도 다 빈치의 이 자화상은 소묘를 이용해서 정교하게 그린 작품이다. 부드러우면서도 가는 선을 통해 입체감을 살렸고 인물의 표정 역시 매우 사실적으로 표현했다.

16세기, 유럽은 여전히 공장수공업이 주된 생산 방식이었다. 이런 생산 방식은 중세부터 이어졌기 때문에 그동안 절대 다수가 이에 대해 의문을 던지거나 변화가 필요하다고 생각하지 않았다. 르네상스를 거치면서 기계를 이용한 생산에 대해 상상하고 그것을 실천하려는 사람들이 나타났다. 그 대표적인 인물이 레오나르도 다 빈치(Leonardo da Vinci, 1452~1519)이다. 그는 유럽 르네상스를 대표하는 위대한 예술가이다. 그러나 그가 건축, 해부, 엔지니어, 수리, 지질, 발명 등의 분야에도 천재적인 능력이 있었다는 사실을 아는 사람은 그다지 많지 않다.

레오나르도 다 빈치는 1452년 4월 15일 이탈리아 피렌체 부근의 빈치(Vinci)라는 마을에서 태어났고, 피렌체의 저명한 화가 안드레아 델 베로키오(Andrea del Verrocchio)를 사사했다. 각국의 인문학자들이 모여든 피렌체에서 나고 자란 다 빈치는 자연스럽게 인문주의 교육을 받았고 20세 때 이미 예술가로서 최고의 경지에 올랐다. 특이하게도 그는 한 손으로 그림을 그리면서 다른 한 손으로 글씨를 쓸 수 있었다. 또 그는 예술만큼이나 과학에도 열정을 보였다. 다 빈치의 작품과 연구에서는 일반적으로 과학과 예술 사이에서 서로 배척하는 극단주의를 찾아볼 수 없고 오히려 둘을 하나로 융합하려는 시도를 확인할 수 있다. 그는 당시로써는 받아들이기 어려운 기이한 상상을 과학적으로 실현하기 위해 수시로 기록했는데 그 원고가 무려 1만 3천 페이지[37]에 달한다.

　다 빈치는 청년 시절부터 기계에 관심이 많았다. 그의 수기 원고에는 셀 수 없을 만큼 많은 다양한 종류의 기계 설계도 초안이 포함되어 있다. 그중에서 가장 큰 주목을 받는 것은 로봇의 설계도이다. 그는 로봇의 외형을 나무, 가죽, 그리고 금속 재질로 만들고 로봇의 하부에 톱니바퀴를 달아 구동 장치로 삼았다. 톱니바퀴 두 개가 흉부의 원반 톱니바퀴와 맞물려 돌아가면 로봇의 팔이 춤을 추고 앉거나 설 수 있다. 이 로봇은 1495년에 창작된 것으로 보인다. 그 외에도 비행기, 무단 연속 자동변속기, 자동차, 기관총, 인력 혹은 마력으로 돌아가는 탱크, 낙하산, 스프링을 넣어 설계한 시계, 기중기, 굴착기 등이 있다. 그의 설계도 초안이 당시에 발표되었다면 인류의 역사는 아마도 100년을 앞서갈 수 있었을 것이다.

　안타깝게도 다 빈치는 자신의 수기 원고를 발표하지 않았는데 사람들은 아직도 그 이유를 밝히지 못하고 있다. 1994년 마이크로소프트사의 CEO 빌 게이츠(Bill Gates)는 3,080만 달러를 들여 다 빈치의 과학 관련 원고를 구입했다. 그리고 그는 이 위대한 천재에게 존경을 표시하기 위해 이 원고를 다 빈치가 붙였던 원래의 이름인 '코덱스 레스터(Codex Leicester)'로 불렀다.

편물기의 발명

　기독교 목사였던 윌리엄 리(William Lee)는 어느 날 아내가 양손에 은침을 하나씩 들고 뜨개질을 하는 것을 보고 불현듯 이런 생각이 떠올랐다. '큰 뜨개질바늘 대신 수백 개의 작은 바늘을 쓰면 어떨까? 갈고리 여러 개로 원형의 편물을 들어 올려서 털실과 높이를 맞추고 수백 개의 작은 바늘을 작동시키면 한 번에 한 줄씩 짤 수 있지 않을까?' 그는 자신의 생각을 아내에게 들려주었다. "그런 기계가 있다면 얼마나 좋을까!" 그러나 그의 아내는 불가능하다며 고개를 내저었다. 그 후 윌리엄 리는 양탄자를 짜는 장인을 찾아가서 가르침을 구했고 우여곡절 끝에 자신이 구상한 대로 편물기를 제작하는 데 성공했다. 그리고 비록 겉보기에는 조잡했지만 사람의 수고로움

---

37) 현재 약 6천 페이지가 보존됨

▲ **다 빈치가 설계한 장치**
다 빈치가 물레방아의 물이 떨
어지면서 물레를 돌리는 원리를
이용해 발명한 것으로 '자명종'
기능을 갖춘 장치이다.

을 대신해서 작업을 완성했다. 성공의 기쁨에 빠져 있던 윌리
엄은 자신이 발명한 기계를 엘리자베스 여왕에게 선보였다.
그는 자동 편물기의 특허권을 요청했지만 여왕은 이 기계
를 사용하게 되면 일자리를 잃게 될 영국의 수많은 수공업자
를 보호하기 위해 특허를 거절했다.

국내에서 경제적인 지원을 받을 수 없자 윌리엄 리는 동
생과 유럽 대륙으로 진출했다. 그는 프랑스에서 앙리 4세의
지원을 받아 루앙에 공장을 지었다. 그러나 프랑스의 수공업
자들은 편물기가 자신들의 생업을 위협하자 그와 그의 기계
를 곱지 않은 시선으로 주시했다. 게다가 후원자인 앙리 4세
가 죽자 편물 공장은 도산할 위기에 놓였다. 1610년 재정적인
위기를 맞은 리는 안타깝게도 파리에서 죽음을 맞았다. 리가
죽은 뒤 그의 동생은 편물기를 다시 영국으로 들여왔다. 그런데 이
번에는 운명이 그의 편이 되어주었다. 영국의 상인들에게서 투자를
받아 세계 최초의 편물 공장을 세울 수 있었다. 이때부터 기계로 짠
양말, 장갑, 스웨터 등의 편물이 대량으로 생산되었다. 기계를 이용
한 생산은 마침내 유럽인에게서 인정받았고 이때부터 과학 기술의
연구가 활발하게 진행되었다.

땔감을 대체한 석탄 연료의 진화

중세 유럽인들은 석탄이 타면서 생기는 매케한 기체(유황)에 마귀와도 같은 지옥의 기운이 담겨 있다고 믿었다. 그래서 그들은 석탄을 질병, 죽음, 악마와 연관시켰다. 그러나 16세기에 이르러 이런 생각에 변화가 찾아왔다.

목재의 감소

인류에게 중요한 에너지 자원 중 하나인 석탄의 발견과 사용은 고대 로마 시기까지 거슬러 올라간다. 그러나 석탄이 연소되면서 생기는 연기의 주성분인 유황의 냄새 때문에 사람들은 석탄의 사용을 꺼렸다. 게다가 당시 더 깨끗하고 풍족한 에너지 자원인 목재가 있어서 석탄은 널리 사용되지 않았다. 그러다 13세기에 들어와 교회와 석탄 상인 사이에 석탄으로 얻는 이윤을 차지하려는 다툼이 치열하게 벌어졌다. 영국에서는 에드워드 1세 통치 시기에 대장간과 양조장 등에서 석탄을 연료로 대량으로 사용했는데 이에 대해 영국 백성의 원성이 컸다. 영국 의회에서는 석탄 사용을 중지할 것과 이를 어기는 사람에게 큰 벌을 내린다는 법령을 통과시켰다. 그러나 아무리 법이 엄하다고 해도 몰래 석탄을 사용하는 사람은 여전히 있었다. 이 기간에 강제적인 방법으로 석탄의 사용을 제한했지만 몇 년 후 석탄을 태우면서 생기는 매운 연기가 또다시 영국 하늘을 뒤덮었다. 흑사병이 유럽을 휩쓸고 간 이후 사람들은 더럽고 탁한 공기가 인체에 해가 된다고 여겼고, 석탄이 타면서 생기는 고약한 냄새에 지옥의 기운이 담겨 있다고 믿었다.

16세기에 접어들어 대토지와 탄광을 소유한 교회는 탄광을 임대해 그 관리와 경영을 외부인에게 맡겼다. 그런데 영국에서 처음으로 이런 상황에 변화가 생겼다. 헨리 8세가 이혼을 추진하는 과정에서 로마 교황청과 멀어지고 성공회로 분리해 나온 것이 그 배경이 되었다. 영국 성공회가 수도원의 재산을 몰수하자 교회가 소유했던 탄광은 왕실의 재산이 되었다. 그리고 신흥 상인과 귀족들이 왕실로부터 이 탄광을 사들였다. 당시 영국에서는 양모 공업이 빠르게 발전하고 있었고 수많은 지주가 자신의 땅에서 자라는 나무를 베어 양을 기르는 목장으로 바꿨다. 이렇게 베어낸 나무는 철을 제련하는 데 쓰일 숯이 되었고, 영국의 숲은 점점 황폐해졌다. 얼마 지나지 않아 영국인들은 숲을 파괴한 대가로 심각한 재앙을 겪었다. 런던은 도시가 성장하고 인구가 증가하자 근처 숲에서 벌목이 무분별하게 이루어져 숲이 점점 사라져갔다. 사람들은 땔감을 구하기 위해 어쩔 수 없이 더 먼 곳에서 목재를 운반해 와야 했고, 이는 목재 가격의 인상으로 이어졌다. 당시 영국의 각 가정은 땔감으로 음식의 조리와 난방을 해결했다. 그런 상황에서 목재 가격이 점점 오르자 가난한 사람들은 아무리 추워도 집에 난방을 할 수가 없었다. 일상생활에서 난방 비용이 큰 비중을 차지하다 보니 도시를 떠나 귀농하는 사람도 생겨났다. 적어도 농촌에서는 집안에 난방을 하고 빵을 굽는 데 필요한 땔감 걱정은 하지 않아도 되었기 때문이다.

연료의 변화

▼ 1788년 판화, 영국 웨일스 (Wales)의 탄광
그림에서 토머스 뉴커먼(Thomas Newcomen)이 발명한 증기 기관이 돌아가고 있다.

이런 상황에서 영국 의회는 벌목을 금지하는 법령을 공표해 목재의 벌목을 제한했다. 또 목재를 훔치는 사람을 엄벌에 처했고 나무

울타리를 훔쳐가는 사람은 채찍으로 때렸다. 그러나 나무가 성장하려면 오랜 시간이 필요한데 그동안 사람들은 어디에서 연료를 구한단 말인가? 이 문제는 일반 가정뿐만 아니라 제련소, 도자기 공장, 양조장, 염색 공장, 유리 공장 등 공장과 작업실에서 더욱 심각했다. 이때 노섬벌랜드(Northumberland)와 뉴캐슬(Newcastle)의 석탄은 가격이 저렴해서 목재의 대체 연료가 되었다. 비록 템스 강, 런던까지는 해운을 거쳐야 했지만 그 가격은 목재보다 2.5배 저렴했다. 그러다 보니 공장만이 아니라 일반 백성도 예전에는 쳐다보지 않던 석탄에 관심을 갖게 되었다. 석탄은 커다란 통이나 아궁이에 넣어서 쉽게 사용할 수 있었다. 16세기 중엽이 되자 이제는 석탄으로 난방을 하는 것이 일반화되어 집마다 석탄의 연기를 배출할 수 있도록 굴뚝을 설치했다. 사람들은 석탄을 사용할 준비를 이미 마쳤다.

영국은 석탄 매장량이 풍부했다. 엘리자베스 1세 시대에 왕실과 의회는 석탄을 연료로 사용하는 것을 장려했고 석탄 채취 기술에 관심을 기울였다. 이에 1570년대에 이르자 영국의 석탄 사용량은 급증했다. 영국인이 석탄을 받아들여 연료로 사용한 것은 비싼 목재를 대체하기 위해서였지만, 바로 이것이 증기를 이용한 산업혁명이 영국에서 시작될 수 있었던 배경이 되었다.

귀금속의 채취 제련 기술의 발달

식민지에서 대량의 금광, 은광을 발견하자 귀금속을 어떻게 과학적으로 채취할 것인지에 대해 관심이 집중됐다. 그 결과 16세기에 유럽인은 제련 분야에서 크나큰 발전을 거두었다.

황금에 대한 갈망

금속 제련 기술은 가장 처음에는 중국에서 장생불로를 연구하던 도사들의 연단술練丹術[38]에서 시작되었다. 대략 7세기경 중국의 연단술이 아랍 문명에 전해졌고 아랍인은 이를 고대 그리스 철학과 결합하여 아랍 연금술로 발전시켰다. 12세기에 아랍 연금술이 유럽으로 전해졌는데, 당시 유럽은 황금을 동경하기 시작했고 황금을 만들어내는 연금술에 뜻을 둔 사람들이 생겨났다. 1140년 로버트(Robert of Chester)가 아랍어로 된 《연금술의 내용(Liber de compositione alchimiae)》이라는 책을 라틴어로 번역했다. 연금술사들은 화학적인 방법을 이용해 기본 금속 몇 가지를 황금으로 바꾸고자 했다. 유럽 봉건 제왕과 교회는 연금술사가 궁궐이나 교회에서 모은 은, 동 등의 금속을 수은, 유황, 그리고 '현자의 돌(Philosopher's stone)'[39]과 배합해 용광로에 넣고 거기서 '인조 황금'을 만들어낼 수 있다고 믿었다. 영국 왕 헨리 6세는 연금술사 3천여 명을 고용해서 황금과 유사한 동을 만들고, 그것을 조폐창으로 보내 '금화'를 찍어 만들어 프랑스로 보냈다. 한편, 프랑스 국왕의 조폐창 역시 유사 '금화'를 만들어 이를 영국으로 실어 보냈다. 실제로 이 '금화'는 가격이 저렴한 합금에 지나지 않았다. 사람들이 황금을 차지하려는 욕심이 커지자 유럽에서 연금술은 수백 년이 넘게 성행했고, 심지어 뉴턴을 포함한 저명한

▼ 16세기 독일인 아그리콜라 (1494~1555)의 《금속학》에 삽화로 실린 광맥 탐사 장면

---

[38] 불로장생의 묘약인 금단을 조제하고 복용하는 고대 중국의 신선도술
[39] 중세의 연금술사들이 비금속을 황금으로 바꾸어준다고 믿었던 촉매

과학자들마저 한때 연금술을 시도한 적이 있었다.

중세를 통틀어 유럽의 연금술은 아랍인을 뛰어넘지 못했다. 하지만 장기간의 연구 과정에서 연금술사들은 제련에 도움이 되는 다양한 화학적 지식을 쌓을 수 있었다. 또 금속의 고유한 특성을 연구하고 물질의 변화를 연구하기 위해 승화기, 증류기 등 온갖 종류의 기구를 만들었다. 그들은 연마, 용해, 혼합, 용융, 승화 등 다양한 실험 방법도 정리하여 근대 화학의 기초를 마련했다. 15세기에 연금술에서 얻은 지식은 이후 다양한 영역에서 응용되었는데 특히 광석에서 금석을 골라내는 야금술이 크게 발달했다.

야금술의 발달

16세기 유럽인은 인쇄술의 등장으로 가장 새롭고 완전한 야금술을 배울 수 있었다. 야금술 등의 기술 서적은 당시 베스트셀러였다. 1510년 독일에서 출판된 《채광》,《시금試金》 등의 서적은 탄광 개발과 귀금속 가공에 관한 매우 실용적인 책이었다. 이런 기술은 훗날 두 권의 귀중한 서적으로 발전했는데 바로 이탈리아 기술자 반노초 비링구초(Vannoccio Biringuccio)의 《피로테크니아(Pirotechnia)》

◀ 연금술을 실험하는 마법사

(1540)과 독일 G. 아그리콜라(Georgius Agricola)의 《금속학(De Re Metallica)》이다.

이탈리아인인 비링구초는 청년 시절에 광물이 풍부한 독일에서 야금하는 공정을 견학했고 그 후 철광, 대장간, 병기창에서 일했다. 1513년에 그는 조폐창에서 동전의 제련 작업을 책임졌고 이후 베네치아와 피렌체 공국의 병기창에서 화포를 주조했다. 이러한 작업을 통해서 그는 야금술과 관련된 경험과 이론을 쌓았고 이것을 《피로테크니아》라는 책으로 정리했다. 이 책은 비링구초가 죽은 뒤인 1540년에 출판되었다. 《피로테크니아》에는 초창기 야금술과 무기화학에 관한 실용적인 자료가 담겨 있다. 전체 10권으로 나뉘어 있는 이 책은 금속 광맥의 감별, 시금술, 금은의 분리, 용광로와 금속을 제련하는 법, 그리고 화포와 흑색 화약의 제조 방법을 그림을 곁들여 설명했다.

독일인인 아그리콜라는 광물학의 대가이며 '광물학의 아버지'로 통한다. 어린 시절 라이프치히(Leipzig)에서 고전 언어를 공부했고 후에 이탈리아에서 의학을 공부했으나 귀국한 뒤 광물 연구에 관심을 갖게 되었다. 1530년에 그는 광산업이 발달한 켐니츠(Chemnitz)에서 연구하며 《금속학》을 집필했다. 그가 죽은 뒤 1556년에 《금속학》이 출판되었는데 이는 서양의 광물학을 처음으로 집대성한 책이다. 이 책에는 독일 남부의 탄광촌에서 사용한 각종 기술이 묘사되어 있다. 가축이나 물의 힘을 이용해서 진흙과 모래를 날리는 대형 기계, 무기산과 각종 시약을 준비하는 방법, 그리고 파쇄기, 세척기, 용광로, 금속 가공 공업 작업실, 수많은 보조 생산 과정 등을 상세하게 설명했다.

이상 두 권의 책은 유럽의 초기 야금술을 보여주는 귀중한 작품이다. 당시 이 책들은 유럽에서 가장 주목받는 읽을거리였고 유럽의 야금술에 깊은 영향을 남겼다.

바다로, 세계로 항해술의 발달

황금을 얻고자 하는 갈망은 유럽인들을 드넓은 바다로 나가 저 멀리 향료와 황금이 가득한 미지의 땅을 찾아 나서게 했다. 그러나 대서양을 건너기란 결코 쉬운 일이 아니었다. 16세기에 이르러 항해술이 점점 발달하면서 해외 진출에 필요한 조건이 조금씩 갖춰지기 시작했다.

원양 항해의 가능성

1410년 유럽에 르네상스의 영향으로 2세기 그리스의 지리학자 프톨레마이오스(Ptolemaeos, 약 90~168)의 지리학 서적인 《지리학 입문(Geographike Hyphegesis)》이 소개되었다. 당시 이 책은 아랍어에서 라틴어로 번역되어 출판되었다. 이 오래된 책은 당시로써는 세계 지리를 소개하는 안내서로 서유럽의 항해가들이 모두 이 책을 연구했다. 유럽인은 《지리학 입문》에서 지도 제작 방법을 배웠다. 동서남북의 방위, 경도와 위도 등의 개념은 이후 항해 지도를 제작하는 데 하나의 모범을 제시했고, 사람들은 2천 년 가까이 이 방법을 사용하고 있다. 지도 외에도 고대 그리스의 '지구는 둥글다'는 학설은 선원들이 바다 끝까지 항해하면 지옥으로 떨어진다는 걱정에서 벗어나게 했다. 이를 확실히 증명한 사람이 있었으니 그가 바로 마르코 폴로(Marco Polo, 1254~1324)이다. 그는 14세기 초 중국에서 17년간 생활한 뒤 엄청난 재산을 가지고 유럽으로 돌아왔다. 이탈리아의 학자들은 유럽에서 계속 서쪽으로 가면 동쪽 끝과 만날 것이라고 생각했다. 그러나 중세 사람들은 먼 바다로 항해하는 것을 여전히 두려워했다. 항해술이 아직 먼 바다까지 갈 정도로 발달하기 전, 누구도 세계 끝으로 가는 모험에 선뜻 나서지 못했고 유럽의 배들은 대서양 주변 연안을 벗어나지 못했다. 이 시기에 원양

▼ 프톨레마이오스
프톨레마이오스는 이집트 출신의 그리스 천문학자이자 지리학자이다.

항해에 필요한 항해 도구와 이론이 계속해서 쏟아져 나왔다. 나침판, 육분의[40], 해도, 그리고 별자리로 추산한 경도와 위도 등이 그 예이다. 한편, 유럽 연해 국가의 선박 톤수 역시 갈수록 커져서 1200년부터 1350년까지 보통 선박의 톤수가 2배에서 3배까지 커졌다. 15세기 각국의 해상 항해용 선박은 배수량이 15톤에서 100톤 사이로, 선체가 짧으면서 넓고 돛을 장착해 추진력을 높였다.

항해를 위한 준비

15세기 초, 모든 조건이 갖추어지자 포르투갈의 마누엘 1세(Manuel I, 재위기간 1495~1521)는 처음으로 국가 정책을 해외로의 확장으로 삼아 바닷길 개척에 나섰다. 포르투갈 엔리케(Henrique) 왕자는 세우타(Ceuta)[41]를 점령한 후에 원양 항해를 위한 준비에 박차를 가했다. 그는 사그레스(Sagres)에 항해 학교를 세우고 자국의 해양 전문가를 양성하기 위해 학생을 대대적으로 모집했다. 그리고 당시 가장 경험 많은 항해가와 유명한 지리학자, 천문학자, 수학자, 지도 제작자, 선박 제작자, 기기 제작자 등 전문가를 교수로 초빙했다. 그들은 항해 계획을 함께 연구하고 의논했고 지리, 기상, 바람, 해류, 선박 제조, 항해 등에 관한 각종 문헌 기록을 수집하고 이를 분석 정리했다. 이 학교에서 특히 지도 제작 기술이 큰 발전을 보였다. 지도 제작자들은 당시 가장 우수한 포르톨라노 해도(Portolan Chart)를 수정하고 보완했다. 이 밖에 엔리케 왕자는 조선소와 도크(dock), 그리고 항구, 부두 등의 토목 공사를 대대적으로 벌였다. 또 조선업이 발전할 수 있도록 다양한 혜택을 마련했다. 1440년 포르투갈인은 날렵하고 견고한 작은 범선인 카라벨 선(Caravel Ship)을 건조했다. 이렇게 돛대가 여러 개인 삼각 범선은 돛의 각도를 조정하기만 하면 선박이 역풍을 만나도 운항

▼ 《지리학 입문》에 등장하는 세계 지도
프톨레마이오스의 《지리학 입문》 초판에 나온 삽화로 경도와 위도가 표시되어 있고 지도 가장자리에는 사람의 얼굴로 바람을 표시했다.

40) 선박이 대양을 항해할 때 태양·달·별의 고도를 측정하여 현재 위치를 구하는 데 사용하는 기기
41) 북아프리카, 모로코령 내에 있는 에스파냐의 영토

할 수 있어서 그동안 바람의 방향에 의존했던 선박의 운항에 획기적인 변화를 가져왔다. 그리고 선체가 작고 입수 깊이가 얕으며 속도가 빨라져서 해안 가까운 곳에서 항해가 가능해졌고 원양 항해의 안전성이 높아져 대서양을 항해하기에 적합했다. 카라벨 선과 새로운 항해 도구인 나침반, 사분의[42], 횡표의[43] 등이 갖추어지자 유럽인이 꿈꿔 왔던 원양 항해가 점점 현실로 다가왔다. 포르투갈의 항해 학교에서 배출된 선원은 16세기에 대모험을 떠나는 유럽 각국이 앞 다투어 초빙하려는 인재였다.

원양 항해를 위한 만반의 준비를 마친 포르투갈은 지리상의 대발견이라는 물꼬를 터서 바다 건너 저 멀리에 있는 식민지로부터 막대한 이득을 얻었다. 그들은 한 손에는 총, 다른 한 손에는 성경을 들고 아프리카를 정복했고 여기서 막대한 부를 얻었다. 포르투갈과 이웃한 나라인 스페인 역시 바다 건너로 떠나는 모험에서 뒤처질 수 없었다. 그들은 선박의 구조와 항해술을 발전시켰고 선박에 돛을 여러 개 설치하여 더 큰 동력을 얻었으며 다양한 기후와 풍향에도 항해할 수 있었다. 16세기 중엽, 스페인의 선체는 더욱 유선형으로 바뀌어 외관상은 물론 기능상으로도 더욱 향상되었다. 이런 선박을 '스페인 대범선'이라고 불렀다. 그 후 프랑스와 영국은 포르투갈과 스페인이 이미 쌓아놓은 항해술의 기초를 토대로 더 나은 기술을 발전시켰다. 개량된 선박은 배수량이 500톤에서 1천 톤에 달하고 속도가 스페인의 횡범선보다 2배나 빨라서 해상 운송뿐만 아니라 전쟁에서도 쓸 수 있으며 하나의 배에서 이 두 가지 기능이 가능하도록 만들어졌다.

이런 조건이 형성된 뒤 유럽의 포르투갈, 스페인, 영국 등의 나라는 16세기 대항해 시대에 인류 탐험사에 중요한 획을 그었다.

---

42) 고도, 특히 해발 고도를 측량하는 기기
43) 간단한 별자리표로 위도를 측정

개량과 혁신 농업 기술

인류 역사에서 과학적인 개량과 혁신은 언제나 생산 분야, 특히 농업에서 발생했다. 국가는 농업이 발전해야만 국민을 배불리 먹이고 국가의 발전을 이룰 수 있다. 중세에 흑사병과 전쟁의 악몽을 겪은 유럽은 16세기 중엽에 이르러 드디어 자체적인 농업혁명이 일어났다.

영국의 농업혁명

15세기 말, 양모로 만든 방직물이 인기를 얻자 곡물 생산보다 경제적 이득이 큰 양모 생산을 위해 경지를 목장으로 전환하는 인클로저 운동(enclosure movement)이 유럽 전체로 퍼졌다. 인클로저라는 이름은 목장이 된 토지에 '울타리'를 쳐서 타인의 출입을 억제했기 때문에 붙여진 것이다. 인클로저 운동이 일어난 영국, 프랑스, 독일, 네덜란드, 덴마크 등의 나라들 중 영국에서 가장 활발하게 진행되었다. 그 결과 농민의 생활 터전이던 농토는 양들이 사는 푸른 목초지로 바뀌었고 그 땅에서 대대로 농사짓고 살던 농민은 고향을 떠나 타지를 유랑하는 신세가 되었다.

16세기에 경지의 감소로 곡식 생산이 줄어들자 영국 왕실은 곡식의 수출을 금지하고 무역을 제한하는 법을 공표했다. 영국 정부가 해결해야 할 중요한 과제는 수익이 많은 모직물 공업을 육성하는 동

▶ 1820년 전후의 영국 왓퍼드
(Watford) 카운티 감자 시장을
그린 수채화, 사무엘 T. 로시
(Samuel Towgood Roche) 작품

시에 국내에 식량을 안정적으로 공급하는 것이었다. 이것이 바로 다른 산업보다 농업 분야에서 먼저 혁명이 일어나게 된 배경이다. 16세기 중엽 영국은 물론 네덜란드와 프랑스 북부에서도 농업혁명이 일어났다. 다만, 이때의 혁명이란 농업 생산기술의 개량과 혁신을 말하는 것이지 농촌의 생산 관계에서 일어난 혁명을 가리키는 것이 아니다.

영국의 경우 1550년부터 경작 제도에 작물 윤작과 휴경제가 도입되었다. 사람들은 밭에 다른 농작물을 3~4년 동안 번갈아 가면서 경작했고, 그 후에는 지력을 회복하기 위해 농작물을 심지 않고 풀을 심어 가축의 사료로 썼다. 그리고 몇 년 후에 그 땅을 쟁기로 갈아서 다시 농사를 지었다. 농민은 땅을 나누어 농사와 목축을 병행했는데 시장의 수요에 따라 재배할 작물을 결정했다. 이 제도는 영국에서 시장의 수요에 따라 생산을 조절하는 체제로 변해가는 중요한 첫 걸음이었으며 가장 의미 있는 농업혁명이라고 할 수 있다. 농업혁명의 영향으로 노동력의 수요도 늘어났다. 이에 따라 인클로저 운동으로 말미암아 땅을 잃은 농민들이 받았던 생계의 위협을 크게 줄일 수 있었다. 경작 제도의 변화 외에 농기구에도 변화가 찾아왔다. 네덜란드인이 16세기에 말 두 필이 끄는 쟁기를 발명했는데 이 쟁기는 곧 영국으로 전래되었다. 영국인은 네덜란드인이 하듯 늪과 바닷가에 인접한 습지를 둘러싸고 불필요한 물을 배출해서 그곳을 경지로 만들었다. 또한 풀밭에 물을 대는 기술을 이용하여

▼ 영국 화가 존 컨스터블(John Constable)의 〈밀밭〉
화면 아래에 보이는 오솔길로 양떼가 지나가고 그 뒤로 양몰이 개가 따라간다.

풀의 생장을 도와 목축에 필요한 사료를 더 많이 생산할 수 있었다. 새롭고 다양한 비료와 클로버, 무 등의 새로운 작물이 널리 보급되어 영국의 농업혁명은 그 절정을 향해 달려갔다.

새로운 품종의 도입

16세기 유럽의 농업 기술 발달이 다른 시대와 구별되는 특징을 보이는 것은 지리상의 발견으로 신대륙 또는 아시아에서 건너온 새로운 경제 작물이 유럽에 전래되었기 때문이다. 스페인은 남아메리카 인디오로부터 감자를 들여왔다. 감자는 비나 서리를 맞아도 잘 자라고 환경에 잘 적응해 스페인 곳곳에서 재배되었고 얼마 지나지 않아 유럽 각지로 전해졌다. 옥수수 역시 처음에 스페인에서 유럽으로 전해졌다. 옥수수는 삶거나 굽거나 죽으로도 만들 수 있고 그 맛이 달콤해서 유럽인의 사랑을 받았다. 16세기 말에 이르러 옥수수는 유럽 서남부 지방의 대중적인 음식이 되었지만 기후의 영향으로 북유럽에서는 재배되지 않았다. 한편, 남부 유럽에서 쌀 재배가 성공했는데 특히 이탈리아에서 쌀을 두루 재배했다. 쿠바에서 들여온 담배는 스페인을 거쳐 유럽으로 전래되었다. 처음에는 1560년에 서유럽에서 약초로 재배되기 시작해서 나중에 이탈리아와 동부 유럽으로까지 전해졌다. 이후 담배를 피우는 습관이 유행하자 담배는 가장 수익성이 높은 경제 작물이 되었다.

정리하자면 16세기에 유럽에서 발생한 초기 농업혁명은 당시 사람들의 경제와 일상생활에 커다란 변화를 가져왔다. 특히 주목할 점은 이 농업혁명이 농업 생산력의 발전을 이끌었다는 것이다.

제 3 장

대양의 유혹

아메리카의 발견 아메리카 이름의 유래

크리스토퍼 콜럼버스(Christopher Columbus)가 15세기 말 신대륙을 발견했지만 이 신대륙은 그의 이름을 따르지 않았다. 이는 사람들이 그의 발견을 인정하지 않은 것이 아니라 그가 자신이 발견한 곳은 옛 '인도'이지 신대륙이 아니라고 거듭 강조했기 때문이다. 그래서 사람들은 신대륙을 발견했다고 처음으로 선포한 아메리고에게 그 영광을 부여했다.

아메리고와 신대륙

아메리고 베스푸치(Amerigo Vespucci, 1451~1512)는 이탈리아 사람으로 재정과 법률을 전문으로 하는 공증인의 집안에서 태어났다. 청년 시절 피렌체 메디치 가문의 은행에서 일했고 25세 때 프랑스에서 일했으며 후에 다시 세비야(Sevilla)의 상관商館[44]에 파견되었다. 당시 그는 선박과 항해 용품을 직접 취급했는데 항해가, 선원들과 사귀면서 해상 모험에 깊은 관심을 느끼고 항해에 대해 공부했다. 아메리고는 한때 콜럼버스의 초기 두 번의 탐험을 위해 선박을 준비했고 콜럼버스가 소개한 '서인도'에 호기심을 느꼈다. 1499년 5월, 아메리고는 스페인인으로 탐험대를 구성하고 경비를 모금해 탐험대와 함께 '서인도'를 향한 탐험에 나섰다. 그들은 남아메리카 대륙의 북쪽 해안에 도착하여 당시 사람들에게 알려지지 않았던 베네

▶ **16세기에 제작된 지도**
지도에서 남아메리카와 북아메리카 동해안의 윤곽이 선명하게 표시되어 있다.

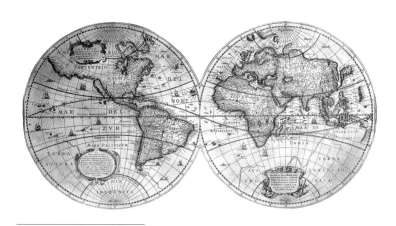

44) 규모가 큰 상업을 경영하는 상점, 특히 경영주가 외국인인 상점

수엘라(Vanezuela), 가이아나(Guyana), 수리남(Surinam) 등을 둘러보았다. 또 북위 12도 부근에 있는 여러 섬을 발견했다.

1500년 7월, 아메리고의 탐험대는 아마존 강의 하구를 발견하고 남동쪽으로 계속 전진해 토칸틴스(Tocantins) 강 하구를 발견한 뒤 다시 행군하여 산마르코스(San Marcos) 만에 도착했다. 그곳에서 탐험대는 역류를 만나 북서쪽으로 방향을 돌렸다. 이때 아메리고는 남아메리카 북동쪽 약 1,200킬로미터의 해안선을 발견했다. 이는 그가 이번 항해에서 이룬 가장 큰 공적이었다. 남아메리카 북부의 해안선이 남동쪽으로 길게 펼쳐진 것을 본 아메리고는 아마도 사람들에게 알려지지 않은 신대륙이 그 너머에 있을 것만 같았다. 이때 그의 추측은 그의 남은 인생을 바꿔놓았다.

▲ 아메리고 베스푸치
지도 제작자이며 한때 콜럼버스의 항해를 따라갔던 그는 훗날 탐험에서 남아메리카 해안이 인도가 아닌 신대륙임을 발견했다.

아메리카라는 명칭의 유래

아메리고는 당시 스페인이 이 신대륙의 탐험에 아무런 관심이 없음을 알았고, 자신의 계획을 지원해줄 곳은 포르투갈임을 알았다. 1501년 아메리고는 포르투갈 왕 마누엘 1세를 알현하고 페드로 알바레스 카브랄(Pedro Alvares Cabral, 1467/68~1520)이 발견한 것과는 다른 신대륙을 발견했다고 보고했다. 포르투갈 왕의 지원으로 같은 해 5월 그는 천문지리학자, 수학자, 지도 제작자의 신분으로 남아메리카 탐험대에 참가했다. 이 탐험대의 목적은 남아메리카를 계속 답사하고 탐험하는 것이었다.

아메리고의 인솔로 포르투갈 탐험대는 브라질의 대부분 지역을 탐사했고 포르투갈 왕은 기나긴 해안선을 가진 브라질을 얻었다. 1502년 9월, 탐험대가 리스본으로 돌아온 이듬해에 아메리고는 다시 몰루카 제도(Moluccas Is)[45]를 탐험하는 항해에 참가했다. 길고 지루한 항해를 하는 동안 무료함을 달래기 위해 아메리고는 이탈리아에 있는 친구들에게 편지를 썼다. 이 편지에서 그는 자신이 발견

---

45) 인도네시아 술라웨시 섬과 이리안자야 주 서쪽 끝 사이에 산재하는 제도

한 땅을 '신대륙'이라고 불렀고 그 땅에 대해 자세하게 설명했다. 아메리고의 친구는 그가 보낸 편지 중에서 두 통을 세상에 공개했다. 편지에 적힌 새롭고 신기한 사실은 사람들의 입소문을 타고 널리 알려졌고 아메리고는 곧 유명 인사가 되었다. 1507년, 독일의 지리학자 마르틴 발트제뮐러(Martin Waldseemüller)가 《세계지 입문》이라는 소책자를 발표했는데 이 책에 아메리고가 쓴 두 통의 편지가 첨부되었다. 그는 신대륙의 이름을 아메리고의 이름을 기념하여 아메리카라고 부를 것을 제안했다. 그로부터 몇 년 후 만들어진 수많은 지도에서 이 신대륙을 아메리카로 표시했다. 이때부터 상당히 오랫동안 남아메리카는 아메리카 대륙으로 불렸다.

북아메리카의 발견 이후 1538년, 유명한 지도학자 헤르하르뒤스 메르카토르(Gerardus Mercator)는 아메리카 대륙의 지도에서 남쪽 대륙을 '남아메리카'라고 표시하고, 북쪽 대륙은 '북아메리카'라고 표시했다. 1541년 메르카토르는 새로 출판된 지도에 아메리카라는 하나의 단어를 나눠서 북쪽 대륙에는 'Ame' 세 글자를 표시하고, 남쪽 대륙에 'rica'라는 나머지 글자를 표시했다. 이렇게 해서 16세기 후반부터 유럽에서 출판된 수많은 지도, 지구의, 지리서에서는 남북 아메리카를 통칭하여 아메리카라고 불렀다. 오늘날 영어에서 '아메리카(America)'라는 단어는 미국 혹은 아메리카 대륙을 가리키고, 'Americas'는 남북아메리카 대륙을 가리킨다.

포화 속의 캘리컷 잔인한 식민 정복자 포르투갈

신항로의 개척은 유럽인의 안목을 활짝 열어주었다. 특히 포르투갈의 탐험
가 바스코 다 가마가 개척한 인도 항로는 유럽인에게 엄청난 부를 가져다
주었는데, 이와 동시에 현지인들이 그동안 쌓아온 무역 질서를 깨뜨렸다.
그들은 잔인하고 비정한 수단으로 현지인을 짓밟았고 순식간에 인도양의
패주로 자리 잡았다.

카브랄의 분노

1498년 5월 하순, 바스코 다 가마(Vasco da Gama)는 유럽인의 꿈
을 실현하여 인도로 통하는 새로운 항로를 개척했다. 그가 도착한
캘리컷(Calicut) 왕국은 이제껏 한 번도 본 적이 없는 다양한 향신료
의 생산지였다. 그는 캘리컷의 왕 자모린(Zamorin)에게 향료 무역을
요구했고 왕은 그의 요구를 흔쾌히 받아들
였다. 그러나 다 가마는 그들과 향료 무역
을 한 뒤 세금을 납부하지 않은 채 포르투
갈로 돌아가 현지인의 불만을 샀다.

▼ 1498년 포르투갈 항해가 바스코
다 가마가 인도 캘리컷의 왕을
알현했다.

1500년, 또 다른 포르투갈 탐험가 알바
레스 카브랄이 6척의 선단을 이끌고 캘리
컷에 도착했다. 다 가마가 세금을 내지 않
고 돌아갔던 일 때문에 현지인들은 그들을
냉대했다. 이 상황을 해결하기 위해 카브
랄은 캘리컷 항구 밖에서 현지인과 적대적
관계인 지역의 상선을 포획해 배에 실려
있던 코끼리 다섯 마리와 다른 물품을 캘
리컷 왕에게 바쳤고 이로써 긴장 국면은
해소되었다. 캘리컷 당국은 그들이 성 안
에 상관을 설치하고 장사하는 것을 허락했
다. 이번 포르투갈인의 등장으로 현지에서
이미 오랫동안 장사를 해온 이슬람 상인들
은 막대한 손해를 입었다. 그들은 캘리컷
당국을 찾아가 포르투갈 상인들의 활동을

규제하지 않으면 다른 항구로 가서 무역하겠다고 위협했다. 이슬람 상인들이 떠나면 주요한 수입을 잃을 것을 염려한 캘리컷 당국은 포르투갈과의 교역을 거부하기 시작했다.

이에 카브랄은 무력을 사용해서 현지 이슬람 상인을 제압하기로 하고 이슬람의 상선 한 척을 약탈했다. 이 공격은 양측 사이의 무력 충돌로 이어졌다. 12월 16일, 이슬람 상인은 포르투갈 상선을 습격해 포르투갈인 53명을 살해했다. 분노한 카브랄은 캘리컷 항에 정박해 있던 이슬람 상선 10척을 공격해 화물을 몰수하고 500여 명의 무고한 선원과 승객을 잔인하게 살해한 뒤 배는 불태웠다. 카브랄은 여기에 그치지 않고 이슬람 상인이 자신들의 배를 공격하는 것을 묵인한 캘리컷에 보복했다. 그는 새벽부터 깊은 밤이 될 때까지 캘리컷 성에 포탄을 쏘았다. 이 일로 포르투갈을 향한 현지인과 이슬람인의 증오심은 더욱 깊어졌다. 그러나 캘리컷 성을 완전히 정복하기에 역부족이었던 카브랄은 탐험대를 이끌고 캘리컷에서 가까우면서도 향료가 풍부한 코친(Cochin) 왕국으로 이동해 그곳에서 무역했다.

잔인한 다 가마

1501년 7월 말, 카브랄은 대량의 향료를 싣고 리스본으로 돌아왔다. 캘리컷에서 일어난 일을 보고받은 포르투갈 왕은 캘리컷을 무력으로 위협하여 이슬람과 인도인의 적대적인 행동을 보복하기로 했다. 1502년 1월, 신항로를 개척한 다 가마가 이 임무를 맡아 더 큰 규모의 탐험대를 인솔해서 캘리컷으로 향했다. 이 항해는 지리상의 발견과는 아무런 관련이 없었고, 오직 자신들의 앞선 무기를 동원해서 향료가 풍부한 소국을 포르투갈의 식민지로 만드는 것이 그 목적이었다.

2월, 다 가마는 동아프리카의 킬와(Kilwa)[46]에서 통상을 의논하자며 자신의 배로 불러들인 술탄을 억류하고 포르투갈에 조공을 바칠 것을 요구했다. 술탄은 목숨을 보전하기 위해 이 요구를 받아들였고 이로써 동아프리카의 넓은 땅이 포르투갈의 식민지로 전락했다.

10월 말, 다 가마의 선단이 캘리컷에 도착했다. 이들은 성으로 들

---

46) 지금의 탄자니아 남부 항구

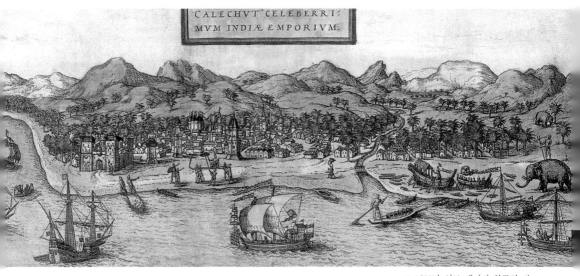

CALECHVT CELEBERRI
MVM INDIÆ EMPORIVM.

▲ 1572년 인도 캘리컷 항구의 정
경으로 당시 캘리컷에서 향료
무역을 하는 포르투갈 선단을
그린 것이다.

어가자마자 캘리컷의 왕에게 모든 이슬람인을 추방하도록 요구했
다. 캘리컷 왕이 이를 거절하자 다 가마는 즉시 무력을 동원했다. 그
는 어부 38명을 살해해 그 시체를 돛대에 매달았다. 그 후, 캘리컷
성으로 포탄이 비 오듯 쏟아졌다. 성 안은 곳곳에 시체가 쌓이고 부
상당한 사람들의 신음으로 가득 차 지옥과 다를 바가 없었다. 이튿
날 다 가마는 캘리컷 성을 향해 또다시 대포를 발사했다. 그는 배 몇
척만을 남겨두어 이 항구를 봉쇄하고, 나머지 선단을 이끌고 코친
왕국으로 남하했다. 리스본으로 돌아온 그는 포르투갈 왕으로부터
백작에 봉해졌다.

비정한 정복자들은 폭력과 온갖 악독한 방법을 동원하여 평화로
운 땅을 피로 물들였다. 그들은 무력으로 인도양 일대를 정복했고
잔인하고 야만적인 식민 정복의 역사를 전개했다.

지구는 둥글다 마젤란의 세계일주

바다는 탐험가의 도박장으로 끝없는 유혹으로 가득하다. 원양 탐험을 떠날
때마다 그것은 한 판의 도박과 같아서 성공하는 사람은 부와 명예를 거머
쥐지만 실패하는 사람은 자신의 주검을 깊은 바닷속에 묻거나 이국에서 객
사하게 된다. 마젤란은 지구가 둥글다는 주장을 증명하여 명성을 얻었으나
원주민을 토벌하는 과정에서 독화살에 맞아 목숨을 잃었다.

실망한 포르투갈 선원

콜럼버스가 스페인을 위해 신대륙을 발견하자 포르투갈 왕은 땅
을 치며 후회했다. 처음에 콜럼버스의 제안을 거절하지 않았다면 이
때 발견한 신대륙은 포르투갈이 차지했을 것이다. 그래서 또 다른
탐험가 마젤란이 세계일주 계획을 제시했을 때 그는 두 손 들고 환
영했다. 그러나 훗날 스페인과 향료 군도(Spice Islands)[47]를 두고 벌
인 전쟁에서 35만 두카트(ducat)의 금화라는 값비싼 대가를 치러야
했다.

▼ 마젤란
마젤란은 포르투갈의 유명한 항
해가이자 탐험가이며 포르투갈
(1505~1512)과 스페인(1519~
1521)을 위해 탐험대를 지휘했
다. 그는 스페인에서 출발해 남
아메리카를 돌아서 마젤란 해협
을 발견했다.

1480년 페르디난드 마젤란(Ferdinand Magellan)
은 포르투갈 북부 항구 도시 포르토(Porto)의 하급
귀족 집안에서 태어났다. 10세가 되던 해 그의 부친
은 그를 왕궁에 사환으로 보냈다. 어린 마젤란은 멀
리 해외로 탐험을 떠난 사람들이 부자가 되어 돌아
오는 것을 보고 자신도 탐험을 떠나고 싶다는 동경
을 품었다. 16세가 된 마젤란은 항해사무청으로 발
령을 받아 그곳에서 항해와 탐험에 관한 각종 지식
을 배울 수 있었다. 다 가마가 인도로 가는 신항로
를 개척한 이후 마젤란은 곧바로 '신대륙', 아시아,
아프리카로 가는 항해 지도와 자료를 수집했고 장
래에 세계일주를 위해 필요한 준비를 해나갔다. 나
이가 들고 항해에 관한 지식이 늘면서 그는 해외 탐
험을 떠나고 싶은 생각이 더욱 간절했다. 그는 원정

---

47) 몰루카 제도의 다른 이름

164

탐험대에 참가할 것을 요청했지만 번번이 이루어지지 않았다.

1505년, 마젤란이 오랫동안 기다려온 기회가 드디어 찾아왔다. 그해 포르투갈 정부는 인도에 초대 총독으로 프란시스코 데 알메이다(Francisco de Almeida)를 파견했다. 그는 선박 20여 척에 2천여 명의 인원으로 구성된 선단을 이끌고 식민지를 관리하기 위해 인도로 출발했다. 이때 마젤란은 선원의 신분으로 그의 첫 탐험을 시작했다. 1506년 3월부터 1510년까지 마젤란은 포르투갈의 인도 식민 정벌 과정에서 여러 전투에 참가했고 수차례 부상을 당했다. 이 과정에서 그는 용맹함과 리더십으로 선장의 자리에 올랐다. 그 후 그는 또 고아 전투와 말라카 전투 등에 참가했다. 그의 친구 프란시스코 세라요(Francisco Serrão)는 여러 전장을 종횡무진 하다가 몰루카 제도에 남았고 훗날 마젤란에게 중요한 정보를 제공했다.

8년간 전쟁터를 누빈 끝에 마젤란은 리스본으로 돌아왔다. 그러나 포르투갈 왕은 그에게 아무런 상금이나 작위도 주지 않았고 그의 생활은 예전과 다름없이 궁핍했다. 이때 그는 처음으로 세상의 무정함을 느꼈다.

세계일주 계획

실의에 빠져 있던 마젤란은 해외에서 전해오는 각종 탐험 소식에 주의를 기울였다. 그는 매일 새로운 소식을 얻기 위해 바쁘게 돌아다녔는데 이 소식들이 그에게는 삶을 버틸 수 있는 희망이 되었다. 그는 스페인 탐험가가 아메리카 대륙에서 처음으로 '남해'(South Sea)[48]를 발견했다는 소식을 들었다. 한편, 몰루카 제도에 남은 친구 세라요는 그와 깊은 우정을 나눈 사이여서 자주 그에게 편지를 보내왔다. 편지에서 그는 몰루카 제도에서 생산되는 각종 향료, 말라카 해협(Strait of Malacca)[49]을 통과하는 항로, 풍향, 운항 시간 등의 정보를 마젤란에게 알려주었다. 마젤란은 세라요의 편지에서 몰루카 제도의 동쪽이 망망대해라고 언급한 부분에 주목했다. 그리고 이 바다가 콜럼버스의 신대륙과 관련이 있으리라고 생각했다. 몰루카 제도 동쪽에서 멀지 않은 바다의 맞은편이 어쩌면 콜럼버스의 신대륙

---

48) 1513년 스페인 탐험가 발보아(Vasco Núñez de Balboa)가 파나마 지협을 통해서 중앙아메리카를 횡단할 때 이 바다를 발견하고 붙인 이름으로 현재의 '태평양'이라는 이름은 마젤란이 붙인 것이다.
49) 동남아시아 말레이 반도 남부 서해안과 수마트라 섬의 동해안 사이에 있는 해협

▲ 15세기 유화, 〈토르데시야스 조약〉

1494년 로마 교황 알렉산더 6세의 중재로 스페인과 포르투갈이 서경 46도 36분을 기준으로 식민지를 양분하는 조약을 체결하는 장면을 그린 것이다.

이 아닐까? 당시에 수로를 통해서 아메리카 대륙을 거쳐 곧바로 아시아로 가는 방법을 제시한 학자가 있었다. 이를 바탕으로 마젤란은 바다와 바다 사이에는 서로 연결된 통로가 있고 아메리카 대륙 남쪽으로 남해로 통하는 해협이 존재하리라 믿었다. 이때부터 그는 원항 탐험 계획을 구상하기 시작했다.

마젤란은 지구는 둥글다는 주장을 굳게 믿었다. 그의 원항 계획은 아메리카 대륙을 남으로 돌아서 남해와 대서양을 잇는 해협을 찾는 것이었다. 그는 지리학자 루이 파레이로(Rui Faleiro)와 함께 세라요가 알려준 정보를 근거로 항로를 예측했다. 그런데 남해의 폭을 단지 지중해의 길이보다 조금 넓게 잡을 정도로 과소평가했다. 그러나 오히려 이때의 실수 덕분에 그는 세계 항해사에서 가장 힘든 항해에 뛰어들게 되었고 후세에 그의 이름을 남겼다고 할 수 있다.[50] 마젤란은 세계일주를 이미 성공한 듯 자신만만해서 세라요에게 이렇게

---

50) 만약 그가 남해의 폭을 정확히 알았다면 아마 포기했을지도 모른다.

편지를 썼다. "곧 있으면 우리가 다시 만나게 될 걸세." 마젤란은 우선 포르투갈 왕 마누엘 1세에게 자신의 계획을 설명했다. 마누엘 1세는 당시 점령한 식민지의 개발과 약탈에 바빠서 신항로의 개척에 관심을 기울일 여력이 없었다. 더욱이 포르투갈과 스페인은 이미 1494년 토르데시야스 조약(Treaty of Tordesillas)을 맺어 새로

▲ 1520년 10월, 마젤란의 선단은 비르헤네스 곶을 통과하여 태평양의 해협 입구에 도착했다. 훗날 '마젤란 해협'이라고 불린 이곳은 남아메리카 대륙과 푸에고 제도 사이에 있으며 길이가 약 600킬로미터이고 폭은 좁게는 3.3킬로미터에서 넓게는 32킬로미터에 달한다.

발견된 땅은 서경 46도 36분을 기준으로 동쪽은 스페인이, 서쪽은 포르투갈이 차지하기로 한 바 있다. 따라서 포르투갈이 서쪽으로 나아간다면 스페인의 세력권을 침범하는 것이어서 두 나라 사이에 충돌이 일어날 것은 불을 보듯 훤했다. 이러한 이유로 포르투갈 왕에게 거절을 당한 마젤란은 실망을 뒤로하고 스페인으로 가서 도움을 구했다.

1519년 3월 18일, 스페인 왕 카를로스 1세가 마젤란을 접견했다. 마젤란은 그에게 예상 항로가 그려진 지구의를 바쳤다. 포르투갈이 찾아낸 향료 군도는 본래 서쪽에 있는 스페인과는 지구 반대편에 있어서 스페인으로서는 서항로를 통과해야만 향료 군도를 찾을 수 있었다. 카를로스 1세는 서쪽에서 출발하여 동쪽에 있는 향료 군도를 잇는 항로를 개척하도록 마젤란의 항해를 지원하기로 했다. 이 항로가 이전의 어떤 항로보다 길었기 때문에 많은 사람이 이 항해에 회의적이었고 심지어 마젤란의 선단을 '물 위를 떠다니는 관'이라고 불렀다. 출항하기 이틀 전에 마젤란은 자신의 유서를 썼다. 여기에서 그는 항해 중에 만나게 될 온갖 문제에 대해 이미 마음의 준비를 했으며 목숨까지 바칠 각오가 되어 있다고 밝혔다.

세계일주

1519년 9월 20일, 마젤란의 원정단은 마침내 산루카르(Sanlúcar) 항을 출발했다. 맨 앞에서 '트리니다드(Trinidad)'라는 기를 단 배가 선단을 인도했는데 배 꼬리에 밤새도록 횃불을 밝혀서 다른 배들이 그 뒤를 따르게 했다. 1520년 3월 말, 그들은 지금의 아르헨티나 산 홀리안(San Julian) 항에 도착했다.

10월 21일, 마젤란의 선단은 남위 52도에서 마침내 서쪽으로 열린 넓은 해협의 입구를 발견했다. 그날 밤 폭풍이 몰아쳐서 원정단의 선단은 구불구불한 해협에서 항로를 찾아 헤맸다. 이런 급박한 상황에서 그들은 좁은 해협을 하나 발견했는데 이 해협이 바로 훗날 유명해진 마젤란 해협(the Strait of Magellan)[51]이다. 이 해협은 길고 구불구불하게 펼쳐지며 그 폭이 일정하지 않아 갑자기 좁아지다가 다시 넓어지기를 반복했고 사방에 수많은 작은 섬과 암초가 가득했다. 무사히 해협을 빠져나온 마젤란의 선단은 여러 날을 남쪽으로 항해한 끝에 두 개의 수로를 발견했다. 마젤란은 산안토니오(San Antonio) 호와 콘셉시온(Concepción) 호를 남동쪽으로 보내고 작은 배 한 척을 남서쪽으로 보냈다. 사흘 후 작은 배가 돌아오자 그들은 남서쪽에 곶과 바다가 펼쳐져 있음을 알게 되었다. 대서양과 남해를 연결하는 해협을 찾아낸 마젤란은 감격에 겨워 뜨거운 눈물을 흘렸고 이 곳을 비르헤네스 곶(Cape Virgenes)이라고 불렀다. 1520년 11월 28일, 마젤란의 선단이 해협 서쪽 통로를 빠져나오자 드넓은 남해가 눈앞에 펼쳐졌고 선원들은 기쁨에 겨워 함성을 질렀다. 유럽인들이 20여 년에 걸쳐 찾아 나선 그 바닷길을 마침내 발견한 것이다. 마젤란은 전체 약 600킬로미터 길이의 해협을 성인 해협(All Saints' Channel)이라고 불렀는데 후인들이 그의 공로를 기념하기 위해 '마젤란 해협'이라고 불렀다.

1520년 11월 28일부터 1521년 3월 초까지 마젤란의 선단이 광활한 남해를 항해하는 동안 폭풍이나 거센 풍랑을 단 한 번도 만나지 않고 순탄한 항해를 이어갔다. 이에 마젤란은 넓고 잔잔한 이 남해를 '태평양(el Pacifico)'이라고 불렀다. 그러나 그들은 태평양이 얼마나 광활한지 전혀 예상치 못했다. 꼬박 3개월 동안 해안선을 보지

---

51) 남아메리카 남단과 푸에고 제도 사이, 태평양과 대서양을 잇는 해협

못한 채 바다 위에 떠 있다 보니 음식과 깨끗한 물이 동이 났고 신선한 채소를 먹는다는 것은 감히 생각도 하지 못했다. 당시 선원 대부분이 패혈증에 걸려 잇몸이 부어올랐다. 3월 말에 이르러 마젤란의 선단은 필리핀 제도 동부에 도착했다. 그곳에서 그들은 천주교를 전했고 또한 무력으로 원주민을 제압했다. 그 후 마젤란은 펠리페 2세의 이름으로 이 섬의 이름을

▲ 마젤란의 죽음

1521년 4월, 막탄(Mactan) 섬에서 벌어진 토착 원주민과의 전투에서 마젤란은 중상을 입었다. 그림은 마젤란의 임종 전 상황을 그린 것이다.

정했는데 오늘날 '필리핀'의 이름이 여기에서 유래한 것이다. 마젤란은 토착 원주민을 정복하기 위한 전투에서 독화살을 맞아 결국 세상을 떠났다. 이와 같은 허망한 죽음은 그의 위대한 발견과 뚜렷한 대비를 이룬다.

1521년 11월 8일, 단 2척의 배만 남은 스페인 원정단은 마침내 꿈에 그리던 몰루카 제도에 도착했다. 이들이 회항할 때는 단 한 척 남은 빅토리아 호를 타고 인도양을 출발해서 아프리카 해안을 거쳐 희망봉 북쪽으로 항해해 이듬해 9월 6일 스페인에 도착했다. 원정단은 처음에는 함선 5척, 선원 260명으로 출발했지만 3년 후 함선 1척, 선원 18명만이 돌아왔다. 인류 역사상 가장 어렵고 위대한 항해를 떠났던 마젤란은 비록 전체 항해를 완성하지는 못했지만 온갖 악조건을 뚫고 지구를 반 바퀴 돈 그의 공로는 길이 기억될 것이다. 그의 탐험은 지구가 둥글다는 사실을 만천하에 증명했다.

아스텍 문명의 파괴 코르테스의 약탈

남아메리카의 인디오 부족은 한때 찬란한 아스텍 문명(Aztecan civilization)을 꽃피우며 야만적이지만 자유로운 삶을 살았다. 그러나 15세기 말부터 그들의 평화로운 삶이 깨졌다. 유럽인은 끊임없이 그들을 축출했고 아스텍 문명은 결국 스페인 식민 통치에 의해 파괴되었다.

황금의 나라를 찾아 나선 코르테스

콜럼버스가 신대륙을 발견하고 돌아오자 스페인 왕 페르디난트는 새로운 법령을 반포했다. 개인이든 기업이든 일정한 세금만 내면 신대륙으로 가서 부자가 될 수 있다는 것이었다. 1511년 스페인령 쿠바 총독인 디에고 벨라스케스(Diego Velázquez)는 탐험 선단을 조직해 쿠바에서 멀지 않은 멕시코를 정복할 계획을 세웠다. 그는 귀족 청년 에르난 코르테스(Hernan Cortes)를 탐험대 대장으로 임명했다. 영리하고 언변이 좋은 코르테스는 1504년부터 스페인 식민 정벌에 참가했고 쿠바 원정에서 뛰어난 활약을 한 바 있었다. 코르테스는 전부터 멕시코에 황금의 나라가 있다는 이야기를 들은 터라 이번 탐험에서 돌아오면 엄청난 부자가 될 것이라는 기대에 한껏 부풀었다. 그는 총독을 따돌리고 직접 신대륙으로 가서 황금의 나라를 찾을 계획을 은밀하게 세웠다. 코르테스는 가지고 있던 재산을 담보로 돈을 빌려서 사병 500여 명을 모집하고 대포를 장만했다. 그리고 인디오들이 가축을 본 적이 없다는 이야기에 특별히 말 13필을 준비했다. 코르테스가 개인적으로 탐험을 준비한다는 소식을 들은 총독 벨라스케스는 화가 머리끝까지 나서 그의 탐험대장 임명을 취소했다. 코르테스는 총독의 태도에 조금도 놀라지 않고 탐험대에 출항을 준비하도록 명령해 다음날 바다로 나섰다. 출항 전 총독에게 편지를 보내 그는 자신을 '영원히 총독에게 복종하는 노복'이라고 칭했다.

독실한 천주교 신자였던 코르테스는 식민지의 원주민에게 천주교를 전하겠다고 다짐했다. 1519년 초, 코르테스는 탐험대를 이끌고 멕시코 남부 유카탄 반도(Yucatan Peninsula)[52]로 향했다. 코수멜

---

52) 전해오는 이야기에서의 '황금의 나라'

(Cozumel) 섬을 지날 때 그곳에 원주민이 세운 사당을 본 코르테스는 선교를 해야겠다는 생각에서 선원들에게 사당에 놓인 신상을 없애고 대신 천주교의 제단을 세우게 했다. 이 일로 그들은 현지의 원주민과 첫 전투를 치렀다. 갑옷과 화력으로 무장한 코르테스 부대는 원주민의 공격을 쉽게 물리쳤고 스페인 왕의 이름으로 그곳을 점령했다. 현지의 추장은 음식과 젊은 여인 20명을 스페인 정복자들에게 선물로 바쳤다. 코르테스는 즉시 이 여인들에게 세례를 주어 천주교도로 개종시켰다. 그중에 추장의 딸도 있었는데, 후에 그

녀는 코르테스의 아내가 되어 그가 아스텍인과 전투를 벌일 때 매우 큰 도움을 주었다.

그 후 코르테스의 부대는 황금의 나라를 향해 탐험을 계속했다. 영리했던 코르테스는 자신의 부대만으로는 인디오 부락을 모두 정복할 수 없다는 것을 알았다. 강대한 아스텍왕국을 상대하려면 반드시 지략을 써야 했다. 그래서 그는 매수, 위협 등의 방법을 동원해 아스텍의 지배를 받는 부락의 추장들을 자기편으로 끌어들였다. 이 추장들은 스페인 부대에 수천 명의 병사와 일꾼을 제공했다. 이렇게 해서 코르테스의 병력은 더욱 강해졌다. 한편, 아스텍인은 자신들과 피부색이 다른 사람들과는 이때껏 전투를 해본 적이 없었기에 코르테스의 부대가 접근하자 이들을 하늘에서 온 신의 사자使者로 착각하고 환대했다.

아스텍 문명의 파괴

이방인의 침략을 받은 아스텍인들은 용맹하게 맞서 싸웠다. 그러

나 그들이 가진 무기는 활과 화살, 창, 방패가 전부여서 코르테스 부대의 화력 무기를 당해낼 수가 없었다. 게다가 아스텍인은 말을 매우 무서워해서 말을 보기만 해도 요괴가 나타났다고 생각해 혼비백산해서 달아났다. 아스텍 부족 최고의 추장은 코르테스에게 황금과 보석을 바치며 공격을 멈춰달라고 사정했다. 그러나 이런 행동은 오히려 이방인들의 욕심을 자극해 결국 아스텍의 수도인 테노치티틀란(Tenochtitlán) 성을 빼앗기고 말았다.

스페인 정복자들은 마침내 '황금의 나라'를 직접 보게 되었지만 그동안 들었던 것과는 사뭇 달랐다. 전설에서는 곳곳이 황금과 보석으로 장식되었다고 했지만 실제로는 발달한 농업, 조밀한 인구, 거대하고 화려한 건축물이 그들의 눈앞에 펼쳐졌다. 코르테스는 훗날 친구에게 이때의 일을 회상하며 이렇게 말했다. "우리는 너무 놀란 나머지 아무 말도 하지 못했다. 심지어 우리의 눈을 의심할 정도였다. 멕시코의 거대하고 웅장한 성이 바로 눈앞에서 우뚝 서 있는데 우리가 가진 병사는 고작 400명에 불과했다." 아스텍의 추장 몬테수마(Montezuma II)가 직접 성문 밖으로 그들을 영접하러 나와 안내했다. 코르테스 일행이 성 안으로 들어가자 뒤따라오던 아스텍의 군대

▶ 학살당하는 아스텍인
상황이 자신들에게 유리하게 바뀌자 코르테스가 이끄는 스페인 부대는 갑옷과 화약 무기를 동원해 아스텍인을 무자비하게 학살했다.

가 이들을 에워쌌다. 자신들이 포위된 사실을 알아챈 코르테스는 재빨리 추장 몬테수마를 인질로 잡아 위험에서 빠져나왔다. 그들은 몬테수마를 위협하는 한편 순순히 항복하도록 회유했다. 몬테수마는 처음에는 완강히 버텼지만 곧 그들의 요구를 들어주었다. 그가 스페인 부대와 치른 전투에 참가했던 아스텍 용사를 내주자 스페인인들은 그들을 산 채로 불에 태워 죽였다.

그 후 더욱 대담해진 코르테스는 몬테수마를 위협해 스페인 왕에게 충성을 맹세하고 황금을 조공으로 바치게 했다. 그런데 아스텍 원주민이 보유한 재물은 도

▲ 1558년의 지도. 스페인 초기의 대외 정복 활동이 표시되어 있다.

저히 믿기 어려울 정도로 많았다. 몬테수마의 창고에 쌓인 보물을 세는 데만 해도 꼬박 사흘이 걸렸다. 그들은 아스텍 문명의 아름다운 황금 공예품을 녹여서 황금 기와로 만들어 3층으로 쌓았다. 이렇게 엄청난 보물을 어떻게 분배할지를 두고 내분이 생겼을 때, 쿠바 총독이 코르테스를 소탕하기 위해 보낸 관병이 이미 멕시코에 도착했다는 소식이 전해졌다. 다급해진 코르테스는 황금으로 이 관병을

15세기에 유럽의 침략자가 발을 들이기 전까지 약 1,400만에서 4,000만 명의 인디오가 살았고 여러 부락과 왕국의 형식으로 아메리카 대륙 각지에 분포했다. 아메리카 인디오 중에서 가장 많은 인구를 차지했던 아스텍은 찬란한 아스텍 문명을 발전시켜왔다. 1325년 아스텍인은 텍스코코(Texcoco) 호수에 있는 작은 섬에 수도 테노치티틀란 성을 건설했는데 이곳이 오늘날의 멕시코시티이다. 그들은 무예를 숭상했고 부지런하고 용맹한 전사로 이름을 떨쳤다. 15세기 말 그 세력은 이미 멕시코의 중부 지역을 장악할 정도로 강성해서 '아스텍왕국'이라고 불렸다. 아스텍 사람들은 전쟁의 신, 태양신, 비 신 등 여러 신을 섬겼고 태양신에게 사람의 심장이나 피를 제물로 바쳤다. 유럽인이 이곳에 발을 들인 이후 아스텍 문명이 기독교 문명으로 대체되면서 사람을 제물로 바치는 미개한 풍습은 사라졌다.

매수하는 방법을 생각해냈다. 그리고 관병의 대장을 포로로 잡고 나머지 병사 전부를 매수해서 자신의 부대원으로 만들었다. 이때 관병 중에 한 사람이 천연두에 걸렸고 그 후 온 성에 천연두가 퍼졌다. 시간이 지날수록 천연두에 걸려 죽는 사람이 계속 늘어났다.

스페인 정복자들보다 인원도 많고 세력도 컸던 아스텍인들은 다 같이 일어나서 그들에게 대항하기 시작했다. 이들은 스페인인들을 성 안으로 몰아넣고 양식의 공급을 끊었다. 코르테스는 아스텍인들에게 화해를 제안했지만 보기 좋게 거절당했다. 1520년 7월, 코르테스는 밤을 틈타 보물을 챙겨서 테노치티틀란 성에서 철수했다. 이들의 철수를 알아차린 아스텍인들은 바로 추격에 나서서 강을 잇는 다리를 끊었다. 이에 다리를 건너던 사람들은 강물에 빠져 죽고, 미처 다리에 오르지 못한 사람들은 맞아 죽었다. 황금을 많이 가진 사람일수록 걸음이 빠르지 못해서 아스텍인에게 붙잡혀 죽음을 당했다. 바로 이때, 아스텍과 적대적 관계에 있던 주변의 인디오 부락들은 이후 아스텍이 보복할 것을 두려워하여 코르테스를 도왔다.

덕분에 코르테스는 전투에 필요한 모든 준비를 마치고 인디오 동맹군과 함께 멕시코 성을 공략할 묘안을 궁리했다. 그는 성 전체를 겹겹이 에워싸서 양식과 물의 공급을 끊었다. 이에 아스텍인들은 굶주림과 갈증을 견디며 3개월을 버텼고, 성 밖으로 빠져나가려고 여러 차례 시도했지만 번번이 실패했다. 1521년 8월, 멕시코 성 안에 있던 대부분 사람이 죽었으리라 짐작한 코르테스는 성문을 부수고 안으로 들어갔다. 이때의 멕시코 성은 마치 죽음의 성을 보는 듯했다. 이후 스페인 정복자는 평화롭던 이 땅을 악랄하게 약탈했고 모두 엄청난 재물을 얻어 금의환향했다. 1524년 코르테스는 스페인의 선교사를 이곳으로 데리고 돌아왔고, 이로써 이 땅은 천주교를 신봉하는 스페인의 식민지가 되었고 한때 찬란한 빛을 발하던 아스텍 문명은 철저히 파괴되었다.

황금이 불러들인 재앙 잉카제국을 멸망시킨 피사로

잉카 문명은 아메리카 대륙에서 발생한 3대 문명의 하나로 황금의 왕국으로 알려졌다. 코르테스의 뒤를 이어 황금과 보석에 눈이 먼 스페인 정복자들은 또다시 이곳에 발을 내디뎠다. 그들의 탐욕과 사악함은 찬란하게 빛나던 잉카 문명을 무참하게 짓밟았다.

비정한 피사로

스페인의 탐험가 프란시스코 피사로(Francisco Pizarro, 1471~1541)는 스페인령 파나마에 있을 때 코르테스가 남아메리카에서 멕시코를 정복해 엄청난 부자가 되었다는 소식을 들었다. 이때 피사로는 황금의 땅이 자신에게도 손짓하는 듯했다. 1522년 남아메리카 태평양 연안을 탐험했던 파스쿠알 데 안다고야(Pascual de Andagoya)가 파나마로 와서 황금의 왕국 미루[53]에 대한 정보를 피사로에게 들려주었다. 이 왕국을 발견하고 점령한다면 거부가 될 것이 확실했다. 피사로는 탐험대를 조직하기 위해 돈 많은 신부와 관리들에게서 자금을 모금하는 한편 오늘날의 주식회사와 비슷한 성격의 동맹회를 조직했다. 총독 페드로 아리아스 데 아빌라(Pedro Arias de Avila)도 이 동맹회의 주주였다. 이렇게 해서 피사로는 탐험을 떠날 자금을 마련했다.

군대를 모집하고 짐을 옮길 말을 구입한 뒤 1526년 11월 피사로의 탐험대는 파나마를 떠나 미루를 향해 남하했다. 출발한 지 얼마 지나지 않아 적도를 지나자 멀리 침보라소(Chimborazo) 산의 눈 덮인 봉우리가 눈에 들어왔다. 바로 이때 인디오들이 탄 뗏목 한 척이 다가왔다. 그들은 이 인디오들을 포로로 잡았고, 이들에게서 남쪽으로 가면 부유한 잉카제국이 정말로 존재한다는 사실을 확인했다. 탐험하는 내내 피사로는 잉카인의 공예품을 수집해 파나마로

▼ 잉카 왕을 처형하는 피사로

---

53) 지금의 페루

돌아갔다. 총독은 탐험대의 목격담을 듣고 이 탐험이 성공할 것이라고 확신했다.

스페인 왕 카를로스 1세도 피사로의 탐험에 주목했다. 1529년 7월 26일 카를로스 1세는 피사로를 '미루 원정군 사령관'으로 임명하고 행정, 군사, 사법을 총괄하는 강력한 권한을 부여했다. 이로써 피사로는 미루를 정복하는 데 필요한 모든 조건을 갖추었다.

몰락하는 황금의 왕국

1531년 피사로는 함선 3척으로 구성된 탐험대를 이끌고 파나마에서 출발했다. 적도 부근에서 육지에 올라 육로로 남진했다. 같은 해 봄, 과야킬(Guayaquil) 만에 도착한 그들은 북쪽에 있는 푸나(Puna) 섬에 상륙했다. 탐험대는 이 섬을 점령하려고 했으나 현지 인디오들의 강한 저항에 부딪혔다. 이 무렵 피사로는 잉카제국에서 왕위 다툼으로 내분이 일어났다는 매우 중요한 정보를 얻었다. 피사로 일행은 이 내분을 이용해 잉카제국을 손쉽게 정복할 수 있을 것이라고 생각했다.

1532년 9월, 피사로의 탐험대는 아무런 어려움 없이 카하마르카(Cajamarca) 성으로 진격했다. 잉카제국은 뜻밖에도 유럽에서 온 이방인들을 전혀 경계하지 않았다. 잉카제국의 황제 아타왈파(Atahualpa)는 피사로 일행을 내쫓기는커녕 오히려 그들을 환영했다. 11월 중순 피사로 일행은 카하마르카 성 안으로 들어갔다. 당시 잉카제국의 군대는 성에서 3km 떨어진 거리에 주둔하던 군사 5,000명 외에 각지에 흩어져 있는 군사까지 총 1만 3,000여 명의 병력을 보유하고 있었다. 원주민과 비교해 병력이 지극히 적은 피사로는 계책을 생각해냈다. 그는 황제 아타왈파에게 사람을 보내 다음날 카하마르카 광장에서 회담하자고 제안했다. 그리고 그날 밤 잉카인의 진영을 감시하고 스페인 병사와 기병을 세 군데에 나누어 매복시켰다. 다음날 아타왈파는 아무런 무장도 하지 않은 귀족과 하인만 대동하고 광장에 도착했다. 바로 이때, 매복했던 병사들이 재빠르게 잉카의 황제를 사로잡았다. 이곳에 주둔하고 있던 잉카의 병사들은 자신들의 황제가 포로로 잡힌 것을 보자 싸울 생각도 하지 않고 진영을 빠져나가 북부에 있는 키토 성으로 달아났다.

잉카의 황제는 자신의 목숨을 살려주는 대가로 피사로에게 방 하

THE INCA ATAHUALPA BEFORE PIZARRO.

나를 가득 채울 만큼의 황금을 주겠다고 제안했다. 1533년 아타왈파는 각지로 사람을 보내 황금을 수집했지만 처음 약속했던 것처럼 방 하나를 가득 채울 정도의 황금을 모으지 못했다. 그러자 피사로는 더 이상 기다리지 못하고 아타왈파를 처형했다. 그 후 아타왈파의 아들이 잉카의 황제 자리에 올랐지만, 그는 단지 스페인의 꼭두각시에 불과했다.

거부가 되어 돌아온 피사로는 곧바로 스페인 왕을 찾아가 자신이 얻은 재물의 5분의 1을 바쳤다. 그 후로 황금을 차지하려는 모험가들이 줄을 이어 남아프리카 대륙으로 향했다.

치고 빠지기 대서양의 해적

신대륙 발견 이후 페루와 멕시코에서 빼앗은 대량의 황금과 은이 배마다 가득 실려 스페인으로 옮겨졌다. 스페인이 한순간에 부강해지자 영국, 프랑스, 네덜란드 등 강국들의 불만이 높아졌다. 이후 각국은 국가의 이익을 위해 해적을 동원해서 스페인과 드러나지 않은 전쟁을 감행했다.

국가의 비호를 받은 해적

스페인은 남아메리카에서 금광을 개발하여 한순간에 유럽에서 가장 부유하고 강한 나라가 되었다. 이런 스페인의 독주에 유럽 각국은 분개했다. 16세기 중엽, 영국 엘리자베스 여왕과 프랑스 프랑수아 1세는 포르투갈과 스페인에 특혜를 준 교황의 법령을 공개적으로 비판했다. 지금도 그렇지만 당시에도 교황의 법령은 쉽게 바꿀 수 없었다. 이때 영국, 프랑스, 네덜란드 등의 나라는 빠른 속도로 세력을 키워가는 스페인을 제압할 방법을 모색했다. 그 방법이란 바로 해적을 지원해 대서양에서 스페인 선박의 화물을 약탈하는 것이었다. 당시 교황의 법령으로도 해적을 막을 수는 없었다.

해적은 훨씬 이전부터 존재했다. 항해 경험이 풍부한 해적 선장들은 교활하고 대담한 방법으로 선박을 약탈했다. 규모가 큰 해적단은 여러 척이 무리 지어 다니며 바다를 장악했다. '검은 수염'이라는 별명의 모건 선장은 해적선 10척과 해적 약 700명을 지휘해서 한 달 만에 스페인의 주요 식민지인 쿠바와 중무장한 군대가 지키는 파나마를 점거했다. 이에 파나마 총독은 은화 1만 파운드를 내주는 조건으로 자신의 성을 되찾았다.

해적은 특정 국가에 소속되지 않았기 때문에 어떤 국가든 해적을 이용해서 자신들의 계책을 실행할 수 있는 데다 스페인이나 포르투갈과 정면 충돌하는 것을 피할 수 있었다. 영국, 프랑스, 네덜란드 등 서유럽 강국은 마치 약속이나 한 듯이 해적 사업을 국가 정책으로 삼았다. 그들은 해적에게 대포, 화총 등의 무기를 공급했고, 해적선에 투자하는 사람은 그들이 약탈해온 이익 일부를 배당받았다.

해적의 전성시대

16세기에 해적은 대서양을 주 무대로 활약했는데 특히 카리브 해에서 자주 출몰했다. 스페인 선박은 값나가는 상품을 싣고 이곳을 통과했기 때문에 늘 해적의 공격에 대비하고 경계를 높였다. 카리브 해의 해적들은 모두 스페인 화물선을 노렸고 스스로 사나포선[54]이라고 불렀다. 당국의 비호를 받은 사나포선의 약탈은 막대한 이익을 올렸다. 그러나 스페인 상선은 이 사나포선을 모두 해적선이라고 불렀고 외국 깃발을 단 적선이 보이면 먼저 대포부터 쏘았다. 이렇다 보니 카리브 해는 선전포고만 없을 뿐 전쟁터가 따로 없었다. 이곳 해상에서 서유럽 모든 국가가 각자 자신들의 이익을 위해 치열한 전투를 벌였다.

1522년 프랑스 왕의 후원 아래 피렌체의 해적 조반니 다 베라차노(Giovanni da Verrazano)가 스페인 상선 세 척을 나포했다. 상선 두 척에는 보석이 가득했고, 나머지 한 척에는 사탕수수가 실려 있었다. 그는 이 전리품을 프랑스 왕에게 보이며 설명했다. "서인도에서 가져온 이번 화물의 가치만 따져도 스페인이 프랑스에 전쟁을 선포하기에 충분합니다." 영국의 유명한 해적 프랜시스 드레이크는 엘

◀ **멕시코 칸쿤의 카리브 해 해적선 모형**
카리브 해 북부의 칸쿤(Cancun)은 삼면이 바다로 둘러싸여 있고 경치가 아름다워 관광 산업이 발달했다.

---

54) 정부에서 교전 중인 적국의 선박을 공격할 권한을 부여받은 민간 소유의 무장 선박으로 대개 상선이다.

리자베스 여왕의 후원을 등에 업고 카리브 해에서 스페인 상선을 여러 차례 약탈했다. 게다가 영국은 드레이크의 사촌 홉킨스 덕분에 포르투갈과 스페인이 독점하던 '삼각 무역'에 끼어들어 이윤이 많은 노예 무역에 참여할 수 있었다. 큰돈을 벌고자 더욱 많은 사람이 해적이 되었고, 국가에서도 해적을 돕거나 그들에게 투자했다. 16세기 후반 영국에 매년 100척에서 200척의 무장한 사선이 등장했고 '검은 수염' 에드워드, '검은 남작' 로버트 등의 해적이 명성을 떨쳤다. 그들은 영국에 막대한 이익을 안겨주었다. 당시 스페인은 해적의 습격으로 매년 금화 300만 두카트에 해당하는 거액의 손실을 보았고, 영국과 프랑스는 해적을 이용해 스페인을 제압하고 막대한 이득을 얻었다. 소앤틸리스 제도(Lesser Antilles Is)[55]는 서유럽 해적의 근거지가 되었다.

각국 정부를 등에 업은 해적의 소행은 더욱 대담해지고 악랄해졌다. 그러나 카리브 해역에서 식민지를 정복할 때 영국, 프랑스, 네덜란드 등 국가들은 한때 자신들이 후원하던 해적으로부터 공격을 받았다. 결국 서유럽 국가들은 해적을 소탕하기 위한 다양한 조치를 마련하기 시작했다. 그러나 이들을 소탕하는 일은 쉽지 않아서 오늘날에도 카리브 해상에는 해적들이 여전히 출몰하고 있다.

---

55) 서인도 제도 동부에 있는 아치 모양의 제도

새로운 북아메리카 대륙 캐벗 부자의 활약

포르투갈과 스페인이 세계를 양분해서 식민 정복에 박차를 가할 때, 영국 역시 이 지리상의 발견 대열에 끼어들 기회를 찾고 있었다. 이탈리아 탐험가 캐벗 부자는 신대륙을 발견한 콜럼버스의 뒤를 이어 영국에 큰 기쁨을 안겨주었다.

캐벗의 뉴펀들랜드 발견

길고 긴 해안선으로 둘러싸인 섬나라 영국에서 발달한 공업은 단연 해운업이었다. 포르투갈, 스페인의 해상 탐험과 식민 정복이 국가 주도로 진행된 반면에 영국은 대부분 민간에서 자발적으로 이루어졌다. 그래서 탐험대는 매우 적극적으로 활동했고 현지 상황에 따라 유연하게 대처했다. 영국에서는 상인들이 왕실의 허가를 얻기만 하면 스스로 자금을 모으고 인원을 모집해서 바다를 건너가 상관이나 식민지를 건설할 수 있었다. 15세기 초, 영국인은 '상인 개척자'라는 해상운송 회사를 세웠다. 이후 15세기 말에 콜럼버스의 동생 바르톨로메오(Bartolomeo)가 영국 왕 헨리 7세에게 대서양을 횡단하겠다는 계획을 설명하고 원조를 구했다. 그러나 헨리 7세가 결정을 내리지 못하고 우물쭈물하는 사이 신대륙은 다른 나라의 차지가 되고 말았다. 콜럼버스의 신대륙 발견 이후 영국은 왕은 물론이고 브리스틀(Bristol)의 상인들까지 해외 탐험에 적극적인 관심을 보였고 잇달아 선박을 내보내며 아직 사람의 발길이 닿지 않은 대륙과 새로운 어장을 찾아 나섰다. 이때 이탈리아 출신의 탐험가 존 캐벗(John Cabot)이 영국 브리스틀에 도착했다.

캐벗은 어려서부터 항해를 동경해 관련 기술과 지식을 익혔다. 그는 한때 스페인 왕실 항구에서 건설 고문으로 일한 경험이 있다. 그 후 포르투갈로 건너가서 포르투갈 왕에게 대서양 횡단 계획을 설명하고 지원을 요청했지만 거절당했다.

▼ 1574년 영국에서 만들어진 항해를 위한 별자리표로 선원들은 이것을 이용해 위도를 측정했다.

▶ 1540년 세바스티안 뮌스터
(Sebastian Münster, 1488
~1552)가 제작한 신대륙 지도
지도에서 아메리카 대륙은 이미
북아메리카와 남아메리카의 윤
곽이 확실하게 드러나 있다.

콜럼버스가 신대륙을 발견하고 2년이 지난 1494년 캐벗은 가족을
이끌고 영국 브리스틀에 정착했다. 영국은 지리상의 발견에서 스페
인에 뒤처진 과거의 실수를 깊이 후회하고 있던 터라 캐벗의 대서양
탐험 계획에 솔깃할 수밖에 없었다. 브리스틀의 상인들뿐만 아니라
영국 정부에서도 그의 계획을 적극적으로 지원해주었다. 캐벗은 10
여 년간 익혀온 항해 지식을 제대로 발휘할 기회를 얻었다. 스페인
왕은 이 소식을 듣고 영국이 스페인의 합법적인 권익을 침해했다며
헨리 7세에게 서면으로 항의했다. 이에 헨리 7세는 캐벗 부자에게
그들이 "동해, 서해, 북해의 모든 해역, 해안과 수역을 항해할 충분
한 자유와 권한을 부여하고, 세계 어디든 기독교 세계가 아직 발을
딛지 않은 이교도와 불신자가 거주하는 곳을 찾고 탐방하는 것을 허
락한다."라는 매우 상세한 내용을 담은 칙령을 내렸다. 칙령에는 일
부러 남해를 언급하지 않았는데 이는 스페인, 포르투갈과의 갈등을
피하기 위해서였다.

1497년 5월, 매튜(The Matthew) 호를 선두로 6척으로 구성된 캐벗
의 탐험대가 브리스틀 항구를 출발했다. 그들은 먼저 북진해서 아일
랜드 북부 해안을 지나 북위 50도를 따라 북쪽으로 항해하다가 서쪽

으로 뱃머리를 돌렸다. 6월 25일, 그들은 육지를 발견했지만 날씨가
너무 추워서 아무것도 살지 않았다. 육지에 오른 탐험대는 그곳에
한때 사람이 살았던 흔적을 발견했다. 캐벗은 이 땅을 'Prima Terra
Vista'라고 불렀는데 이탈리아어로 '처음 보는 땅'이라는 뜻이다.
후에 헨리 7세가 '처음 발견한 땅'이라는 뜻으로 'New found land'
라고 불렀는데 이것이 지금의 뉴펀들랜드(Newfoundland)가 되었
다. 이어서 캐벗은 동쪽으로 남하하며 뉴펀들랜드의 동부 해안선을
조사했다. 뉴펀들랜드의 남동쪽에 불쑥 튀어나온 아발론 반도
(Avalon Peninsula) 주위의 해역을 지날 때 캐벗은 이곳에 연어와 청
어가 대량으로 서식한다는 사실을 발견했다. 이

▼ 15세기 말 북아메리카 대륙에
도착한 이탈리아 항해가 존 캐
벗(1450~1499). 그의 머리 위는
북아메리카 대서양 연안의 지도
이다.

로써 그는 세계에서 어류 자원이 풍부한 해역
중 하나를 발견했다. 면적이 30만km²가 넘는 뉴
펀들랜드 어항을 발견함으로써 영국은 더 이상
먼 아이슬란드까지 가지 않고도 풍부한 수산물
을 얻을 수 있었다. 이것은 캐벗의 이번 원정에
서 가장 의미 있는 발견이었다.

8월 6일, 캐벗은 영국으로 돌아왔다. 비록 황
금이 가득한 육지를 발견하지 못했고 식민지를
건설하지도 못했지만, 그의 탐험은 영국 최초의
신대륙 발견이었고 훌륭한 어장을 발견하여 영
국인들에게 커다란 희망을 안겨주었다.

캐벗의 북아메리카 재탐험

캐벗의 성공으로 영국 상인들은 해외 탐험에
더욱 관심이 커졌다. 1498년 4월, 브리스틀의
상인들은 다시금 탐험대를 조직했다. 그들은 캐
벗이 첫 번째 원정에서의 경험을 바탕으로 더
먼 곳으로 탐험하기를 희망했는데 특히 중국,
일본과 교역할 수 있는 신항로를 개척하고자 했
다. 그해 5월 캐벗은 이미 성인이 된 둘째 아들
서배스천(Sebastian Cabot)을 데리고 탐험을 떠
났다. 서배스천은 어릴 때부터 부친에게서 항해
기술과 지도 제작을 배웠다. 지난번 탐험의 여

정을 따라 북아메리카의 차디찬 바다를 항해하던 중 뜻밖에도 캐벗이 병에 걸려 세상을 떠났다. 이렇게 되자 아버지의 뒤를 이어 서배스천이 항해를 진두지휘했다. 처음으로 탐험대를 이끌게 된 서배스천은 선단을 북아메리카 대륙으로 이끌었다. 그들은 북아메리카 동해안을 따라 남서쪽으로 항해했는데 길게 펼쳐진 해안가에 사람의 자취는 보이지 않고 활엽수림만이 무성하게 펼쳐졌다. 그들은 수시로 배를 멈추고 육지에 올라 조사했는데, 그곳에서 선원들은 동물의 가죽을 입은 북아메리카 인디언을 만났다. 그들이 입고 있던 동물의 가죽은 값나가는 물건은 아니었지만 선원들의 눈길을 끌기 충분했다. 오랜 기간 항해하며 처음의 탐험보다 수천 미터나 더 멀리 나아가 식량과 생필품이 바닥나자 서배스천은 귀항을 결정했다. 두 번째 항해 결과에 영국인들은 크게 실망했다. 스페인, 포르투갈이 값비싼 향료와 황금을 얻은 데 비해 자신들의 이번 탐험은 경제적으로 아무런 이득을 올리지 못하고 거액의 자금만 허비하고 왔기 때문이다. 탐험대가 북아메리카의 신대륙에서 발견한 것은 오로지 침엽수림과 활엽수림뿐이었다. 영국인들은 서항로에서 동양까지는 망망대해만이 있다고 생각하고 그 후 수십 년 동안 이 항로를 통해서 동양으로 건너가려는 시도를 하지 않았다.

1504년 봄, 서배스천은 브리스틀 상인이 제공한 선박 두 척을 이끌고 뉴펀들랜드에서 대량의 물고기를 포획했다. 소금에 절인 물고기의 무게만 40톤이 넘었고 말린 대어의 무게도 7톤이 넘었다. 귀항한 지 1년 후 헨리 7세는 23세의 서배스천에게 연금을 하사했다. 이는 영국 왕이 다시금 이 젊은 탐험가를 후원하겠다는 뜻이었다. 서배스천은 선박과 선원을 모집해서 탐험대를 조직했다. 상인들과 왕실의 지원을 받아 1508년부터 1509년 사이에 서배스천은 매우 중요한 탐험에 나섰다.

1508년 서배스천이 지휘하는 선박 두 척은 북대서양을 항해했다. 선단은 아이슬란드와 그린란드를 지나 래브라도(Labrador) 반도에 도착했다. 이 광활하고 혹독하게 추운 땅에서 그는 북위 64도 래브라도 반도의 동부 해안을 조사했다. 항해를 계속할수록 인적을 찾을 수 없자 그는 이곳이 아시아가 아닐까 하고 생각했다. 그는 이어서 선단을 이끌고 북서쪽으로 항해했는데 이 해역은 곳곳에 거대한 빙산이 떠 있어서 자칫하면 빙산에 부딪혀 배가 침몰할 지경이었다.

위험을 느낀 선원들은 서배스천을 설득해 조사를 멈추고 해협의 입구로 방향을 돌렸다. 역사 기록에 따르면 그들은 북위 61도와 64도 사이에서 해협을 발견했고 북서쪽으로 약 800km를 운항하고 나서야 이 해협을 통과할 수 있었다. 이 긴 해협을 통과한 후 그들은 그 안에 펼쳐진 넓은 바다를 발견했다. 이곳이 훗날 헨리 허드슨(Henry Hudson, 1565~1611)이 발견한 허드슨 만(Hudson Bay)이었다. 이곳에 서배스천의 이름이 붙여지지 않은 것은 그가 이곳을 아시아로 향하는 바다라고 착각했기 때문이다. 서배스천은 이 바다로 들어가서 조사를 계속하고 싶었지만 선원들이 선상 반란을 일으키며 그를 저지했다. 결국 선단은 북아메리카 동해안을 따라 남하해서 지금의 미국 버지니아 일대에 도착한 후에 비로소 귀항했다.

▼ 이탈리아 출신 캐벗 부자는 북쪽의 래브라도 반도와 뉴펀들랜드까지 탐험했다.

　캐벗 부자의 항해는 영국에 직접적인 이득을 가져다주지는 않았다. 그러나 이들의 탐험은 지리상의 발견에서 매우 중요한 의미를 차지한다. 그들은 11세기 북유럽 바이킹에 이어서 처음으로 광활한 아메리카를 발견했다. 그리고 그곳에서 만난 인디언을 통해 이곳이 문명이 발달한 동아시아가 아니라 독립된 대륙이라는 사실을 차츰 인식하게 되었다. 또 영국인에게 북서항로를 열어서 이후에 전개되는 북아메리카 식민 정복의 기초를 다져주었다. 16세기 말부터 영국의 식민 정복자들은 이 불모지로 건너가 식민 사업을 펼쳤다. 이 새로운 땅에 가장 관심이 컸던 사람들은 영국 본토에서 환영받지 못한 청교도들이었다. 오늘날에 이르기까지 영국의 브리스틀에서는 캐벗이 첫 탐험에 나설 때 탔던 마태 호의 복제품을 전시하여 그를 기념하고 있다.

제 4 장

대국의 발전

술레이만 대제의 확장 오스만의 유럽 침입

오스만제국은 14세기부터 강성해져서 그 세력을 더욱 확장하더니 1천 년이 넘게 이어온 비잔틴제국을 멸망시켰다. 강인한 튀르크인이 반달 모양의 칼을 휘두르며 십자군을 제압하자 유럽 각국은 공포에 휩싸였다. 16세기에는 술레이만 대제(Suleiman the Magnificent)가 오스만제국의 기반을 더욱 안정되게 다져놓았다. 그의 앞에서는 아무리 강대한 스페인이라도 두려움에 떨었다.

술레이만 대제

15세기 중엽, 갈수록 세력이 커지는 오스만제국은 콘스탄티노플(Constantinople)[56]을 공격하여 함락하고 1천여 년 동안 이어진 동로마제국을 멸망시켰다. 이로써 오스만제국은 유럽 남동부와 지중해 동부의 패자가 되었다.

역사가 16세기로 접어들 때 오스만제국의 셀림 1세(Selim I, 재위기간 1512~1520)는 대군을 이끌고 동쪽과 남쪽으로 영토를 확장했다. 그의 활약으로 8년 동안 오스만제국의 영토를 두 배 가까이 확장했다. 1520년에 이 천재적인 황제가 세상을 떠나고 그의 아들 술레이만 1세(Suleiman I)가 유일한 아들로서 황위를 계승했다. 즉위할 때 술레이만은 26살이었지만 그의 부친이 영토 확장에 매진하던 시기부터 이미 국내에서 정무를 관장했기 때문에 그는 문무에 모두 능한 뛰어난 군주가 되었다. 오스만제국의 제10대 황제가 된 술레이만은 앞선 아홉 명의 황제와는 상황이 달랐다. 선조들이 황제의 자리에 오르기 위해 형제간에 치열한 싸움을 벌인 반면에 셀림 1세의 유일한 아들이었던 그는 황위 계승과 관련해 어떤 분쟁도 겪지 않았다. 술레이만은 어려서부터 황위 계승자로서 엄격한 수련을 거

▼ **로도스 섬의 포위**

1522년 여름, 술레이만은 부친 셀림 1세가 남겨준 강력한 해군에서 전함 400척으로 구성된 선단을 보내 로도스 섬으로 진격했다. 그리고 자신이 직접 10만 대군을 이끌고 반대 방향에서 공격했다. 로도스 섬의 군사들은 아홉 달에 걸친 치열한 전쟁에 지쳐 조건부로 항복했다.

---

56) 오늘날 터키 이스탄불의 옛 이름

쳤고 넓은 도량까지 겸비했다. 젊은 오스만 황제는 국내외에 위엄을 세우려면 반드시 빛나는 전과를 올려야 하며 그때에야 비로소 모든 백성이 자신에게 완전히 승복할 것이라는 사실을 알고 있었다. 그래서 재위한 지 두 해째인 1521년에 술레이만은 10만 대군을 이끌고 북진하여 헝가리로부터 발칸 반도의 베오그라드(Beograd)를 빼앗았다. 유럽의 심장으로 들어가는 관문을 차지한 술레이만은 이 승리에 용기백배하여 자신의 예리한 검으로 기독교가 점령한 유럽의 심장을 도려내리라 다짐했다.

유럽 공략

베오그라드를 점령한 이듬해에 술레이만 1세는 다시 10만 대군을 이끌고 지중해의 로도스(Rhodes) 섬으로 진격했다. 로도스 섬은 소아시아와 오스만제국의 새로운 영토인 이집트 사이에 위치했다. 당시 술레이만의 10만 군대는 로도스 섬을 지키는 기사단 6,000명의 병력을 상대로 아홉 달에 걸쳐 치열한 전투를 벌인 끝에 간신히 섬을 차지했다. 어렵사리 얻은 승리였지만 결과적으로는 목적을 달성했으므로 술레이만 1세는 체면을 세울 수 있었다.

술레이만 1세는 계속해서 영토 확장에 나섰다. 1526년 오스만 군대는 모하치(Mohács) 평원에서 헝가리와 신성 동맹 연합군을 대파했다. 헝가리 왕 루트비히 2세(Ludwig II)가 이 전투에서 전사한 뒤로 '기독교의 방패'로 불리던 헝가리는 이때부터 오스만제국에 편입되었다. 술레이만 1세는 헝가리를 발판으로 삼아 유럽을 정복하겠다는 야심을 이루고자 1529년과 1532년 두 차례 빈(Wien)을 공략했다. 이 전투에서 오스만 군대는 기

▼ 포위된 빈

1529년 술레이만은 오스만제국 역사상 처음으로 빈을 함락하고자 시도했으나 실패로 끝나고 말았다. 이 전투는 오스만제국이 처음으로 중유럽을 침략한 것으로, 이 전쟁 후 150년 동안 오스트리아와 오스만제국은 중유럽을 놓고 치열한 공방전을 벌였고 빈 전투에 이르러 전쟁을 끝냈다.

189

독교 국가들이 형성한 연합군의 저항에 밀려 전쟁에서 승리하지는 못했지만, 그 사이에 헝가리 대부분 지역을 점령했다. 1543년에 술레이만의 오스만제국이 헝가리 전체를 차지하자 합스부르크 왕조의 페르디난트 1세(Ferdinand I)는 1547년 오스만제국의 헝가리 종주권을 정식으로 인정했다.

술레이만 1세의 통치 아래 오스만제국의 해군력은 더욱 강해졌다. 그는 '붉은 수염'으로 유명한 해적 바르바로사(Barbarossa)에게 해군을 맡겼다. 1538년과 1541년에 잇달아 스페인과 베네치아 등의 연합 함대를 물리친 뒤로 오스만제국의 해군은 지중해 대부분 지역에서 위세를 떨쳤다. 1543년 술레이만 1세와 프랑스는 연합하여 신성로마제국의 니스(Nice)를 점령했다.

술레이만의 확장 정책은 유럽에 그치지 않았다. 그의 야심은 아시아와 아프리카로까지 뻗어나갔다. 술레이만 1세의 정복 활동으로 오스만제국은 아시아, 아프리카, 유럽을 영토로 아우르는 초강국이 되었다. 그의 통치 기간에 오스만제국은 역사상 최고의 전성기를 누렸고, 외국의 사자들은 그를 언급할 때 '위대한(the Magnificent)'이라는 수식어를 붙일 정도로 경외심을 느꼈다.

인도양의 패주 포르투갈의 남아시아 식민 통치

신대륙의 발견과 정복, 이것은 포르투갈이 강대국으로 탈바꿈하면서 밟은 두 가지 단계였다. 유럽 국가 중에서 선발주자인 포르투갈은 지리상의 발견이라는 역사적인 대변환의 시기에 처음으로 축배를 들었다. 약탈로 큰 이익을 본 포르투갈의 야심은 다시금 부풀었고, 바스코 다 가마가 신항로를 개척한 이후 무력을 앞세워 남아시아를 정복하기 시작했다.

포르투갈의 야심

인도로 가는 신항로가 개척된 이후 포르투갈은 남아시아의 소국들 사이에 복잡한 갈등이 존재하며 이들의 군사력이 낙후되었다는 사실을 파악했다. 당시 수많은 아랍 상선이 인도양에서 향료 무역을 하고 있었다. 영리한 포르투갈인은 조금의 망설임도 없이 화총을 들고 대규모의 병력을 동원해서 남아시아 정복에 나섰다.

1502년 10월, 바스코 다 가마는 인도 남부의 주요 항구를 차지하는 소국 캘리컷을 포격하고 캘리컷과 적대 관계에 있던 코친왕국에

◀ 16세기 포르투갈은 말라카 해협에 군사 기지를 건설했다.

포르투갈의 무역 거점을 마련했다. 포르투갈 왕의 이름을 따서 이 거점을 마누엘이라고 불렀다. 포르투갈은 이곳에 여러 차례 함대를 파견하여 인도양에서 아랍 상선을 차단하고 이익을 독점했다. 1505년 3월 프란시스코 데 알메이다가 포르투갈의 인도 초대 총독으로 부임했다. 그의 주된 임무는 인도양에서 포르투갈의 해상 무역 패권을 지키는 것이었다. 이를 위해 20척으로 구성된 함대가 리스본에서 출발했는데 배에는 병사 1,500명, 포수 200여 명이 타고 있었다. 이 출정의 목적은 식민지를 정복하여 향료 무역을 독점하는 것이었다.

새로 부임한 알메이다는 코친 왕국을 포르투갈의 무역 중심지로 삼고 주기적으로 함선을 보내 해상에서 아랍 상선을 공격했다. 그러나 이런 노력에도 아랍 상인을 근본적으로 막을 수는 없었다. 인도양 전체를 장악하고 아랍인과 인도 사이의 향료 무역을 독점하려면 반드시 홍해의 출입구와 페르시아 만의 출입구를 통제해야 했다. 그가 포르투갈 왕에게 이 사실을 보고하자 리스본에서는 아폰수 드알부케르크(Affonso de Albuquerque)가 지휘하는 함대를 페르시아 만의 출입구인 호르무즈 해협(Strait of Hormuz)으로 파견했다. 이 함대는 순식간에 호르무즈 성을 공격해 불을 지르고 약탈하는 등 온갖 악행을 저질렀다. 그 후 포르투갈 군대는 이 성에 주둔하며 강제로 세금을 징수하고 요새를 건설했다. 이때부터 전통적인 무역 항로를 통해 막대한 이득을 챙기던 베네치아 상인과 아랍 상인들은 이곳을 통과하지 못해 크나큰 손해를 보았다. 동방 무역의 중심이 이제 베네치아에서 리스본으로 바뀐 것이다.

무력을 통한 패권 장악

포르투갈에 대항하기 위해 베네치아 상인들은 이집트인과 아랍인이 홍해에서 조직한 반反포르투갈 함대를 지원했다. 1509년 이집트 연합 함대와 포르투갈 함대 사이에 디우(Diu) 해전이 일어났다. 이때 알메이다는 적은 병력으로 강대한 아랍을 꺾었다. 이 전투로 포르투갈은 인도양의 제해권制海權을 얻어 이슬람 세계에 심각한 타격을 주었다.

알부케르크는 포르투갈의 인도 주재 2대 총독이 된 뒤로 더욱 철저한 독점 정책을 시행했다. 5,630킬로미터에 달하는 인도양 해상을 장악하기 위해 그는 인도 서안의 상업 중심지 고아(Goa) 성을 점령할 계획을 세웠다. 1510년 3월, 알부케르크는 고아 성을 점령했지만 얼마 버티지 못하고 두 달 뒤인 5월에 수적으로 우세한 아랍인들에게 쫓겨났다. 그러나 그해 10월 초 그는 대군을 동원해서 고아 성을 다시 공격했고, 성에 있는 모든 사람을 학살하라는 명령을 내렸다. 포르투갈 왕에게 바친 편지에서 그는 고아 성에서 6천 명이 넘는 사람을 살해했다고 밝혔다. 그의 만행에 겁을 먹은 주변의 소도시들은 모두 항복했고 이후 고아 성은 인도 주재 포르투갈 총독부가 되어 포르투갈이 아시아에서 식민지 정복을 하는 데 중심 역할을 했다.

알부케르크는 이 전과에 만족하지 않았다. 포르투갈이 이미 홍해 출입구와 페르시아 만 출입구를 봉쇄한 상황에서 인도양 동부 출입구인 말라카를 정복하고자 했다. 1511년 7월부터 8월 사이 알부케르크는 말라카 내부와 호응하여 수차례 격전을 치른 끝에 말라카를 점령했다. 그는 언제나처럼 성 안의 사람을 모두 살해하고 모든 재물을 약탈했다. 이때부터 말라카는 포르투갈의 통치하에 놓였고 포르투갈은 이곳에 견고한 요새를 세우고 군대를 주둔시켰다.

▲ 16세기 초상화, 프란시스코 알메이다(1450~1510)는 포르투갈의 항해가였다. 그는 1505년부터 1509년까지 포르투갈의 인도 주재 초대 총독으로 재임했나.

말라카가 점령되자 주변 소국들도 포르투갈에 귀순했다. 이렇게 해서 포르투갈은 동남아시아에서 식민지를 넓혀갔고 인도양에서 패주의 지위를 굳혔다. 인도양이 포르투갈에 거대한 경제적 이익을 가져다준 이때가 포르투갈이 '역사상 가장 부강한 시기'였다.

무적함대 스페인의 위용

스페인은 콜럼버스의 등장을 계기로 당시 유럽 최강국으로 부상하던 포르투갈을 빠르게 추월했다. 유럽의 빈곤국 스페인은 대항해 시대에 가장 주목할 만한 지리상의 발견을 했을 뿐만 아니라 한순간에 유럽에서 가장 부유한 나라로 탈바꿈했다.

뜻밖의 횡재

15세기 말, 스페인이 통일 국가를 이룬 지 얼마되지 않아 이사벨 1세와 페르디난트 1세의 연합 통치는 여전히 국내외로 위기에 처해 있었다. 국외적으로는 독립 운동을 아직 완성하지 못했고 국내에서는 정치 투쟁이 치열하게 전개되고 있었다. 잃어버린 영토를 되찾기 위해 이사벨 여왕은 자신의 보석과 장신구를 저당 잡혀서 군비를 충당했다. 이렇다 보니 스페인 왕실의 경제적 능력은 재벌 가문보다 못한 실정이었다. 바로 이때 콜럼버스가 등장했다. 그의 출현으로 스페인은 문자 그대로 역사적인 대전환기를 맞았다. 이웃 나라 포르투갈이 갈수록 부강해지는 것이 스페인으로서는 결코 달갑지 않았다. 이사벨 여왕은 재정적으로 어려운 상황이었지만 멀리에서 온 이 이탈리아 항해가를 원조하겠다는 과감한 결정을 내렸다. 이를 위해 그녀는 다시금 자신의 보석을 내놓아야 했다.

▶ 15세기 말 콜럼버스는 황금을 찾기 위해 인디오를 길잡이로 하는 원정대를 파견했다.

1492년 10월 12일, 콜럼버스와 그의 탐험대는 신대륙, 즉 아메리카 대륙을 발견했다. 그러나 그는 여러 해가 지날 때까지 그곳이 '인도'라는 생각을 고집했다. 콜럼버스는 신대륙을 발견한 이후 카리브 해로 탐험을 이어갔다. 그의 선단은 소小앤틸리스 제도에 도착한 뒤로 에스파뇰라 섬(Española Island)에서부터 자메이카(Jamaica), 쿠바(Cuba), 온두라스(Honduras), 코스타리카(Costa Rica), 파나마(Panama) 해안 등 카리브 연안의 여러 크고 작은 섬을 연이어 발견했다. 스페인은 이 지역에서 금광을 발견하자 본격적으로 식민 사업을 시작했고, 신대륙으로 향하는 스페인 사람이 줄을 이었다. 그들은 아직 개발되지 않은 이 땅을 인도와 구분 짓기 위해 '서인도 제도'라고 불렀다.

15세기 말에서 16세기 초까지 스페인은 아이티(Haiti), 푸에르토리코(Puerto Rico), 자메이카(Jamaica), 쿠바에 식민지 거점을 건설하여 잔인한 수단을 동원해 현지의 원주민을 억압하고 황금과 백은을 약탈했다. 코르테스가 멕시코를 정복하고 피사로는 페루를, 미겔 로페스 데 레가스피(Miguel López de Legazpi)는 필리핀을 정복했다. 계속해서 진행된 발견과 정복으로 스페인은 순식간에 막대한 부를 얻을 수 있었다. 스페인이 향료 군도와 필리핀을 먼저 발견하면서 포르투갈과 다시 세력 다툼이 벌어졌다. 이때 교황 클레멘트 7세의 중재로 포르투갈은 향료 군도와 필리핀을 차지하기 위해 금화 35만 두카트를 선뜻 내놓았고, 이에 스페인은 자국의 우선권을 포기했다.

무적함대의 위용

약탈한 금은보석으로 스페인은 한순간에 유럽에서 가장 부유한 해상 왕국이 되었다. 1545년에서 1560년 사이 스페인 해군이 바다 건너에서 실어 나른 황금이 5,500kg, 백은은 24만 6,000kg에 달했다. 16세기 말까지 세계에서 채취된 귀금속의 83%를 스페인이 차지할 정도였다. 이렇게 스페인이 막대한 재원을 독점하자 유럽의 다른 국가들은 교황이 편파적이라고 공개적으로 비난했다. 그리고 결국에는 나라마다 법률에 구애받지 않는 해적을 동원해 스페인의 재물을 강탈하기 시작했다. 이때 유럽 국가들이 '사나포선'의 존재를 공개적으로 허가하면서 카리브 해에 해적이 들끓게 되었다. 영국 엘리자베스 여왕은 해적 행위를 하나의 사업으로 보고 직접 투자를 해서

▲ 스페인의 무적함대를 그린 그림
이다. 화면 중앙의 범선 세 척에
대포 50문, 선원 300명과 병사
수백 명이 타고 있다. 스페인 무
적함대는 지중해와 대서양을 넘
나들며 위세를 떨쳤다.

막대한 이득을 얻었다.

스페인 펠리페 2세는 카리브 해의 해적을 소탕하고 해상 운송을
원활히 하고자 함선 100여 척, 대포 3,000여 문, 그리고 병사 수만을
동원해 강력한 해상 무장 함대를 조직했다. 이 함대는 지중해와 대
서양을 누볐으며 자신들을 '무적함대'라고 불렀다. 1571년 스페인
함대는 레판토 해전(Battle of Lepanto)에서 튀르크 함대를 격파하며
그 위용을 과시해 유럽 각국을 두려움에 떨게 했다. 그러나 아무리
막강한 함대라고 해도 해적을 막지는 못했다. 스페인 정부는 해적의
배후에 이들을 돕는 세력이 있음을 알면서도 전혀 손을 쓰지 못했
다. 특히 스페인의 항의에도 아랑곳하지 않는 영국 엘리자베스 여왕
의 태도는 펠리페 2세를 더욱 분노하게 했다. 그는 무적함대로 이
겁 없는 여인의 코를 납작하게 만들겠다고 결심했다.

무적함대의 패배 영국의 부상

스페인이 아메리카 대륙을 발견하여 막대한 이익을 얻고 있을 때 영국은 내우외환의 수렁에 빠져 있었다. 유럽 대륙의 마지막 영토인 칼레를 잃었고, 메리 여왕의 집권으로 천주교가 다시 국교가 되면서 성공회, 청교도에 대한 무자비한 탄압이 이어졌다. 그러다 엘리자베스 여왕이 등극하자 영국은 마침내 안정을 찾고 독립과 부흥의 길로 접어들었다.

영국의 부흥

15세기 중엽 영국의 도시에서는 자본주의적인 생산 관계가 싹 트기 시작했다. 16세기에 영국은 양모방직업, 해운업, 어업 분야가 크게 발달하여 국내 시장만으로는 공급을 소화하지 못하게 되어 해외 시장이 절실하게 필요했다. 엘리자베스 여왕은 개신교의 영향을 받아 경제 활동을 장려했고 인색할 정도로 검소했다. 같은 유럽이지만 영국의 해상 탐험과 식민 통치는 포르투갈이나 스페인과 달랐다. 이 두 나라는 정부의 주도로 탐험에 나섰지만 영국은 상인들이 왕실로

◀ 엘리자베스 1세
이 그림은 영국이 스페인 무적함대와의 해전에서 승리를 거둔 것을 기념하기 위해 제작된 것으로 〈무적함대 초상화〉라고도 불린다. 그림의 배경에는 전쟁에 참가했던 전함이 등장한다.

부터 허가장을 받기만 하면 자체적으로 자금을 조달하고 인원을 모집해서 해외에 상관과 식민지를 건설할 수 있었다.

이 시기에 영국의 경제는 빠르게 발전했고 해외 무역 역시 꾸준히 증가했다. 그러나 해외 시장 개척은 포르투갈과 스페인과 비교해 크게 뒤처져 있었다. 1558년 유럽 대륙에서 마지막으로 소유했던 영토 칼레를 잃은 후로 영국은 유럽 대륙으로부터 고립된 채 대서양 한가운데에 떠 있는 섬나라가 되었다. 영국이 지리적으로 유일하게 의지할 수 있는 것은 좁고 위험한 영국 해협이었다. 새롭게 바뀐 지리적 조건 아래 영국인은 영국 해협에 방어의 중심을 두었다. 또 엘리자베스 여왕은 스페인을 견제하기 위해 해적을 후원했다. 이 덕분에 해적은 빠르게 성장했고, 영국은 왕족과 귀족마저 해적 사업에 투자해 해상에서의 약탈에 참여했다. 영국의 해적은 좁고 험한 영국 해협과 열악한 기후에 적응해야 했기 때문에 다른 나라의 해적과 비교해 항해 실력이 월등히 뛰어났다. 드레이크 선장, 홉킨스 등이 스페인 상선에 큰 타격을 준 대표적인 해적이다.

▼ 1588년 여름, 스페인의 무적함대는 영국 함대의 공격에 무참히 패하여 황급히 퇴각했다.

무적함대의 패배

영국 정부에서 해적을 비호한다는 사실에 분개한 펠리페 2세는 영국을 응징하기로 했다. 1580년 포르투갈을 합병한 스페인은 한순간에 유럽 최강국으로 등극했다. 펠리페 2세는 영국을 무너뜨리기 위해 처음에는 정치적 음모를 꾸며 쿠데타를 일으키려 했으나 이 계획은 실패로 돌아갔고, 그에게 남은 선택은 오로지 전쟁뿐이었다.

1588년 리스본에 유럽 역사상 초유의 대규모 함대가 집결했다. 함선 130척, 수병 8,000여 명, 육군 1만 9,000명, 그리고 군용 물자가 산처럼 쌓였다. 이것이 바로 펠리페 2세가 양성한 '무적함대'의 위용이었다. 이번 출정은 영국 해협을 지나 영국을 토벌하는 것이 목적이었다. 한편, 당시에 영국은 국가에서 양성하는 해군이 아직 존재하지 않았고 오직 전함 30~40척으로 구성된 여왕 개인의 함대만 있을 뿐이었다. 이렇게 소규모 병력으로 스페인의 무적함대를 상대한다는 것은 계란으로 바위를 치는 것과 같았다. 그러나 여왕은 섬나라 민족의 단결 정신과 애국심을 호소했고 이에 자극을 받은 영국인들이 자원해서 참전했다. 이렇게 해서 모인 사나포선 100여 척 가운데 여왕을 감동케 한 사람은 단연 해적 드레이크와 홉킨스였다. 이 밖에도 영국은 동맹국인 네덜란드에서 군사 지원을 받았다.

역사상 유례가 없는 이 대규모 해전에서 스페인의 무적함대는 어이없게도 패하고 말았다. 이때의 승리로 영국인의 민족적 자신감이 하늘을 찌를 듯 올랐고 이 자신감은 이후 그들이 영광과 번영의 길을 걷는 데 원동력이 되었다.

최초의 자본주의 국가 부유한 네덜란드

16세기에 보잘것없는 약소국인 저지국에서 진정한 부르주아 혁명이 시작되었다. 그 후 이 지역은 눈부신 성장과 발전을 통해 지리상의 발견과 해외 식민지 개척에서 막대한 이윤을 얻었고, 17세기에 이르러 인구 200만 명을 보유한 해상 강국으로 성장했다.

최초의 부르주아 혁명

1566년에 저지국[57]에서 성상 파괴 운동이 일어나고 오렌지 공 빌렘의 지휘 아래 저지국의 북쪽 일곱 개 주는 8년에 걸친 독립 전쟁을 치렀다. 1581년 7월 26일 그들은 스페인 펠리페 2세의 통치가 끝났음을 정식으로 선포하고 연방공화국을 구성했다. 일곱 개 주 가운데 네덜란드가 경제적으로 가장 앞섰기 때문에 이 연방공화국을 네덜란드공화국이라고도 불렀다. 그리고 1588년 네덜란드공화국에서 독립을 요구하는 부르주아 혁명이 성공을 거두어 세계 최초로 부르주아 계급이 권력을 장악한 국가가 출현했다.

독립 이후 네덜란드의 최고권력기관은 연방의회였다. 연방의회에서 부르주아 계급이 절대적인 우위를 차지했고, 정치적으로 최고의 권력은 오렌지 가문에서 세습했다. 부르주아 계급이 정권을 장악한 것은 네덜란드의 자본주의가 발전하고 해상권을 장악하는 데 가장 중요한 배경이 되었다. 네덜란드에서는 상업 부르주아가 산업 부르주아보다 우세했기 때문에 신항로의 개척으로 해상 무역이 전례 없는 호황을 누렸다. 사업가적 수완이 뛰어났던 네덜란드인은 이 기회를 이용해서 상업 무역을 대대적으로

▲ 17세기 네덜란드의 범선 모형

57) 네덜란드, 벨기에, 룩셈부르크, 프랑스 북동부를 포함

200

발전시켰다.

스페인과 정전협약을 맺은 뒤 네덜란드는 부르주아 계급이 중심
이 되어 정치적으로 평화롭고 경제가 지속적으로 성장하는 국가로
발전해갔다.

네덜란드 경제의 기적

부르주아 계급이 주도하는 이 신흥 자본주의 국가는 활력이 넘쳤
다. 낮은 세금, 신앙에 제한을 두지 않고 인재를 받아들이는 개방성
과 함께 편리한 수상 교통, 그리고 바다와 인접한 지리적 조건 등 수
많은 조건이 상업의 발전을 촉진해 네덜란드는 유럽에서 가장 바쁜
상품 집산지가 되었다. 해외 무역의 발전은 항해업, 조선업, 해상운
송업의 발전으로 이어졌다. 네덜란드의 조선업은 선체 설계를 지속
적으로 개선하여 높은 명성을 얻었고 네덜란드에서 만들어진 선박
은 유럽 각국으로 팔려나갔다. 17세기 말 영국의 선박 중 4분의 1이
네덜란드에서 만든 것이었다. 조선업의 발달은 네덜란드가 훗날 국
제 무역에서 앞서나갈 수 있는 기초를 제공했다.

네덜란드인 빌렘 바렌츠(Willem Barents)는 직접 동인도 제도로
건너가서 향료 무역을 할 수 있는 항로를 찾고자 1594년부터 1597년
까지 험난한 탐험 길에 올랐다. 그는 북극해를 세 차례 탐험한 바 있
으며 사람들은 그가 탐험한 바다를 바렌츠 해(Barents Sea)라고 부른
다. 1595년 인도 고아에서 7년간 살았던 네덜란드인 얀 하위헌 판
린스호턴(Jan Huygen van Linschoten, 1563~1611)은 세계 지리를
설명한 《여정(Itinerario)》을 발표했다. 이 책이 발표되면서 포르투갈
이 한 세기에 걸쳐 동인도로 가는 데 비밀리에 이용했던 신항로가
세상에 공개되어 이제는 누구나 아는 상식이 되었다. 그해에 네덜란
드의 한 탐험 선단이 희망봉을 거쳐서 인도에 도착했다. 다음해에는
인도네시아 자바 섬에 도착했다. 이 섬에서 생산되는 향료를 실어온
선단은 막대한 이윤을 벌어들여 네덜란드인 상인들에게 성공의 희
망을 안겨주었다. 1598년 네덜란드는 향료 생산지인 자바, 몰루카
제도로 선박 8척을 보내서 주변 섬에 상관을 설치하고, 돌아올 때는
육두구, 정향 등의 향료를 싣고 돌아와 엄청난 이윤을 남겼다. 큰돈
을 버는 방법을 알게 되자 네덜란드인은 앞 다투어 회사를 조직해서
인도양으로 건너왔다. 1595년 4월부터 1602년 사이 네덜란드에서는

14개 회사가 잇달아 설립되었고 그 대부분이 동인도 지역과 무역했다.

네덜란드인이 동인도에 오기 수십 년 전에 이 땅은 이미 포르투갈과 스페인이 장악하고 있었다. 여기에 네덜란드인이 가세하자 경쟁은 더욱 치열해졌고 현지인들은 이 점을 이용해서 상품의 가격과 부두 이용료를 담합해 올려 받았다. 네덜란드인은 당시의 분산된 작은 회사로는 포르투갈과 스페인을 상대할 수 없다고 판단했다. 그리고 악성 경쟁을 막으려면 반드시 서로 협력해 막강한 해상 군사력으로 자국의 무역을 보호해야겠다고 생각했다. 이를 위해서는 정부의 지원 외에도 든든한 방패 역할을 해줄 대규모 자본이 필요했다. 이리하여 1602년에 투자가 수천 명이 현금을 투자하여 네덜란드 동인도회사가 설립되었고 각 투자가는 동인도회사의 지분을 소유했다. 그 후로 100여 년 동안 이 회사의 지

▲ 현대 유화. 17세기에 네덜란드 동인도회사의 선박이 향료와 다른 상품을 가득 싣고 아시아에서 암스테르담으로 귀항하는 장면을 그렸다.

분을 보유한 사람은 모두 큰 부자가 되었다.

거대 자본이 유입되자 네덜란드의 동인도회사는 향료 무역 전쟁에서 선두를 달리던 포르투갈을 앞질렀다. 17세기 내내 인도양의 향료 무역은 네덜란드인이 장악했고 이로써 네덜란드는 세계에서 가장 부유한 나라가 되었다.

전쟁 속의 번영 프랑스의 부흥

영국과 치른 백년 전쟁이 끝난 후 국력을 소진한 프랑스는 점차 중앙집권 국가의 형태로 변해갔다. 높아진 민족의식과 강력한 왕권으로 통일을 이룬 프랑스는 15세기 말 상업과 산업 분야에서 비약적인 발전을 이루었다.

중앙집권 체제를 구축한 프랑스

1494년에서 1516년 사이에 프랑스 왕 샤를 8세, 루이 12세와 프랑수아 1세는 나폴리왕국(Regno di Napol)[58]과 밀라노공국(Ducato di Milano)[59]을 정복하고자 잇달아 이탈리아로 출병했다. 프랑스는 한때 밀라노를 점령했지만, 영국이 독일의 카를 5세를 지원하는 바람에 1525년 파비아(Pavia) 전투에서 패배해 이곳을 잃었다. 이 전투에서 하마터면 목숨을 잃을 뻔했던 프랑수아 1세는 든든한 동맹국이 없으면 강력한 스페인을 이길 수 없다는 사실을 깨달았다. 그래서 1535년 그는 기독교 세계의 적인 튀르크와 손을 잡았다. 1536년 튀르크 군대가 빈으로 진군해오자 카를 5세는 앞뒤에서 공격해오는 적을 상대해야 했다. 그는 어쩔 수 없이 프랑스의 부르고뉴를 포기하고 모든 전력을 총동원해서 튀르크와 싸웠다. 그 후 프랑스는 다시 오스트리아 왕실과 전쟁을 시작해 1536년부터 1559년까지 카를 5세의 동맹이었던 사보이(Savoy)와 피에몬테(Piemonte)를 무려 20년 동안 점령했다. 프랑수아 1세의 아들 앙리 2세가 즉위하자 신교 연합국은 상업이 발달한 메스(Metz), 베르뎅(Verdun)을 공격했다. 1557년에 앙리 2세는 다시 군대를 이끌고 카를 5세의 아들 펠리페 2세를 공격했다. 영국 메리

▼ 프랑수아 1세

프랑수아 1세(1494~1547), 즉위 전에는 앙굴렘의 프랑수아(Francis of Angoulême)로 불렸다. 1515년부터 1547년까지 재위한 그는 진보적인 군주, 다정한 남자, 예술의 후원자로 평가받으며 프랑스 역사상 국민의 존경과 사랑을 가장 많이 받은 국왕이다.

---

58) 13세기에서 19세기까지 나폴리를 거점으로 이탈리아 반도 남부에 존재했던 왕국
59) 1395년에서 1797년까지 이탈리아 반도 북부의 도시 밀라노를 거점으로 했던 도시 국가

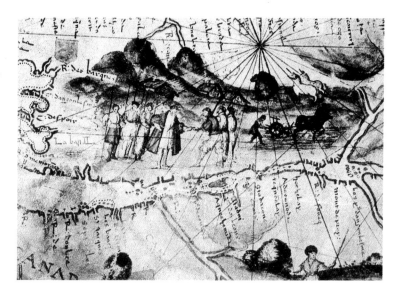

▶ 1536년 캐나다 일부 지도. 세인트로렌스 강의 일부, 카르티에와 그의 부하들을 볼 수 있다. 1534년부터 1541년 사이 카르티에는 세 차례 북아메리카를 항해해서 북서항로가 존재하는지를 조사했다. 그는 세인트로렌스 강을 발견한 사람으로 알려졌다.

여왕과 결혼한 스페인 펠리페 2세는 영국의 지원을 받아 프랑스에 맞서 싸웠다. 이 전쟁에서 프랑스는 크게 패배했지만, 한편으로는 이 일을 계기로 영국에 200년 동안 빼앗겼던 칼레를 되찾았다.

오랫동안 계속된 이탈리아 전쟁으로 프랑스와 스페인 양국은 국력이 바닥났다. 이에 앙리 2세는 국내의 종교 분쟁을 수습하기 위해 1559년 스페인과 카토-캉브레지(Cateau-Cambresis)에서 정전 협약을 맺었다. 이 전쟁에서 프랑스는 이탈리아 반도에서 영토를 얻지 못했지만 메스 등 주요한 성을 얻었고 또한 칼레를 되찾음으로써 프랑스 북부와 북동부의 경계를 다졌다. 프랑스는 계속해서 전쟁이 이어진 와중에도 경제를 발전시켜 강하고 통일된 봉건 군주 국가로 거듭났다.

경제의 부흥

프랑스는 경제가 회복되자 지리상의 발견에 동참했는데 특히 북아메리카 대륙의 탐사에 큰 관심을 보였다. 캐벗이 뉴펀들랜드 어장을 발견한 뒤인 1504년 한 프랑스 어민이 케이프브레턴 섬(Cape Breton Island)[60]을 발견했다. 프랑스인은 이곳에서 처음으로 식민 통치를 펼쳤다. 프랑수아 1세는 영국보다 먼저 해적을 비호하는 정

---

[60] 캐나다 노바스코샤 주 북동부에 있는 섬

책을 채택했다. 정부가 해적들에게 허가장을 주어 그들이 스페인과 포르투갈 상선을 습격하는 것을 합법화했고, 더욱이 자금을 공급하여 해적들이 거둔 이익을 나눠 가졌다. 이 정책은 스페인 상선이 대량으로 싣고 가는 값비싼 상품이 탐나기도 해서였지만, 정치적인 차원에서 유럽의 강국으로 자처하는 스페인을 은밀하게 공격하기 위함이었다.

16세기 초 중앙아메리카 해역에서 스페인 화물선을 약탈하는 해적은 프랑스 해적이 주를 이뤘다. 해적 조반니 다 베라차노는 1520년에 코르테스가 스페인으로 보낸 화물선 두 척을 약탈했다. 1524년 초 베라차노는 대서양을 항해하다가 북위 33도에서 47도에 이르는 북아메리카 동부 해안 약 2,500킬로미터를 조사하여 처음으로 이곳의 자연환경과 거주 현황을 정부에 보고했다. 이때부터 프랑스는 북아메리카 동쪽 해안 지대를 자국의 합법적인 영토로 여겼다. 자크 카르티에(Jacques Cartier)라는 또 다른 해적 선장은 북서항로를 찾는 과정에서 세인트로렌스 만(Gulf of St. Lawrence), 프린스에드워드 섬(Prince Edward Island)을 발견했다. 그리고 1535년 8월에 세인트로렌스 강, 9월에 북아메리카의 캐나다를 발견했다. 이를 계기로 프랑스는 식민 정복을 시작했다.

그러나 국내에서 종교 전쟁이 갈수록 치열해진 뒤로 프랑스는 60년 동안 탐험과 지리상의 발견에 뛰어들지 못했다. 나바라의 앙리 4세가 집정하면서부터 프랑스 경제는 다시 소생했다. 1602년, 1604년, 1607년에 프랑스는 한자 동맹(Hanseatic League)[61], 영국, 스페인과 각각 상무 조약을 체결했다. 그리고 1608년에 다시 북아메리카 퀘벡(Quebec)에 식민지를 세웠다. 식민 정복과 국내 경제의 발전으로 프랑스는 유럽 대륙에서 제일의 강국으로 부상할 수 있었다.

---

61) 독일 북부의 도시들과 외국에 있는 독일의 상업 집단이 상호 교역의 이익을 지키기 위해 창설한 조직

이반 4세의 통일 강성해진 러시아

유럽을 집어삼킬 만큼 강력한 튀르크 대군이 러시아에서 돌연 영토 확장을 멈춘 이유는 무엇일까? 바로 튀르크보다 강력했던 이반 4세(Ivan IV, 1533~1584)가 버티고 있었기 때문이다. 전례를 찾아보기 어려운 극단적인 공포 정치를 펼친 이반 4세는 러시아를 유라시아 대륙의 초강대국으로 발전시켰다.

첫 번째 차르

15세기 말, 모스크바 대공 이반 3세(Ivan Ⅲ)는 몽골군을 크게 물리치고 타타르족(Tatar)의 통치에 종지부를 찍었다. 이로써 작은 공국에 지나지 않던 모스크바는 주변 소국을 합병해 강력한 나라로 발전할 수 있었다. 16세기에 이반 3세의 뒤를 이어 즉위한 바실리 3세(Vasili Ⅲ)는 부친이 다진 기초 위에 나라를 더욱 견고하게 세워 러시아 북동부 지역의 분열을 끝내고 종교 및 정치적으로 중앙집권적

▼ 이반 4세가 통치하던 시기에 러시아 군대는 멀리 극동 지역까지 침략했다. 이 그림은 러시아 군대가 극동 지역에서 전투하는 장면을 그린 것이다.

인 통치를 강화했다. 그러나 안타깝게도 그는 젊은 나이에 죽어 러시아의 왕위는 이제 겨우 세 살인 어린 이반 4세에게 계승되었다.

이반 4세는 16세가 된 1547년에 대관식을 거행하여 귀족들에게서 벗어나 직접 정치를 관장하기 시작했고 대공(Grand Prince) 대신 '차르(Tsar)'라는 칭호를 쓰기 시작했다. 러시아에서 '차르'라는 칭호는 이때부터 사용되었다. 사람들을 더욱 놀라게 한 것은 이 어린 차르가 단순히 말만 잘한 것이 아니라 자신의 뜻을 행동으로 옮겼다는 것이다. 이반 4세는 즉위한 해에 직접 군사를 이끌고 원정에 나섰다. 전장에서 그는 용맹함과 뛰어난 지략을 발휘했다. 1552년 볼가 강변의 카잔 칸국(Kazan Khanate)을 멸망시켜 이때부터 러시아가 타타르족보다 강대하다는 사실을 만천하에 입증했다. 1556년 아스트라한 칸국(Astrakhan Khanate)은 아무런 저항 없이 러시아에 합병되었고, 주변의 여러 민족이 모두 러시아로 귀순했다. 이로써 영토를 확장하기 위해 침략 전쟁을 표방한 러시아는 더욱 강대해졌다.

▼ 이반 4세
이반 4세는 러시아 역사상 처음으로 차르라는 호칭을 사용했으며 개혁 정책을 시행하여 러시아를 강대한 나라로 끌어올렸다.

이반 4세의 개혁

대외적인 정복 전쟁 외에 이반 4세는 국내 정치를 바로잡는 일도 게을리하지 않았다. 그의 이러한 개혁이 없었다면 훗날의 러시아는 없었을 것이라고 해도 결코 지나친 말이 아니다.

1549년 이반 4세는 중신 회의를 소집하고 러시아의 새로운 법전을 편찬했다. 그해부터 시작하여 러시아는 10년 동안 사법, 행정, 군사 분야에서 전면적인 개혁을 추진했다. 이반 4세가 추진한 개혁 중에서 가장 중요한 것은 러시아의 군사 개혁이다. 군사 개혁은 러시아 정규군의 기초를 다져서 러시아가 강국으로 부상하는 데 큰 역할을 했다. 1558년 이반 4세는 침략 정복 정책을 펴며 발트 해(Baltic Sea) 연안의 폴란드, 리투아니아, 덴마크, 스웨덴과 25년 동안 전쟁을 치러 유럽 각국에 강력한 군사력을 자랑했다.

1565년 이반 4세는 토지가 기름지고 상업이 발달한 군사적 요충지를 차르 직속령인 오프리치니나(Oprichnina)로 지정해서 이 지역의 대귀족이 세습한 영지를 회수해 중소 귀족에게 분배했다. 이 조치에 대귀족은 강하게 반발한 반면에 중소 귀족은 두 손 들어 환영했다. 이 조치는 귀족의 세력을 약화시켜 왕권을 강화하기 위한 것이었다. 이를 위해 이반 4세는 특별히 스트렐치(Streltsy)[62]라는 무시무시한 군대를 조직해 대귀족의 반항을 평정했다. 직속령 제도가 시행된 7년 동안 대귀족의 세력은 약화되고 국가 권력은 차르 한 사람에게 집중되었다. 이렇게 해서 러시아의 봉건 군주 제도는 확고하게 정착했다.

1572년 이반 4세는 군대를 이끌고 크림 칸국(Crimean Khanate)을 공격해 러시아와 동유럽을 통치하려는 튀르크의 야심을 꺾었다. 1598년에는 차르의 군대가 시베리아를 마침내 정복하여 러시아는 판도를 더욱 확장했다. 이반 4세는 러시아를 동유럽의 강자로 끌어올렸으며 통일되고 안정된 중앙집권 체제를 확립했다.

---

62) 16세기부터 18세기까지 존재한 러시아 황제의 친위대로 머스킷과 같은 화약 무기로 무장했다.

Transition In Europe

History of the World

제 5 장

확장 시대의 경제

양이 사람을 잡아먹는다! 인클로저 운동

토머스 모어는 《유토피아》에서 당시 영국에서 일어난 인클로저 운동에 대해 "양이 사람을 잡아먹는다."라는 말로 신랄하게 풍자했다. 그러나 다른 관점에서 보면 인클로저 운동은 자본주의가 발전해온 과정에서 매우 진보적이고 합리적인 특징을 보인다. 바로 이러한 진보적인 성향 덕분에 유럽 농업사에 변혁이 일어난 것이다.

인클로저 운동

12세기 중엽부터 영국에는 여기저기 흩어져 있는 토지를 상호 교환하는 방법으로 합쳐서 거대한 토지를 소유한 사람들이 나타났다. 그 후 네덜란드, 독일, 프랑스, 덴마크 등에서도 이와 유사한 방법으로 대토지를 소유하는 것이 시대적인 추세가 되었는데 이것이 인클로저 운동의 유래이다. 영국은 처음에 법률로 인클로저 운동을 장려할 만큼 이 운동을 적극적으로 추진했다.

습도가 높고 서늘한 영국의 기후는 목초의 생장에 매우 적합했다. 이에 따라 영국의 양모는 유럽 국가 중에서도 최고의 품질을 자랑했고, 양모 가공업은 영국에서 가장 빠르게 발전하고 이익이 많이 나는 대표적인 민족 산업이 되었다. 15세기 말에서 16세기 초 인도로 가는 신항로가 개척되고 남아메리카 대륙이 발견되자 영국의 대외 무역은 급속도로 성장했고 영국 양모 수출업과 방직업은 호황을 누렸다. 양모 가격이 하늘 높은 줄 모르고 뛰어오르자 세간에는 "양만 있으면

▼ 헨리 7세, 요크의 엘리자베스 (뒤), 헨리 8세, 제인 시모어(앞)

210

모래를 황금으로 바꿀 수 있다."라는 말이 나돌 정도였다. 4,000제곱미터 규모의 목장에서 벌어들인 수익이 경지 8,000제곱미터에서 얻는 수익보다 훨씬 많았다. 인클로저 운동은 처음에는 상공업이 발달한 영국 남동부의 농촌에서 시작되었다. 지주 향신 계층인 젠트리가 처음으로 공유지에 울타리를 둘러쳤고 일부 자영농도 여기에 참여했다. 이들은 협의를 거치기도 했지만, 한편으로는 정당하지 못

▲ 약 18세기 말 유럽의 판화, 영국 링컨(Lincoln) 주의 시가지 정경

한 방법으로 소작농의 토지와 농민들이 보유한 토지까지 울타리로 둘러쳐서 사유지로 만들었다.

　인클로저 운동에는 실제로 폭력이 동원되기도 했다. 젠트리나 귀족들은 불법적인 방법으로 농민의 토지를 빼앗았는데 그 결과 농민 폭동이 일어났다. 강제적인 인클로저 운동에 대해 토머스 모어는 양이 사람을 잡아먹는 운동이라며 신랄하게 비판했다. 그러나 16세기에 인클로저 운동은 대개 토지를 차지하려는 지주와 토지를 내주는 농민 사이에 협의를 거쳐 이루어졌다. 예를 들어 1589년 요크(York)의 브래드퍼드(Bradford) 황무지를 둘러싸기 할 때 모든 소작인들이 이 황무지에 모여서 만장일치로 둘러싸기에 합의했다. 랭커셔(Lancashire)에서는 협의를 거쳐 자투리땅을 교환했는데, 이때부터 공유지 둘러싸기가 본격적으로 시작되었다. 또 공용 목장을 교구별로 나누고 모두 이를 수용하는 것을 전제로 개인에게 분배하는 방법도 있었다. 안타깝게도 인클로저 운동을 비판한 토머스 모어는 이와 같은 합리적이고 민주적인 절차에 대해서는 아무런 언급을 하지 않았다.

인클로저 운동이 처음 절정을 이룬 것은 영국 튜더 왕조 시기이다. 당시 인클로저 운동으로 농사지을 땅을 잃은 농민들은 거리의 유랑자로 전락했다. 이는 국가 재정, 사회 치안, 병력 조달 등에 큰 문제를 일으켰기 때문에 영국 왕실에서는 이 운동에 반대했다. 영국 왕은 인클로저 운동을 제한하는 법을 반포했지만 어떤 법도 들불처럼 번지는 인클로저 운동을 막지 못했다. 이 밖에 정부는 유랑자에게도 제재를 가했다. 노동 능력이 있는 유민이 정해진 기간 안에 일자리를 구하지 못하면 채찍을 맞거나 귀가 잘렸고 노예로 팔려가거나 심지어는 사형을 당하기도 했다.

한편, 모직 공업이 성장함에 따라 많은 노동자가 필요해졌다. 몰락한 농민들은 농촌을 떠나 도시로 가서 모직 공장에서 일하는 노동자가 되었다. 이러한 토대 위에서 영국의 공장수공업은 빠른 속도로 성장했고, 16세기 말에 인클로저 운동은 또 한 번 절정에 달했다. 1593년 영국 의회가 인클로저를 제한하는 법령을 폐지하자 대규모의 농지가 목장으로 바뀌었다. 그러나 이후 연이어 4년 동안 흉년이 들어 농작물의 작황이 나빠지자 1597년 인클로저를 제한하는 법이 다시 반포되었다. 1601년 영국 왕은 빈민구제법을 반포했다. 이 법에 따라 교구마다 빈민구제세를 내야 했고, 교구에서 일정한 기간을 거주했으며 과거에 일한 경력이 있는 사람에 한해 정부의 보조금을 받을 수 있었다. 이러한 조치는 농지를 잃은 농민의 생계를 지원해서 사회를 안정시키는 한편 자본가가 노동자를 고용하는 것을 도왔다.

16세기 영국의 인클로저 운동은 실제로는 매우 복잡한 사회 전환 운동이다. 과거의 봉건적인 토지 소유 제도가 토지의 개인 사유제로 새롭게 바뀌었고, 과거의 장원식 경영은 새로운 목장식 경영으로 전환되었다. 또 전통 농업을 근대적인 농업으로 바꾸어놓았다. 이 운동은 신흥 자본 계급과 봉건적인 구세력 사이에 일어난 투쟁이라고 평가할 수 있다. 비록 사람들의 재산과 생명이 희생되었지만, 역사적인 흐름을 따랐다는 데 이 운동의 의미가 있다.

유럽에 불어 닥친 경제 위기 가격 혁명

16세기 유럽에 역사상 처음으로 발생한 인플레이션으로 한 세기 동안 상품의 가격이 무려 네 배로 뛰어올랐다. 유럽 국가와 사회의 발전에 엄청난 영향을 주었던 물가 폭등을 역사에서는 '가격 혁명'이라 부른다.

부유해진 유럽

15세기 초, 황무지 개간 사업과 공업의 발달로 상업이 활성화되었다. 상품 경제가 빠르게 발전하자 유럽은 더욱 많은 화폐와 자금이 필요해졌다. 그러나 당시 전 유럽에서 전체적으로 금과 은의 품귀 현상이 일어났다. 1493년부터 1520년 사이에 유럽의 연평균 금 생산량은 1,600킬로그램으로 시장의 수요를 충족시키기에는 턱없이 부족했다. 그래서 학자들은 이 시기의 유럽을 '귀금속이 고갈된 유럽'이라고 부른다. 나라마다 국내의 경화[63] 부족을 해결하기 위해 다양한 정책을 펼쳤는데, 포르투갈과 그 밖의 일부 나라에서는 동전에 들어가는 황금의 양을 줄였다. 그러나 이 정책은 정부의 신용도를 떨어뜨렸을 뿐만 아니라 국내에 더욱 심각한 인플레이션을 유발했다.

귀금속 화폐의 양을 늘리는 것이 국가의 최우선 과제가 되자 16세기 유럽 국가(특히 서유럽)들은 귀금속의 탐사와 발굴에 총력을 기울였다. 그 결과 오스트리아의 티롤(Tirol), 독일의 작센에서 대량으로 매장된 은광이 발견되었다. 또 야금술이 향상되어 1450년대부터 유럽 백은의 연간 생산량이 점차 증가했고 1540년에는 연간 생산량이 65톤에 달했다.

▼ 아메리카 대륙에서 유럽으로 금과 은을 실어 나르는 스페인 상선

63) 금화, 은화처럼 금속으로 만든 화폐

이렇게 생산된 백은은 일시적으로 유럽의 귀금속 수요를 충당했다. 그리고 포르투갈이 개척한 신항로를 통해 아프리카와 남아메리카에서 황금을 매년 500킬로그램 이상 리스본으로 실어왔다. 그러나 유럽의 경제 발전이 한계에 이르자 갑자기 공급이 늘어난 귀금속을 소진할 시장이 부족해졌다. 포르투갈에 이어 스페인이 아메리카 대륙에서 백은을 가지고 오기 전부터 유럽 시장에는 이미 물가 상승의 조짐이 나타나고 있었다.

가격 혁명

1545년과 1548년 스페인은 남아메리카에서 포토시(Potosi) 은광과 사카테카스(Zacatecas) 은광을 발견했다. 또 아메리카의 황금이 계속해서 유럽으로 보내졌다. 스페인 선박은 대량의 황금과 은을 끊임없이 본국으로 수송했다. 이치대로라면 스페인은 당시 세계에서 가장 부유한 나라가 틀림없었다. 그러나 스페인에 유입된 귀금속은 스페인 사람들에게 부를 가져다주지 않았다. 스페인의 왕족과 귀족이 수시로 병력을 동원해서 전쟁을 치렀고 사치와 향락에 빠져 살았기 때문이다. 게다가 노동력의 부족과 봉건 세력의 통제로 스페인의 공산품과 농산품은 시장에서 점차 경쟁력을 잃었다. 이런 까닭으로 스페인의 황금과 은은 산업이 발달한 영국과 프랑스로 대량 유입되어 자본화되었다. 통계로는 1492년부터 1595년 사이에 스페인이 아메

▶ **포토시 은광**
볼리비아 남부의 포토시는 1545년에 스페인에 점령당한 이후 200여 년 동안 전 세계 백은의 절반 이상을 생산해냈다.

214

리카 대륙에서 약탈한 금은의 가치는 약 40억 페세타(Peseta)에 달하지만 국내에는 단지 5%에 해당하는 2억 페세타만이 남았다고 한다.

귀금속은 유럽으로 유입되고 나서 귀금속 상품으로 주조되거나 화폐로 만들어졌다. 상품으로서의 귀금속은 시장 가격에 별다른 영향을 끼치지 않았지만, 화폐로 만들어진 귀금속은 화폐로 유통되어 시장에 영향력을 발휘했다. 귀금속이 경화로 대량 생산되면, 인구와 통화량의 증가에 맞추어 증가하지 않고 시장의 실제 수요를 초과해서 생산되어 화폐와 상품 간의 균형을 깨뜨리게 된다. 결과적으로, 화폐의 가치는 떨어지고 상품의 가격은 올라간다. 바로 이런 이유로 유럽의 인플레이션은 빠른 속도로 심각해져서 통제 불가능한 지경에 이르렀다. 경제사에서 이를 '가격 혁명'이라고 부른다. 주목할 것은 한 세기 동안 스페인의 물가는 약 네 배 올랐고 다른 나라에서도 정도는 다르지만 큰 폭으로 물가가 상승했다는 점이다. 이 가격 혁명에서 가장 큰 손해를 본 사람은 토지 및 사업 능력을 잃은 귀족, 도시와 농촌의 수많은 노동자였다. 한편, 공장주와 자본가는 상품 가격의 상승으로 엄청난 이익을 얻었다. 이에 따라 유럽 각국 정부는 생활필수품의 가격이 상승하는 것을 제한하려 했지만 별다른 실효를 거두지 못했다. 물가 상승은 유럽 산업과 농업의 각종 상품에까지 파급되었고 상승폭도 매우 컸다. 한 세기에 걸쳐 지속된 물가 상승은 유럽의 사회와 경제 발전에 매우 심각한 영향을 주었다.

지중해의 번영 향료 무역

16세기 지중해 연안은 각종 상업 활동이 매우 활발하게 전개되었다. 다양한 상품 중에서 가장 수익이 컸던 상품은 단연 향료였다.

대항해 시대를 연 향료

향료 혹은 향신료는 특이한 향을 내는 것으로 말린 식물의 씨앗, 과육, 뿌리, 나무껍질로 만든 조미료이다. 동양에서는 오래전부터 향료를 사용해서 고기를 절였는데 이렇게 하면 맛도 좋아지고 쉽게 상하지 않는다.

중세에 아랍인은 유럽에서 동방으로 갈 때 꼭 지나야 하는 길을 점거했다. 그래서 유럽인이 향료를 얻으려면 반드시 아랍인을 거쳐야 했다. 유럽인은 이 향료를 어디에서 가져오는지 알지 못했고, 이 비밀은 수백 년 동안 아랍인만이 알고 있었다. 그들은 통나무배를 타고 동남아로 가서 향료를 실은 뒤 말라카에서 방글라데시를 거쳐 인도에 도착했다. 그리고 향료의 집산지인 코친, 캘리컷, 고아, 디오 등의 항구에서 향료를 팔았다. 그 후 아랍 상인들은 위험한 인도양에서 아덴(Aden)으로 건너왔다. 그곳에서 화물을 낙타에 옮겨 싣고

▼ **14세기 서적 삽화**
연회를 준비하기 위해 하인들은 물품을 나르고 주인은 풍성한 음식에 동양에서 가져온 향료를 넣어 그 풍미를 더했다.

뜨거운 사막을 몇 개월 동안 이동한 뒤 바스라, 바그다드, 다마스쿠스를 거치고 베이루트를 지나 카이로에 도착했다. 이 경로를 지나는 동안 거친 파도, 사나운 강도, 황량한 사막이 어느 때든 이들의 생명과 화물을 노렸다. 게다가 각 경유지에서 그곳 술탄이 정한 높은 세금을 내야 했기 때문에 향료의 가격은 그와 함께 하늘 높은 줄 모르고 뛰어올랐다. 화물이 무사히 알렉산드리아에 도착해서 베네치아 상인의 선단에 실릴 때에야 비로소 위험한 고비를 넘겼다고 할 수 있었다. 베네치아 상인은 지중해에서 알렉산드리아 항까지의 항로를 장악해 유럽의 향료 무역을 차츰 독점했다. 이 향료들은 각국의 상인들에게 고가에 팔려나갔고 베네치아는 한순간에 유럽에서 가장 번영한 항구가 되었다. 향료가 최종적으로 소비자에게 전달될 때의 가격은 금은보다 비쌌다. 베네치아 상인이 향료를 팔아 큰 이익을 남긴 한편, 다른 유럽 국가들은 비싼 향료 가격과 갈수록 부족해지는 황금으로 곤란한 지경에 이르렀다. 특히 이베리아 반도의 포르투갈이 겪은 어려움은 다른 나라와 비교할 수 없었다. 15세기 말 포르투갈은 육로를 이용한 무역이 제한된 탓에 향료, 설탕, 금 등 생활 필수품의 수입량이 급격하게 줄어들어 가격이 폭등하고 사람들의 생활은 더욱 힘들어졌다. 이와 같은 상황에서 벗어나기 위해 포르투갈은 제일 먼저 해외로 모험을 떠나게 되었고 나아가 신항로를 개척할 수 있었다. 신항로의 개척은 베네치아 상인의 독점을 깨뜨리는 중요한 계기가 되었으며 이로써 포르투갈, 스페인, 영국, 프랑스, 네덜란드 등의 국가가 제각기 해외로 탐험을 떠나는 대항해 시대가 열렸다.

향료 무역을 둘러싼 쟁탈전

16세기 초 포르투갈의 바스코 다 가마가 인도로 가는 신항로를 개척한 후 포르투갈은 무력을 동원해 일시적이나마 인도양의 향료 무역을 독점했다. 포르투갈은 말라카 해협을 점거해 향료의 수출입 길목을 통제했고, 사라고사 조약(Treaty of Saragossa)을 통해 향료 군도와 필리핀의 귀속권을 얻었다. 향료를 가득 실은 포르투갈의 배가 앤트워프, 리스본에 도착하자 한때 지중해에서 호황을 누렸던 향료 무역은 심각한 타격을 입었다. 경제적 이익에 큰 손실을 보자 베네치아 상인과 아랍 상인은 이집트 군대와 손을 잡고 디오에서 포르투갈과 한바탕 치열한 전투를 벌였는데 결과는 이들의 패배로 끝나고 말았다.

그러나 포르투갈은 어디까지나 소국에 불과했기에 치열한 경쟁이 장기적으로 이어지자 곧 세력이 쇠퇴하고 말았다. 군함을 보내 인도양에 분산해서 세운 기지들을 순찰하는 것으로는 외국 선박을 전부 막을 수 없었기 때문이다. 게다가 향료 무역은 거래가 빈번하고 자유로운 특성이 있어 장기적으로 독점하는 것은 불가능했다. 이 점을 노린 베네치아 상인들은 이집트, 튀르크 상인과 손을 잡고 옛 항로를 이용해서 상품을 조달했다. 이 외에도 베네치아 상인은 이슬람과 손을 잡고 포르투갈의 세력이 미치지 않는 범위에서 향료 무역 항로를 개척했다. 1526년 튀르크 군대가 포르투갈이 아직 정복하지 않은 아덴을 장악해 홍해는 다시 한 번 튀르크인의 해협이 되었다. 베네치아 상인은 포르투갈이 장악한 항로라고 해도 뇌물을 제공해서 계속 그 항로를 이용해 지중해에서의 향료 무역으로 새롭게 번영을 누렸다. 한편, 포르투갈 상선은 희망봉 일대에서 해적의 끊임없는 습격에 시달렸다. 그리고 포르투갈의 식민지 확장은 어느덧 이미 자국의 국력이 감당할 수 있는 범위를 넘어섰다. 국내의 노동력 부족은 생산력의 하락으로 이어졌고 그 결과 생활필수품을 외국에서 대량 수입하다 보니 엄청난 재산이 외국인의 주머니로 흘러들어 갔다.

향료 무역은 많은 이익을 벌어들이는 사업이어서 프랑스, 영국, 독일, 네덜란드 상인들도 모두 향료 무역에 뛰어들었다. 이렇다 보니 포르투갈이 향료 무역 시장에서 차지하는 비중은 점점 줄어들었다. 포르투갈과 튀르크가 서로 견제할 때, 베네치아 상인은 두 나라 사이에서 자신에게 더 유리한 조건을 저울질하며 실리를 챙겼다.

16세기 전반에 걸쳐 지중해의 향료 무역은 줄곧 번성했다. 포르투갈이 동남아시아를 제패했지만. 베네치아는 향료 무역에서 결코 발을 빼지 않았고 가능한 모든 수단을 동원해 포르투갈과 경쟁했다. 베네치아 상인들은 포르투갈의 세력이 쇠퇴하고 네덜란드와 영국이 향료 무역에 뛰어든 뒤에야 비로소 큰 타격을 입었다.

검은 대륙의 유혹 노예 무역

황량한 검은 대륙 아프리카는 지금까지도 지구에서 가장 낙후된 땅이다. 찌는 듯한 더위와 기아, 그리고 질병으로 마치 하느님마저 이 땅을 버린 것만 같다. 유독 아프리카만이 낙후된 그 근본적인 원인은 무엇일까? 그 해답은 바로 유럽이 부유해진 이유인 노예 무역에서 찾을 수 있다.

비참한 운명의 검은 노예

대다수 사람이 아프리카 노예 무역이 포르투갈에서 시작되었다고 생각하지만 실제로 아프리카의 노예 매매는 훨씬 이전 시대에 시작되었다. 흑인 노예에 대한 기록은 서기 1세기에 발표된 《에리트라이 해 일주기(Periplus of the Erythraean Sea)》에서도 발견된다. 7세기 말 북아프리카에 이른 아랍인은 그곳의 흑인을 잡아다 아랍, 페르시아, 인도 등지로 팔았다. 훗날 유럽에서는 흑사병으로 수많은 사람이 사망해 노동력이 부족해졌다. 이를 보충하기 위해 14세기부터 스페인이 노예 무역을 시작했고, 포르투갈이 그 뒤를 따랐다. 15세기 초 스페인과 포르투갈의 대도시에는 규모는 작지만 흑인 노예를 전문으로 매매하는 시장이 열렸다. 15세기 중엽, 즉 1441년 이후 포르

◀ 이 그림은 노예 무역의 한 장면을 묘사한 것으로 노예상이 붙잡혀온 아프리카 흑인들을 검사하고 있다.

투갈 모험가들이 모리타니(Mauritania)[64] 지역에서 아프리카 흑인 열 명을 팔아 큰 이익을 남기자 그 후 포르투갈인은 앞을 다투어 흑인 노예 사냥에 나섰다. 포르투갈인이 흑인 노예를 매매하기 시작한 첫 5년 동안 인간 사냥 또는 현지 추장과의 노예 교환과 매매를 통해 흑인 수천 명이 포르투갈로 끌려왔다. 한편, 포르투갈에서는 소유한 흑인 노예의 수가 부의 척도가 되었다. 노예 무역은 이때부터 재산을 늘리는 주요한 수단이 되었다. 흑인 노예 사냥은 포르투갈 모험가들을 아프리카 서해안으로 끌어들였고 이들의 탐험을 더욱 가속시켰다.

포르투갈인에게 흑인은 사람이 아니라 미개한 동물에 지나지 않았다. 그들은 '사냥대'를 조직해서 흑인을 사냥했다. 사냥대가 들이닥치면 평화롭던 흑인 마을이 하룻밤 사이에 폐허로 바뀌었다. 이런 인간 사냥에 흑인들이 저항하자 포르투갈인은 다른 방법을 찾아냈다. 그들은 흑인들을 속이거나 아프리카 부족 사이에 전쟁이 일어나도록 부추겨서 전쟁 포로가 된 흑인을 사들여 노예 상인에게 되팔았다. 노예 사냥 때문에 일어난 전쟁은 이후 400년 동안이나 계속되어 수많은 아프리카인이 죽거나 외국으로 팔려갔다. 유럽의 정복자들은 서부 아프리카의 각 항구에 모여서 잡혀온 노예들의 몸에 낙인을 찍어 노예 신분을 표시했고, 노예상은 마치 짐승을 옮기듯 노예들을 배에 태워 포르투갈로 데려갔다. 흑인 노예 중에는 항해하는 동안 굶주림과 갈증 또는 전염병으로 목적지에 닿기도 전에 죽는 사람이 많았고 외국으로 끌려간 이후 고된 노동을 견디지 못하고 죽는 경우도 많았다.

스페인이 아메리카 대륙을 발견하고 포르투갈이 멕시코와 인도에 발을 디디자 새로운 땅을 발견하려는 정복자들은 더욱 늘어났다. 그리고 이와 동시에 수많은 원주민이 이들의 손에 목숨을 잃었다. 유럽 정복자들의 인디오 대량 학살로 아메리카 대륙은 심각한 노동력 부족에 직면했다. 게다가 노동력이 부족해진 유럽 식민 국가들에도 많은 흑인 노예가 필요해서 흑인 노예 시장은 갈수록 규모가 커졌다. 1513년에 스페인 왕은 상인들이 흑인을 스페인령 식민지로 데려가는 것을 허락하는 증서를 정식으로 발급했다. 이때부터 노예 무역은 크게 활성화되었다. 흑인 노예 무역이 가장 왕성했던 400년 동안

[64] 서아프리카의 사하라 사막 서쪽에 있는 나라

아프리카 전체 인구에서 적어도 1억 명이 노예로 팔려갔다. 노동력이 부족해지면 생산력도 떨어지기 마련이다. 아프리카가 지금까지도 가난한 땅인 이유가 바로 여기에 있다.

삼각 무역

흑인 노예 무역이 정착되면서 포르투갈, 스페인 두 나라에서는 점차 삼각 무역이 성행했다. 최초의 삼각 무역은 15세기 후에 시작되었다. 원주민의 저항으로 노예 사냥이 어려워지자 포르투갈인은 다른 방법을 찾아냈다. 첫 번째 단계로 노예선에 총과 총알, 저가의 생필품을 배에 가득 싣고 서부 아프리카로 가서 부족 추장을 상대로 화물과 노예를 교환한 후 대서양을 건너 아메리카 대륙으로 향한다. 두 번째 단계로 아메리카 대륙에 도착하면 흑인 노

▲ 아프리카 세네갈에서 노예상이 두 흑인 노예를 사기 위해 흥정하고 있다.

예들을 금은, 사탕수수 등 원료와 교환한다. 세 번째 단계로 포르투갈로 돌아와서 이 원료를 가공해 막대한 이윤을 챙겼다. 이 세 단계를 가리켜 삼각 무역이라고 하는데, 출항해서 돌아오기까지 보통 수개월에서 반년이 걸렸다. 노예상들은 이 삼각 무역으로 100%에서 1,000%의 이윤을 얻었다.

이렇듯 막대한 이윤을 얻다 보니 다른 식민 국가들에서도 눈독을 들이기 시작했다. 그러나 노예 무역 초기에는 포르투갈이 남아메리카의 노예 무역을 독점했고 스페인이 북아메리카의 노예 무역을 독점하고 있었다. 교황이 설정한 경계선을 감히 침범할 수 없었지만, 영국과 네덜란드, 프랑스 등 국가들은 각종 수단을 동원해 포르투갈, 스페인 양국의 노예 시장 독점을 무너뜨리고자 했다.

금융업의 발달 대은행가의 등장

한 나라의 경제 발전 수준은 금융업이 얼마나 발달했는가로 판단할 수 있다. 금융은 국민의 생활, 정치와 밀접하게 관련된다. 16세기에 은행의 금융 업무는 국가의 정치와 유난히도 긴밀하게 연결된 나머지 결국에는 정치의 희생양으로 전락하고 말았다.

금융의 발달

중세 초 여러 작은 나라로 분열되어 있던 유럽은 자급자족의 농업 위주였기에 직업 상인이 아직 나타나지 않았다. 당시 돈을 빌려주는 대출 업무는 재산이 많았던 교회가 맡아서 했는데, 돈을 빌리는 채무자가 토지를 담보로 맡겼기 때문에 이를 상업적인 신용 대출로 보기 어렵다. 상업이 발달하면서 유럽 각 지역에서 화폐가 유통되기 시작했다. 당시에는 화폐의 주조 방법이 통일되지 않아서 각종 금화와 은화의 무게, 금은 함유량이 달랐다. 이때부터 화폐를 교환해주는 환전상과 대출업이 출현했다. 13세기 샹파뉴(Champagne)의 정기 시장에서 어음을 사용하고 복식 부기로 장부를 기록하기 시작했

▼ 중세 프랑스의 환전상

다. 이로써 새로운 산업인 금융업이 시작되었다. 오랜 기간 환전과 대출에 종사하던 상인들은 점차 은행가로 성장했다. 초기의 은행가들은 아직 상업에서 벗어나지 못해 이들은 상인이면서 동시에 대출업자였다. 이들의 돈을 빌리는 사람은 대부분 자금이 부족한 왕과 귀족이었는데 은행가들은 이렇게 정치 권력과 연결되어 각종 혜택을 누렸다.

13세기에서 15세기에 이르기까지 전 유럽에서 가장 자금이 풍부하고 세력이 큰 은행은 이탈리아의 메디치, 페루치(Peruzzi), 바르디(Bardi) 등의 가문에서 경영했다. 이들은 상업에 종사하는 한편 다른 나라에 대금을 결제하는 중개인이 되어 환전과 송금 업무를 담당했다. 당시 이탈리아의 대규모 은행은 국제적인 성격을 띠었다. 그들은 전 유럽의 주요 도시에 사무소를 설치했고 결제 수단으로 주로 환어음을 사용했다. 이

들의 고객은 영국 왕, 프랑스 왕, 귀족, 주교와 도시의 상인 등이었다. 은행가들은 고리대금으로 짧은 시간에 큰돈을 벌었고, 이탈리아의 피렌체, 밀라노, 베네치아, 제노바 등이 유럽 경제에서 가장 부유한 도시가 되었다. 그러나 부가 있는 곳에 전쟁이 일어난다는 말처럼 15세기 말까지 이탈리아에서 전쟁이 빈번하게 일어나자 상업은 정상적으로 발달하지 못하게 되었고 그 결과 메디치 등 대형 은행은 쇠퇴의 길을 걸었다.

정치적 희생양

16세기에 유럽 경제가 계속해서 발전할 수 있었던 이유 중에는 은행가의 찬조가 큰 비중을 차지한다. 그들이 대규모 자금을 대출하지 않았다면 당시에 시작된 해외 탐험, 식민 정복, 산업 활동 등이 진행될 수 없었다. 유럽 각국 사이에 잇따른 전쟁 역시 은행가의 투자가 있었기에 가능했던 것이다. 당시 유럽의 각 나라는 용병을 고용해서 전쟁을 치렀다. 각국이 보유한 군인의 수는 많아봐야 3만 명에서 4만 명에 불과했기 때문에 용병을 고용하고 그들에게 보수를 지급하기 위해 왕들은 은행가에게 손을 벌려 자금을 빌렸다.

독일 아우크스부르크(Augsburg)의 푸거(Fugger) 가문은 16세기 유럽에서 가장 세력이 큰 상인 가문이었다. 이 가문의 조상인 요하네스 푸거는 방직공 출신이었는데 옷감과 향료를 판매하여 가문을 일으켰다. 나중에 합스부르크 왕실의 영지에서 철광, 은광, 소금을 개발해 큰돈을 번 그는 교황의 은행이 되었다. 그의 자손들은 물려받은 막대한 재산을 다양한 분야에 투자해 역시 큰 이익을 남겼다. 야코프 푸거(Jakob Fugger, 1459~1525)에 이르러 푸거 가문은 최고의 전성기를 맞이했다. 그는 합스부르크 왕조의 재벌로 불렸으며, 상업사에 빛나는 푸거 시대를 열었다. 1519년 카를 5세가 신성로마제국 황제로 선출된 것은 그 배경에 푸거 가문의 재정적인 지원이 있었기에 가능했다. 야심이 컸던 카를 5세는 유럽에서 맹주가 되기 위해 푸거 가문의 은행에서 수시로 자금을 빌렸다. 1530년대에 스페인의 군대는 그 규모가 이미 15만 명에 달했다. 비록 아메리카의 금광과 은광에서 큰 이익을 얻었지만, 이만한 대규모의 병력을 운영하는 데는 늘 자금이 부족했다. 그리고 오스만튀르크, 프랑스와 전쟁하고 네덜란드의 반란을 평정하기 위해 대량의 자금이 필요했다. 카를 5

▲ 13세기 피렌체의 거리 풍경, 프란첸스코 우베르티니 (Francesco Ubertini) 작품

세는 전쟁에 필요한 자금을 마련하기 위해 푸거 은행에서 계속해서 돈을 빌렸고, 은행은 결국 재정적으로 심각한 위기를 맞았다. 만약 왕실에서 제때 돈을 갚지 않으면 이는 곧 은행의 파산을 의미했다. 1557년에서 1559년에 스페인의 펠리페 2세와 프랑스 앙리 2세가 약정한 기간에 은행에 돈을 갚지 못하자 파산을 선포했다. 이로 말미암아 수많은 은행이 심각한 타격을 받았고 심지어 파산에 이르렀다. 정치적인 위기는 경제 위기로 이어졌고, 막대한 자금으로 한 시대를 풍미한 푸거 가문은 합스부르크 왕실이 다섯 번째 파산을 선고할 때 함께 파산을 선고했다.

16세기 대재벌과 정치의 밀착된 관계는 중산층에도 영향을 주었다. 정부가 은행의 예금 업무를 모방해서 국민의 여유 자금을 운용하기 시작한 것이다. 1522년 프랑스 왕 프랑수아 1세는 카를 5세와 치를 전쟁을 위해 파리 시의 세금을 담보로 현지 귀족들에게서 20만 프랑을 빌렸다. 이것이 바로 공채의 기원이며, 프랑수아 1세는 프랑스 왕 중 민간에서 자금을 빌린 첫 번째 왕이 되었다. 그 후 1555년에 앙리 2세도 귀족들에게 자금을 빌렸다. 그러나 결국 자금을 상환하지 못해 수많은 중산층이 파산하고 말았다.

금융업이 발달하면 사회의 경제가 활성화되어 부를 창출하지만, 이와 동시 전쟁을 조장하게 된다. 전쟁에서 패하면 가장 큰 어려움을 겪는 이들은 바로 부를 창출한 사람들이다.

황금의 유혹 중상주의의 대두

황금과 은은 부를 상징한다. 16세기 유럽에서는 국고에 쌓인 재물의 많고 적음으로 국가의 부유함을 가늠했다. 이것은 은행의 잔고로 개인의 부를 측정하는 것과 같다. 이러한 생각이 두루 퍼지면서 유럽 각국에는 중상주의 정책이 대두해 18세기까지 이어졌다.

초기 중상주의

15세기 말, 서유럽 사회에서 초보적인 자본주의 생산 관계가 형성되었고 국민 경제에서 상업 자본이 중요한 역할을 담당했다. 은행가에 대한 의존을 줄이고자 각국 정부는 부국강병 정책을 시행했다. 정부는 상업 자본의 발전을 지원했고, 이로써 국가의 농공상업이 촉진되었다. 당시 사람들은 한 국가의 부유한 정도는 국고에 쌓인 금과 은을 보면 알 수 있다고 생각했다. 황금을 향한 집착은 유럽에서 가장 빈곤했던 이베리아 반도의 두 나라, 즉 포르투갈과 스페인이 누구보다 앞서 대항해에 나선 이유였다. 그들은 본국의 금광과 은광을 채굴했고 지리상의 발견을 이룬 이후 식민지에서도 금을 채굴했는데 이 모든 것이 황금을 얻기 위해서였다. 황금을 향한 집착은 경제 정책에도 반영되었고, 후인들은 이를 중상주의라고 불렀다.

16세기는 초기 중상주의 시대이다. 중상주의자는 국가가 보유한 금이 많을수록 부유하고 강대하다고 보았다. 그리고 금광과 은광을 채굴하는 것 외에도 대외 무역에서 흑자를 내는 것이 진정으로 국가의 부를 증대시키는 길이라고 보았다. 이러한 중상주의 사상에 영향을 받은 집권자들은 수입을 제한하고 수출을 장려하는 정책을 펼쳤다. 또 각국은 농공상업을 대대적으로 발전시켜 국내의 상품 생산과 유통을 촉진함으로써 대외 무역에서 흑자를 꾀했다. 15세기 말 지리상의 대발견의 의의는 포르투갈과 스페인 두 나라를 부강하게 한 것에 그치지 않고, 이를 통해서 세계를 향한 무역의 길이 열리고 상업 자본의 영향력이 강화된 것이다. 포르투갈과 스페인의 뒤를 이어 지리상의 발견에 뛰어든 영국, 네덜란드, 프랑스 역시 16세기에 풍성한 성과를 얻었다. 중상주의의 영향으로 각국 정부는 다양한 재정 정책을 집행했는데 이는 대중의 경제생활까지 간섭하기에 이르렀다.

스페인과 포르투갈은 유럽에서 금은이 고갈되자 앞다투어 지리상의 발견을 위해 떠났다. 식민지로 정복한 새로운 대륙에서 채굴한 황금이 이베리아 반도로 유입되면서 이 두 나라는 일시적으로 부강해졌으나 곧 영국과 네덜란드에 추월당했다.

발전을 향한 다양한 노선

영국은 16세기 말부터 서서히 국력을 키우기 시작했다. 영국의 초기 중상주의는 튜더 왕조 통치 기간(1485~1603)으로 거슬러 올라간다. 이 시기에 영국에서는 시대의 한 획을 긋는 매우 중요한 사건이 일어났다. 인구의 폭발적인 증가, 가격 혁명, 농업 혁명, 종교개혁, 그리고 상공업의 확장이 그것이다. 이때 영국이 선택한 노선은 스페인과 달랐다. 영국 정부는 국내외 위기를 해결하기 위해 다양한 정

▼ **18세기 유화**
〈브리스틀의 부두〉
영국 잉글랜드 남서부 지역 브리스틀은 중세부터 선박과 상품의 유통이 많았던 중요한 항구였다. 그리고 18세기 말에는 물동량이 리버풀, 맨체스터 등의 항구를 앞섰다.

책을 시도했고, 이런 과정을 거치다 보니 다른 유럽 국가들보다 중상주의를 비교적 늦게 수용했다. 우선 영국은 스페인처럼 대량의 황금과 은을 수입할 수 없었기 때문에 인플레이션의 영향이 적었다. 가격 혁명이 일어났을 때, 헨리 8세는 두 번(1526~1544)에 걸쳐 통화를 평가절하했다. 그리고 인클로저 운동으로 식량 생산이 감소하면서 기근이 발생하자 헨리 8세는 1516년에 런던에서 양곡의 수출과 인클로저 운동을 금지했다. 이와 더불어 농업 분야에서 개혁적인 시책을 펼쳤다. 이와 같은 정책을 통해 영국 정부는 양모 방직업에서 수익을 얻으면서 자국의 양곡 수급에도 주의를 게을리하지 않았다. 이 밖에 헨리 8세가 펼친 종교개혁은 실제로는 정치와 경제 두 분야에 걸친 개혁이었다. 그는 전제 왕권을 수호하는 동시에 잉글랜드 민족 경제의 이익을 보호했다. 16세기 중후반에 엘리자베스 1세는 영국의 화폐 제도를 정비하고 경상 수지를 증가시키는 재정 정책을 펼쳤다. 이로써 관세, 독점 특허권, 양곡 수매권은 왕실의 주요 수입원이 되었다.

영국은 같은 중상주의지만 유럽과는 다른 독특한 역사적 배경 위에서 자국의 이익에 유리한 정책을 제정해 중상주의를 성공적으로 실현했다. 그리고 유럽에서 원시 자본의 축적을 가장 먼저 완성한 국가가 되었다.

특허 회사 중상주의 정책의 선봉

16세기는 변화와 기회로 가득한 시기였다. 이때 서유럽 국가들이 강대해질 수 있었던 것은 경제적인 이익 추구를 중시했기 때문이다. 상인들은 이익을 얻기 위해 위험을 두려워하지 않았고 탐험대를 꾸려 신세계를 찾아 나서고 새로운 금융 기법을 만들어내어 기존의 소규모 자본을 증대시켰다.

세계 최초의 특허 회사

중상주의 정책에 따라 이베리아 반도의 두 나라 포르투갈과 스페인은 지리상의 발견에 먼저 뛰어들었고, 15세기 말부터 지역 간 경제 관계가 더욱 증가하고 활발해졌다. 여러 나라가 절대 평등하지 않은 조건 아래 각각 새로운 사업을 시작했다. 당시 식민 사업에 참여한 포르투갈, 스페인, 영국, 네덜란드, 프랑스 중에서 포르투갈과 스페인이 가장 먼저 식민지를 통해 부를 창출하면서 채택한 방법은 국가의 전매, 왕실의 독점이었다. 영국, 네덜란드, 프랑스에서는 식민지 탐험과 개발이 민간에서 주도되었다. 이렇게 각 나라가 채택한 방법은 서로 다른 결과를 가져왔다.

16세기 중엽 영국의 대외 무역은 침체했다. 상인들은 앤트워프 양모 시장의 판매가 급속도로 하락하자 매우 당황했다. 그전까지 영국의 양모는 가장 큰 수익을 내는 사업이었다. 그들은 한 가지 상품, 하나의 상업 조직, 그리고 하나의 수출품에만 의지하는 것이 얼마나 위험한지를 깨달았다. 그래서 스페인에서 항해사를 했던 나이 많은 탐험가 서배스천 가보트를 청해 새로운 시장을 개척해서 수출을 늘릴 방법을 자문했다. 서배스천의 충고에 따라 런던 상인들은 1548년 '상인기업가협회'를 세우고 영국의 양모 방직물을 추운 날씨의 모스크바공국(Muscovy)으로 수출하고자 했다. 이들의 노력은 성공을 거두었다. 협회에서 파견한 탐험대가 모스크바공국에 도착하여 이반 4세를 접견하고 통상 무역을 허락받았다. 탐험대가 새로운 시장을 개척하고 돌아온 뒤 상인기업가협회는 영국 정부의 정식 승인을 얻고 1555년에 '모스크바 회사(Muscovy Company)'라고 이름을 바꿨다. 이것이 세계 최초의 특허 회사이다. 캐벗이 대표 이사로 부임한 이 회사의 선단은 대서양에서 북으로 올라가 러시아를 탐사하고 중국과 인도 항로로 항해했다.

특허 회사의 발전

　1584년 엘리자베스 1세가 총애하는 신하 월터 롤리(Walter Raleigh, 1552~1618)는 여왕이 서명한 특허장과 이복형인 험프리 길버트 경(Sir Humphrey Gilbert, 1539~1583)의 아메리카 대륙 식민지 건설권을 얻음으로써 아메리카 대륙을 개발하는 데 필요한 모든 특권을 확보했다. 1607년에 설립된 특허 회사의 이름은 '버지니아 회사(Virginia Company)'였다. 당시 영국에서는 '매사추세츠 회사', '아프리카 회사'와 같은 유사한 종류의 초기 특허 회사가 우후죽순처럼 설립되었다. 그러나 초기의 특허 회사들은 대부분 사업상 성공을 거두지 못했으며 이들의 시도는 훗날 영국 동인도 회사의 운영에 교훈이 되었다.

　영국에서 성공을 거둔 특허 회사는 1559년에 설립된 동인도 회사(East India Company)이다. 이 회사는 개척 정신이 강하고 영향력

▼ 이반 4세가 엘리자베스 여왕의 사절단에게 자신의 부를 과시하고 있다.

있는 상인들로 조직되었다. 그들은 영국 왕실로부터 21년 동안 동인도에서 무역을 독점할 수 있는 특혜를 얻었다. 이 회사는 설립 초기부터 근대적인 상업 조직의 형식을 띠었다.

1602년 네덜란드에서도 동인도 회사를 설립했다. 동인도 회사는 네덜란드 정부로부터 해외 무역, 투자, 경영에 관한 독점권을 얻었고 심지어 네덜란드 국가를 대표해서 선전포고, 전쟁, 식민지의 개발과 경영, 도시 건설, 화폐 주조, 강화 회담, 조약 체결까지 할 수 있는 막대한 권한을 누렸다. 이런 특권을 바탕으로 네덜란드 동인도 회사는 국가를 대신해 식민지를 침략하고 통치하는 권력 기구가 되었다. 중상주의의 영향 아래 네덜란드 정부는 상인들이 해외에서 펼치는 무역 활동을 적극적으로 지원했다. 그리고 국가적인 지원은 곧 풍성한 보답을 받았다. 1602년부터 1782년 사이 동인도 회사에서 주주들에게 분배한 배당금 총액은 자본금의 36배에 달했고 동인도 회사의 주식을 보유한 주주는 모두 큰돈을 벌었다.

특허 회사 제도는 자유성, 민주성, 유연성을 특징으로 한다. 영국, 네덜란드, 프랑스 등 식민 통치 국가들은 경제적으로 포르투갈과 스페인을 빠르게 추월했다. 16세기 중상주의의 선봉에 선 특허 회사는 18세기 말에 이르러 그 화려한 시대를 끝냈다.

제 6 장

르네상스

유토피아 토머스 모어

완벽한 이상은 현실에서는 받아들여지지 않기 때문에 자신의 이상을 지키고 이루기 위해 현실과 싸울 수 있는 사람은 얼마 되지 않는다. 오직 이상을 굳게 믿는 사람들만이 세상과 싸울 용기를 낸다. 유토피아에서 산다는 것은 공상에 지나지 않는다고 해도 그는 목숨을 아끼지 않고 자신의 신념을 이룰 것이다.

젊은 영재

1478년 2월 7일, 토머스 모어는 영국 런던에서 왕실고등법원 법관 존 모어(Sir John More)의 아들로 태어났다. 그는 유년 시절에 모친을 잃고 부친의 보살핌 속에서 성장했다. 총명한 토머스는 어려서부터 라틴어에 능통했다. 13세 때에 부친은 그를 당시 덕망 높고 학식이 깊은 캔터베리 대주교 존 모턴(John Morton)의 집에 사환으로 보냈다. 모턴의 집에서 생활하는 동안 토머스는 독실한 천주교 신자가 되었고 여러 가지 유익한 지식을 배웠다. 모턴은 이 어린 사환에게 비범한 재주가 있는 것을 꿰뚫어 보고 이렇게 예언했다. "우리 테이블 옆에서 시중들던 이 아이가 장래에는 그의 성장을 지켜본 모든 사람에게 자신이 출중한 인물임을 증명할 것이다." 훗날 그의 예언은 그대로 적중했다.

14세 때 토머스는 옥스퍼드 대학에 입학해서 고전문학을 공부했다. 그는 플라톤, 에피쿠로스(Epicurus), 아리스토텔레스의 시가와 산문, 철학 서적을 탐독했는데 특히 플라톤의 사상에 깊은 영향을 받았다. 고전문학 외에도 그는 인문주의에 관심을 쏟았으며 옥스퍼드 대학 출신의 저명한 인문주의자 윌리엄 그로신(William Grocyn), 토머스 리너커(Thomas Linacre) 등과 교분을 쌓았다. 그는 원래 문학에 관심이 많았지만, 부친의 요구에 따라 1494년 옥스퍼드 대학을 떠나서 신 법학원(New Inn)에 입학해 법학을 공부했고 링컨 법학원(Lincoln's Inn)에서 영국법을 공부한 후 변호사 자격을 취득했다. 1499년에 영국을 방문한 저명한 인문학자 에라스뮈스를 만났는데, 이후 두 사람의 우정은 평생 이어졌다.

1504년, 26세의 모어는 하원의원에 선출되었다. 그는 청렴하고 정직했으며 권력을 두려워하지 않았다. 한 번은 헨리 7세가 의회에 거액의 보조비를 무리하게 요구하자 모어는 많은 사람 앞에서 하나하나 이치를 따지며 국왕의 요구를 거절했다. 이를 지켜본 의회의 대관들은 모두 놀라움과 감탄을 금치 못했다. 그들은 헨리 7세에게 "수염도 나지 않은 어린 아이가 폐하의 원대한 계획을 망쳐놓았습니다."라고 보고했다. 모어는 이 일로 헨리 7세의 눈 밖에 나서 한동안 정계를 떠나야 했다. 1509년에 이르러 헨리 7세가 병으로 세상을 떠난 뒤에야 모어는 사회 활동을 다시 시작할 수 있었다. 1510년에 모어는 런던 법무장관을 맡았다. 그의 높은 명성과 대중의 신임, 그리고 영국 상인들의 요청으로 헨리 8세는 그를 두 차례에 걸쳐 네덜란드와 칼레로 파견해 통상 문제를 조정하도록 했다.

▲ 토머스 모어

토머스 모어는 1516년에 라틴어로 쓴 공상 소설《유토피아》를 완성했다.

《유토피아》

1515년 모어는 영국-플랑드르 통상 조약의 개정을 위한 협상 대표로 임명받아 플랑드르의 여러 도시를 방문했다. 이 기간에 인클로저 운동이 농민들에게 가져온 폐해가 날로 심각해지는 것을 보고 그는 인도주의적 입장에서《유토피아》라는 책을 저술했다. 이 책에서 주인공인 여행자 라파엘 히슬로데아우스(Raphael Hythlodeaus)는 기행문의 형식으로 가상의 섬나라 유토피아의 정치 제도를 설명했다. 토머스 모어는 이 책에서 당시 영국의 사회적 폐단을 예리하게 지적했으며 통치 계급의 독재와 잔인함, 부끄러움을 모르는 뻔뻔스러움을 신랄하게 풍자했다. 인문주의자로서 모어는 민중의 비참한 현실을 생생하게 묘사했고 통치자에게 사회 개혁이 필요함을 호소했다. 그러나 잔인한 현실 앞에서 이러한 호소는 잠시 후면 사라질 물거품에 불과했다. 어찌 됐든《유토피아》는 인문주의 정신과 뛰어난 문학적 성취로 영국 르네상스 시기의 명작 중 하나로 꼽힌다.

모어는 시종일관 철저한 인문주의자였다. 인문주의 정신과 이상주의 색채가 그의 평생을 관철했고 죽는 순간까지도 그는 자신의 뜻을 굽히지 않았다. 1517년 4월 말부터 5월 초, 런던의 수공업자와 그 조수들은 외국 기업의 독점 판매를 반대하는 집회를 열었다. 집회가 진압되고 나서 관련 인사 411명이 교수형을 당할 위기에 처했다. 이 소식을 들은 모어는 런던 금융계의 대표들과 함께 왕을 찾아가 이들을 사면한다는 허락을 얻어냈다. 그러나 다른 부르주아 인문주의자와 마찬가지로 모어 역시 집회를 효과적인 투쟁 방법으로 여기지 않았다.

헨리 8세는 모어의 명성과 정치적 업적에 주목했다. 영국에서 최초로 종교개혁이 단행됐을 때 토머스 모어는 종교개혁에 관한 헨리 8세의 주장에 동조했다. 당시 모어는 '영국의 가장 영광스럽고도 완벽한 국왕 헨리 8세의 즉위 기념일에 바치는 시'라는 제목으로 장편의 시를 지어 왕에게 바쳤다. 1518년 헨리 8세는 왕실 청원재판장 겸 추밀원 고문관으로 모어를 임명했다. 1521년에 모어는 재무차관으로 승진했고 아울러 기사 작위를 받았다. 같은 해 그는 헨리 8세를 도와 일곱 가지 성례에 관한 변론인 '7성사의 옹호(Assertio septem sacramentorum)'를 썼고, 마르틴 루터가 쓴 '바빌론 유수에 관하여(De captivitate Babylonica ecclesiae praeludium)'를 반박했다. 이 논쟁에서 루터와 모어는 한 치의 양보도 하지 않았다. 모어는 루터를 '저급한 서적을 쓴 작가'이자 '마귀'라고 욕했고, 그의 주장을 '이단사설'이라고 매도했다. 정통 기독교 인문주의자이자 독실한 천주교 신자인 모어는 교회를 철저히 뒤엎고 새로 건설하자는 주장보다는 로마 교황청과 같이 점진적인 개혁으로 부패를 몰아내고 현존 사회 질서를 유지하자는 주장을 옹호했다. 그러나 이 역시 유토피아적인 바람일 뿐, 그는 결국 신앙을 지키려다 목숨을 잃고 말았다.

순교자 모어

헨리 8세의 종교개혁은 절반의 개혁이었고, 원래의 궁극적인 목적은 통치 계급의 정치적, 경제적 이익을 위한 선택이었다. 종교개혁 초기에 헨리 8세가 펼친 정책은 모어의 천주교 신앙과 같은 노선을 걸었다. 덕분에 모어는 출세가도를 달렸다. 1523년 그는 대법관이자 추기경인 토머스 울지(Thomas Wolsey, 1473~1530)의 추천으로 하원의장에 선출되었다. 1525년 다시 랭커스터 공국의 수상 자리에 올랐다. 1527년에 헨리 8세는 캐서린 왕비와 이혼하고 궁녀 앤 불린과 결혼하고자 했다. 왕은 추기경 울지를 통해 교황 앞으로 이혼 허가를 신청했는데 교황은 성경을 근거로 이혼 신청의 비준을 거절했다. 이 사실에 분노한 헨리 8세는 1529년에 울지를 해임하고 토머스 모어를 영국 대법관으로 임명했다. 이로써 토머스 모어는 영국에서 왕 다음으로 가장 높은 권력을 차지하게 되었다. 대법관을 맡았던 시기에 그는 자신의 임무를 성실하고 공평하게 수행했다. 비록 왕 다음가는 높은 권력을 쥐고 있었지만 결코 자신의 사욕을 채운 적이 없었고 오히려 자신이 위험한 상황에 놓였다는 것을 늘 의식했다.

▲ 토머스 모어의 책에서 언급된 유토피아는 투쟁도 배고픔도 없는 이상적인 국가이다. 그림은 《유토피아》의 삽화이다.

사랑에 눈이 먼 헨리 8세는 신교도의 주장대로 교황은 단지 로마 교구의 주교일 뿐이며 따라서 교황에게 전체 기독교 사회를 관장할 권한이 없다고 생각했다. 이에 따라 왕을 수장으로 하는 영국 국교회가 로마 교황청과 분리를 선언하자 이상주의자면서 독실한 천주교 신도인 토머스 모어는 결단을 내려야 했다. 왕권을 따를 것인가, 아니면 신앙을 따를 것인가의 선택에서 그는 신앙을 선택했다. 그의 친구가 "토머스, 자네의 선택은 값비싼 대가를 치르게 될 걸세."라고 말하자 토머스는 이렇게 대답했다. "자유의 대가는 원래 비싼 법이라네. 아무리 천한 노예라고 하더라도 대가를 치른다면 그 역시 자유를 누릴 수 있다네." 훗날 이 두 사람의 대화는 죽음으로써 신앙을 지켰던 모어가 남긴 명언이 되었다.

모어는 영국 개신교의 왕성한 활동을 보면서도 자신의 견해를 굽히지 않았고 로마 천주교에서 분리되는 것을 원치 않았다. 또 헨리 8세의 이혼 청구 사건에서도 반대 의견을 밝혔다. 이렇듯 현실이 자신의 사상과 맞지 않는 상황으로 흘러가자 그는 1532년에 모든 직책에서 스스로 물러났다. 그의 행동은 헨리 8세의 미움을 샀다. 1533년에 모어는 새 왕비의 즉위식에 참석하지 않았다는 이유로 반역죄로 체포되었다. 그리고 헨리 8세에 대해 신앙적으로 충성을 맹세하지 않았다고 하여 런던 탑에 갇혔다. 그는 세속의 법률로 왕을 교회의 수장으로 만들 수 있다는 것을 믿을 수 없다고 자신을 변호했다. 그는 결국 반역죄로 기소되었고, 죄명은 국왕의 존엄과 호칭, 그리고 다른 왕실 구성원의 권위를 부정했다는 것이었다. 구성된 18명의 법관 중 대부분이 그의 정적이었던 '청문위원회'는 그에게 유죄를 선언했고 1535년 7월 7일 사형을 집행했다.

높은 명성을 누리던 토머스 모어의 목이 런던교에 걸리자 천주교는 물론 개신교 신자들까지 그의 죽음을 안타까워했다. 모어는 자신의 생명으로 신앙의 자유를 맞바꾸었다. 그러나 그의 소설 《유토피아》와 목숨과 맞바꾼 신앙은 후세 수많은 사람에게 깊은 영향을 주었다.

▼ 토머스 모어의 가족
토머스 모어 본인 외에 그의 부친과 자손도 여기에 포함되어 있다.

미디어 혁명 구텐베르크의 인쇄술

인류의 지혜가 작은 불씨라면, 인쇄술은 이 불씨가 광활한 들판을 태울 수 있게 한 바람이다. 인쇄술을 통해 인류의 지혜라는 불꽃은 전 세계로 활활 타오를 수 있었다. 16세기 유럽인에게 인쇄술의 발명은 문명을 전파하는 역사적 의미를 지닌 혁명이다.

구텐베르크

활자 인쇄술이 발명되기 이전, 유럽의 일반 민중에게 책은 사치품이었고 교육을 받을 기회는 교회에 가서 신부의 설교를 듣는 것이 전부였다. 당시 유럽인이 기록을 위해 사용한 양피지는 비용이 매우 높아서 부자나 귀족, 승려가 아니고는 살 엄두도 내지 못했다. 정보와 지혜의 전달은 이러한 육중한 담장에 막혀서 구텐베르크가 역사에 등장하고 나서야 일반인들에게도 비로소 지식과 정보의 빛이 전해질 수 있었다.

▼ 구텐베르크
구텐베르크는 서양 최초로 금속 활자 인쇄술을 발명했다. 그의 발명은 미디어 혁명을 일으켰고, 서양 사회와 과학은 이를 바탕으로 빠르게 발전했다.

요하네스 구텐베르크(Johannes Gutenberg, 1397~1468)는 독일 마인츠(Mainz)의 지방 귀족이자 상인의 집안에서 태어났다. 구텐베르크는 어머니의 성을 따른 것이고 아버지의 성은 겐스플라이슈(Gensfleisch)로 그는 마인츠의 조폐창에서 일했다. 구텐베르크는 부친의 영향을 받아 어려서부터 금세공 기술을 배웠고 성년이 되었을 때는 주물, 압축, 인쇄 등 다양한 기술을 숙달했다. 이러한 기술은 훗날 그가 금속 활자 인쇄술을 발명하는 데 큰 도움이 되었다. 1434년부터 1444년까지 구텐베르크는 스트라스부르에서 동업자와 보석 세공 일을 했다. 일하는 틈틈이 그는 활자 인쇄술의 원리를 연구하고 비밀리에 활자 인쇄를 실험했다. 중국에서 처음으로 활자

237

presse

séchage
de feuilles
imprimées

caractères
d'imprimerie

▲ **구텐베르크의 인쇄기**
구텐베르크의 인쇄기를 사용하
는 장면을 그린 것이다.

인쇄를 발명했지만, 한자의 수가 너무 많아서 당시 보급되지는 못
했다. 반면에 유럽의 문자는 한자에 비해 훨씬 간단해서 문자 몇 개
만으로 단어를 만들어낼 수 있기 때문에 보급에 별다른 어려움이
없었다.

　구텐베르크는 우선 생산 원가가 비교적 낮은 목활자를 사용했다.
그러나 크기가 큰 목활자는 인쇄에 사용할 수 있지만 작은 목활자는
강도가 약해서 인쇄하기가 곤란하다는 사실을 알게 되었다. 그는 다
시 목활자 대신 금속으로 활자를 만들 생각을 했다. 금세공사 출신
인 그는 안티몬, 아연, 주석 등 몇 가지 금속을 함께 녹여서 활자의
강도를 높였다. 구텐베르크는 유럽에서 포도나 펄프를 압축할 때 사
용하는 압축기에서 영감을 얻어 압축기를 개량한 목제 인쇄기를 만
들었다. 인쇄기 아래에 배열을 마친 활자판을 고정하고 철제 손잡이

를 돌리면 인쇄에 필요한 압력이 발생한다. 이때 양털을 이용해서 잉크를 활자판에 칠한 다음 종이를 덮고 손잡이를 돌리면 압축기의 압력으로 선명한 글자가 인쇄된다.

구텐베르크가 새로운 인쇄 기술을 발명했다는 사실을 그의 동업자들도 알게 되었다. 1438년 그중 한 사람이 금속 활자 인쇄술의 비법을 가르쳐달라고 요구했지만 구텐베르크는 거절했다. 이에 동업자들은 그를 법원에 고소했는데 결국 구텐베르크가 승소했다. 이때 구텐베르크는 재정적인 위기에 처해 있었다. 더 많은 금속 활자를 주조하고 아직 해결하지 못한 기술적인 문제들을 해결하려면 자금이 필요했다. 1444년에 그는 고향 마인츠로 돌아가 친지들에게 도움을 구했고, 4년 후 금속 활자 인쇄 기술은 몰라보게 개선되었다.

구텐베르크 혁명

1450년, 구텐베르크의 인쇄술은 실용화 단계에 접어들었다. 그는 금세공 기술자 요한 푸스트(Johann Fust)와 함께 유럽 최초의 인쇄

▼ **구텐베르크 성경**
《구텐베르크 성경》은 1760년 추기경 마자랭의 서가에서 발견되었다고 해서 '마자랭 성경'이라고도 하며, 서양에 현존하는 최초의 인쇄 서적이다. 라틴어로 인쇄된 이 성경은 각 페이지가 42행이고 전체 31권으로 1455년에 독일에서 인쇄되었다.

공장을 열었다. 두 사람은 크기가 큰 활자를 주조하여 그해《라틴어 문법》을 인쇄했고, 1454년과 1455년 사이에는 교황 니콜라우스 5세를 위해 면벌부와 유명한《42행 성경》을 인쇄했다. 이렇듯 지속적인 작업을 거쳐 활자 인쇄 기술은 더욱 향상되었으며, 활자의 크기가 작아지고 글자를 새기고 주조하는 기술 역시 개량되었다. 1455년에 구텐베르크와 푸스트의 동업 계약 기간이 끝나자 이익 분배와 회사 명칭을 둘러싸고 분쟁이 생겨 두 사람은 결국 법원까지 가게 되었

다. 구텐베르크는 새로운 동업자를 만나 이듬해에 마인츠에 새로운 공장을 건설했다. 그 후 구텐베르크와 푸스트의 인쇄 공장은《1457년 달력》(구텐베르크 1456),《성경 시편》(푸스트 1457년),《36행 성경》(구텐베르크 1459년) 등 수많은 서적을 인쇄했다. 구텐베르크의 인쇄술은 외국으로 전해져서 그는 하루아침에 유명인사가 되었다. 프랑스에서는 1458년에 독일로 사람을 파견해 인쇄술을 배워 오게 했다.

1462년 마인츠의 인쇄 공장에 불이 나자 수많은 인쇄공은 일자리를 잃고 뿔뿔이 흩어졌다. 활자 인쇄 기술에 숙련된 이 노동자들은 이후 유럽 각지로 그 기술을 전파했다. 1465년에 푸스트의 공장에서 일하던 기술자 두 명은 이탈리아로 건너가서 로마 교외에 이탈리아 최초의 금속 활자 인쇄 공장을 세웠다. 그리고 그 후 스위스, 프랑스, 스페인, 네덜란드, 영국 등지에서 연이어 인쇄 공장이 세워졌다. 1500년까지 유럽 각지에 세워진 약 250개의 인쇄 공장에서 3만 권에 달하는 서적과 1,200만여 종의 인쇄물을 생산했다. 16세기에는 대규모 인쇄 공장이 출현하여 새로운 지식을 광범위하게

전파했다. 이로써 서양 사회는 저렴한 비용으로 신속한 정보가 전달되는 시대로 진입했다. 일반 가정집에서도 어렵지 않게 책을 구할 수 있게 되면서 일반인 역시 지식과 지혜를 쉽게 접할 수 있었다. 16세기로 접어든 이후 서양의 근대 인쇄 기술은 점진적으로 개량되고 생산량은 급속히 증가해 방대한 출판업이 형성되었다. 인쇄 매체는 사회에서 매우 중요한 역할을 차지하게 되었고 사람들의 사상은 물론 사회 구조에도 강렬하면서도 근본적인 변화가 찾아왔다.

구텐베르크가 금속 활자 인쇄술을 발명한 시기는 유럽의 르네상스 직전이었다. 사회경제, 과학, 문화가 급속히 발전하자 이를 전달할 인쇄물의 수요가 폭발적으로 증가했고, 이는 인쇄술을 더욱 빠르게 발전시켰다. 인쇄술은 유럽 각국에서 종교와 문화를 전달하는 수단으로 머물지 않고 과학과 문화를 더욱 발전시키고 사회를 진보하게 했다. 이런 의미에서 볼 때 금속 활자 인쇄술의 보급은 혁명과 다름없었다. 구텐베르크 역시 그의 위대한 발명으로 유럽인들에게 '현대 인쇄술의 아버지'로 불린다.

신구 시대를 이어주는 다리 에라스뮈스

새로운 사상이 출현할 때는 언제나 그 배경이 있기 마련이다. 중세 말기의 유럽 네덜란드에서 혜성처럼 빛나는 거인이 있었으니 그가 바로 에라스뮈스이다. 그의 사상은 신구 시대를 이어주는 다리가 되었다. 루터를 종교개혁의 창시자라고 한다면, 에라스뮈스는 그의 종교개혁 사상을 탄생할 수 있게 한 토양이라고 할 것이다.

행운의 사생아

▼ 에라스뮈스
에라스뮈스는 네덜란드의 철학자이며 16세기 초 유럽 인문주의 운동을 대표하는 인물이다.

　　1466년 10월 26일, 데시데리위스 에라스뮈스(Desiderius Erasmus)는 네덜란드 로테르담에서 태어났다. 그는 신부였던 로헤르 헤라르트(Roger Gerard)와 의사의 딸인 마하레트(Margaret) 사이에서 태어난 사생아였다. 머리가 비상했던 에라스뮈스는 어린 나이에 이미 라틴어를 능숙하게 구사했고 고전문학에 정통했다. 1483년에 부친은 에라스뮈스를 로테르담 최고의 수도원 학교로 보냈고 그곳에서 그는 당시에 가장 우수한 교육을 받았다. 그해 에라스뮈스의 부모는 전염병으로 모두 세상을 떠났다. 1486년 20세가 된 에라스뮈스는 로테르담 부근의 수도원으로 들어갔다. 그러나 천성이 자유분방한 그에게 엄격한 수도원 생활은 적응하기가 쉽지 않았다. 수도원에서 머무르는 동안 그는 신학적인 지식을 쌓았지만 동시에 교회의 부패도 목격했다. 25세 때 캄브레이(Cambray) 주교 베르겐의 앙리(Henry of Bergen)에게서 서품을 받아 천주교 신부가 되었으나 곧 신부직에서 물러나 주교의 비서가 되었다.

1495년 에라스뮈스는 파리 대학에 들어가서 신학과 고전문학을 공부했다. 생활비를 마련하기 위해 부유층의 가정교사로 일했고, 친구들에게서 수시로 경제적 도움을 받았다. 이 시기에 그는 철저한 인문주의자가 되어 로마 가톨릭에 비판적인 성향을 띠었다.

1499년 에라스뮈스는 영국으로 건너갔다. 당시 유럽에서 이미 명성이 높았던 그는 그곳에서 토머스 모어, 런던 세인트 폴스 스쿨(St. Paul's School)의 창설자 존 콜렛(John Colet, 1466~1519)과 젊은 헨리 8세를 만났다. 그와 모어는 고전문학, 신학에 대해 서로 공감하면서 친구가 되었고 이들의 우정은 평생 이어졌다. 에라스뮈스는 학자보다는 설교자에 더 가까운 콜렛의 성경 지도법에 자극을 받았다. 그는 옥스퍼드 대학에서 헬라어와 신학을 연구해 새로운 신학적 견해를 세웠고 시간이 지날

▲ 에라스뮈스가 저술한 《그리스도교 군주 교육론(Institutio Principis Christiani)》, 약 1520년 독일의 출판업자 요한 프로벤 (John Froben)이 스위스 바젤에서 출판했다.

수록 천주교에 개혁이 필요하다는 생각을 굳혔다. 그러나 그 개혁은 철저한 종교개혁이 아니라 내부적으로 진행되기를 희망했다. 1506년 이탈리아로 건너간 에라스뮈스는 르네상스의 영향을 받아 그의 신앙, 인생과 세계관이 새로운 경지로 승화되었다.

《우신예찬》과 《신약성경》

1509년에 두 번째로 영국에 갔을 때 에라스뮈스는 토머스 모어의 집에서 묵었다. 당시 교회의 부패에 실망했던 그는 단숨에 《우신예찬(Encomium Moriae)》을 써내려갔다. 풍자, 유머, 위트가 가득한 이 책은 당시 이름을 떨쳤던 수많은 철학자와 명사들의 우매함을 지적했다. 예를 들면 교황 알렉산데르가 죽은 뒤 천당에 들어가려고 하자 성 베드로가 그의 따귀를 때렸다는 이야기 등이다. 그의 글은 통속적이며 해학이 넘쳤지만 전혀 저급하지 않았다. 그와 모어 두 사람은 밤에 함께 원고를 읽으며 집안이 떠나갈 듯 웃었다고 한다. 이 책은 출판되고 나서 당시의 베스트셀러가 되었다. 수개월 후 일곱 번이나 재판을 찍었고, 에라스뮈스 생전에 적어도 스물일곱 번을

재판했다. 이 책은 교황 레오 10세마저도 매우 좋아했다.

1505년 여름부터 에라스뮈스는 우연히 로렌초 발라(Lorenzo Valla, 1407~1457)[65]의 《신약성경》에서 영감을 얻어 여러 종류의 필사본을 수집하고 옛 교부들의 저서를 참고하여 헬라어 신약성경에 주해를 달았다. 이 책은 헬라어로 씌었지만 히브리어를 참고했고 라틴어 번역과 주해를 덧붙였다. 그는 신랄하고 예리한 문체로 당시의 교회를 비판했다. 1516년 그의 《신약성경》이 바젤에서 출판되어 학자들에게서 호평을 받았고 신학자들에게 깊은 영향을 주었는데, 그 대표적인 사람이 마르틴 루터이다. 종교개혁을 제창한 루터는 성경 읽기와 복음 전파의 중요성 등 에라스뮈스에게서 수많은 영감을 받았다. 후에 루터는 이 헬라어 신약성경을 독일어로 번역했다.

1536년 7월 12일, 70세의 에라스뮈스는 혼란하고 어수선한 세상을 떠났다. 과거를 증언하고 또 미래와 소통했던 그의 위대한 사상은 후세의 수많은 사람에게 영향을 주었다.

---

[65] 이탈리아의 인문학자

아는 것이 힘이다 베이컨

16세기에 신학은 이미 그 절정기에 도달했지만 과학은 여전히 중세의 침체기에서 벗어나지 못했다. 이때 과학적 진리를 위해 외치는 소리가 있었다. "아는 것이 힘이다!" 이로써 유물주의 경험철학의 새로운 시대가 막을 열었고 실험과학의 사상적 기초가 다져졌다.

참된 앎의 추구

프랜시스 베이컨(Francis Bacon)은 1561년 1월 22일 영국 런던에서 니콜라스 베이컨 경(Sir Nicholas Bacon)의 아들로 태어났다. 부친 니콜라스 베이컨은 엘리자베스 여왕의 국새 상서였고 모친 앤(Anne Bacon)은 헬라어와 라틴어를 자유자재로 구사할 정도로 재능이 많았다. 베이컨은 어려서부터 유복한 환경에서 우수한 교육을 받고 자랐다. 모든 분야에서 남다른 재능을 보인 그는 특히 자연과학에 관심이 많았다.

베이컨은 12세 때 케임브리지 대학 트리니티 칼리지(Trinity College, Cambridge)에 입학했다. 그곳에서 공부하던 3년 동안 전통적인 관념과 신앙에 회의를 느꼈고 사회와 인생의 의미에 대해 고민했다. 학교를 떠날 때 그는 스콜라철학과 그에 근거한 학문은 모두 무용지물이라고 생각했고 교내의 아리스토텔레스학파를 경멸했다.

1576년 9월 그레이스 법학원(Gray's Inn)에 입학했고 그로부터 3개월 후 프랑스 주재 영국 대사 아미아스 폴렛(Amias Paulet) 남작의 수행원으로 파리로 갔다. 베이컨은 파리에서 2년을 머물면서 프랑스 곳곳을 두루 다녔다. 당시 프랑스는 천주교와 신교도 사이에 벌어진 치열한 싸움으로 내전의 소용돌이에 휩쓸리고 있었다. 파리 여행에서 접한 새로운 사상은 그의 세계관에 큰 영향을 주었다.

1579년 부친이 갑작스럽게 세상을 떠나자 베이컨은 서둘러 영국으로 돌아와 장례를 치렀다. 부친을 잃은 뒤 경제적으로 어려운 처지에 놓인 그는 법학원에서 생활하면서 법률을 공부하는 한편 사방으로 일자리를 구하러 다녔다. 1582년 베이컨은 마침내 변호사 자격을 취득했고 1586년 그레이스 법학원 변호사협회 수석 회원이 되었다. 그러나 시간이 지나도 그의 능력을 알아보고 중용하는 사람이 없었다. 이 시기에 베이컨은 예술 분야에서 남다른 재능을 발휘해 1597년에 그의 처녀작 《수필집》을 발표했다. 이 책에서 그는 사회에 대한 인식과 사고, 인생에 대한 이해를 철학적 깊이가 있는 명언과 경구의 형식으로 표현하여 대중의 폭넓은 사랑을 받았다.

《대개혁》

1602년 스코틀랜드의 제임스 1세가 잉글랜드의 왕위를 계승했다. 이때부터 사람들의 그림자에 가려져 있던 베이컨은 마침내 인생의 황금기를 맞이하게 된다. 제임스 1세와 정치적 견해가 같았던 베이컨은 출세가도를 달렸다. 기사 작위를 받은 뒤 곧 황제의 고문, 국새 상서를 거치고 세인트 알반 자작(1st Viscount Saint Alban)으로 서훈되는 등 돈과 명예가 절로 따라왔다. 그러나 베이컨의 진정한 재능과 관심은 정치와는 아무런 관계가 없었다.

▼ 프랜시스 베이컨

영국의 유물주의 철학자, 과학자이며 철학사와 과학사의 새로운 시대를 연 인물이다.

1605년 베이컨은 두 권으로 구성된 《학문의 진보(The Advancement of Learning)》를 완성했다. 이 책에서 그는 중세 스콜라철학을 강하게 비판하고 지식의 역할을 논증했으며 지식을 전폭적으로 개혁해야 한다는 자신의 이상을 밝혔다. 당시 이런 종류의 책을 쓰려면 대단한 용기가 필요했다. 1609년에 출판된 《고대의 지혜(De Sapienta Veterum)》에서 그는 옛 우화를 통해 선인의 지혜를 찾고자 했다. 그리고 1620년에 베이컨의 철학 저술 중 최고로 꼽히는 《노붐 오르가눔(Novum Organum)》이 출판되었다. 이 책은 그가 집필하려고 구상했던 《대개혁(Instrauration Magna)》의 제2부에 해당한다. 베이컨은 이 책에서 경험론적 인식의 원칙과 방법을 제시했는데 아리스토텔레스의 논리학서 《오르가논(Organon)》에 대항하는 의미로 《노붐 오르가눔》이라고 제목을 붙인 것이다.

    베이컨의 정치적인 성공은 1621년에 끝나고 말았다. 그는 뇌물 수수 사건으로 의회의 탄핵을 받아 관직과 지위를 박탈당했고 평생 왕궁과 국회에서 어떤 직무도 맡을 수 없게 되었다. 이때부터 베이컨은 연구와 저술에 몰두했다. 나이가 들어 건강이 갈수록 악화되어도 학문에 대한 그의 집념은 전혀 변하지 않았다. 알려진 바로는 그는 과학적 탐구에 집착한 나머지 죽음을 맞았다고 한다. 1626년 3월 말, 런던의 날씨는 여전히 살을 에는 듯 추웠는데 이때 베이컨의 머릿속에 기발한 생각이 떠올랐다. 매서운 추위가 어쩌면 부패를 늦출 수 있을 것이라는 생각에 그는 닭 한 마리를 잡아서 닭의 배에 눈을 집어넣었다. 그런데 이 실험을 마치고 나서 전부터 앓고 있던 기관지염이 악화되고 말았다. 결국, 1626년 4월 9일 새벽에 위대한 철학자이자 정치가, 과학자, 역사학자, 그리고 산문 작가인 베이컨은 영원히 이 세상을 떠났다.

황당무계함 속의 순수와 진실 세르반테스

황당무계함 속에서도 순수함과 진실을 발견할 수 있는 것처럼 영웅은 시대
와 환경을 가리지 않고 세상에 출현했다. 제대로 교육을 받은 적 없는 대문
호 세르반테스, 그는 문학에 대한 열정으로 세계 문학사에 기적을 일궈냈다.

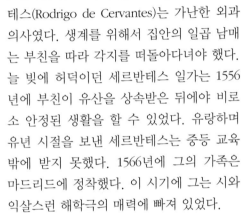

▼ 스페인 광장에 세워진 세르반
테스 조각상
마드리드 스페인 광장의 세르반
테스 기념비는 그의 사후 300주
년을 기념하여 세워졌다. 높이
앉은 세르반테스 아래로 길을
떠나는 돈키호테와 그의 시종
산초의 동상이 있다.

기인 세르반테스

미겔 데 세르반테스(Miguel de Cervantes)는 1547년 9월 29일 스페
인의 한 가난한 가정에서 태어났다. 그의 부친 로드리고 데 세르반
테스(Rodrigo de Cervantes)는 가난한 외과
의사였다. 생계를 위해서 집안의 일곱 남매
는 부친을 따라 각지를 떠돌아다녀야 했다.
늘 빚에 허덕이던 세르반테스 일가는 1556
년에 부친이 유산을 상속받은 뒤에야 비로
소 안정된 생활을 할 수 있었다. 유랑하며
유년 시절을 보낸 세르반테스는 중등 교육
밖에 받지 못했다. 1566년에 그의 가족은
마드리드에 정착했다. 이 시기에 그는 시와
익살스런 해학극의 매력에 빠져 있었다.

1569년, 세르반테스는 다른 사람과 싸워
서 경찰에 쫓기는 신세가 되었고 12월에 이
탈리아로 도주했다. 르네상스의 기운이 가
득한 로마에서 이탈리아의 예술과 인문주
의를 접한 그는 새로운 세계에 눈을 떴다.
1570년에 추기경 줄리오 아크콰비바(Giulio
Acquaviva)의 시종으로 일했고 이듬해에는
레판토 해전에 참가했다. 전투에서 세르반
테스는 여러 군데 부상을 당했고 포탄의 파
편에 왼손의 신경이 끊겨 손을 쓰지 못하게
되었다. 훗날 사람들은 그를 '외팔이 레판
토'라고 불렀지만 그 자신은 레판토 해전에

참전한 것을 매우 자랑스럽게 여겼다. 그의 소설 《돈키호테(Don Quixote)》의 서문에서 그는 이 해전을 '가장 숭고한 일'이라고 불렀다.

4년 동안 해군으로 생활한 후 세르반테스는 1575년 9월 26일 스페인의 해군 총사령관으로부터 표창을 받고 스페인으로 돌아가는 도중에 해적에게 붙잡혀 알제리에서 노예 생활을 했다. 여러 차례 도망치려고 시도했지만 매번 실패했고, 결국에는 도주가 불가능한 콘스탄티노플로 끌려갔다. 1580년 두 수도사의 도움으로 세르반테스는 자유를 얻었는데, 이때 그의 나이는 이미 서른네 살이었다.

1580년 10월 말 세르반테스는 마드리드에 있는 가족들과 상봉했다. 전쟁에서 공을 세운 다른 군인들처럼 세르반테스는 자신도 스페인 왕의 중용을 받으리라 기대에 부풀었지만, 그에게 돌아온 것은 군수품을 관리하는 보잘것없는 직책이었다. 생계를 유지하기 위해 그는 자신이 사랑하는 문학으로 가족을 부양할 방법을 찾았다. 비록 학식은 부족했지만 세르반테스에게는 천부적인 문학적 재능과 열정이 있었다. 그는 상인들을 위해 광고 문안을 쓰기도 하고 극장에서 상연할 희곡을 여러 작품 썼는데 모두 별다른 반응을 얻지 못했다.

《돈키호테》

세금 수금원으로 일하던 시절 세르반테스는 생각지도 못할 재앙을 겪었다. 1597년에 그가 거둔 세금을 맡겨놓은 은행이 도산하는 바람에 세금을 납부하지 못하게 되어 감옥에 갇히고 만 것이다. 그런데 바로 이 감옥에서 세르반테스는 위대한 소설 《돈키호테》의 영감을 얻었다. 50세가 된 세르반테스는 이 시기에 문학적 성취에서 이미 절정기를 맞았다. 《돈키호테》의 원제목은 《재기 발랄한 향사鄕士 돈키호테 데 라만차(El Ingenioso Hidalgo Don Quijote de la Mancha)》이다. 이 책에서 고대의 기사 소설에 빠져 있던 몰락한 귀족 돈키호테는 소설에 등장하는 주인공처럼 정의롭고 위대한 업적을 남기겠다며 시종 산초와 함께 전국을 누빈다. 그러나 가는 곳마다 엉뚱하고 황당한 사건을 일으키다가 결국 미치광이 취급을 받고 고향으로 돌아온다는 내용이다. 돈키호테의 행동은 엉뚱하기 이를 데 없지만 사실 작가는 이를 통해서 몰락해가는 스페인왕국의 각종 모순을 고발한다. 그리고 이와 동시에 작가가 추구하는 정의, 순수

한 열정을 표현한다. 가벼우면서 생동감이 넘치는 문체로 현실주의
와 낭만주의를 결합한 현대적 소설인 이 작품은 후대의 문학에 깊은
영향을 주었다. 1605년에 《돈키호테》 제1부가 출판되자마자 스페인
에서 불티나게 판매되었고, 불과 1년 사이에 여섯 차례나 재판되었
다. 당시 사람들은 세르반테스에게 갈채를 보내며 그를 스페인에서
가장 재미있는 작가라고 불렀다.

《돈키호테》의 제1부가 성공을 거두었지만 세르반테스는 여전히
가난에 허덕였다. 1613년에 그는 중편 12편을 모은 《모범 소설집
(Novelas exemplares)》을 발표하여 다양한 서사 방식으로 봉건 사회
의 모순을 맹렬히 비판했고 일반 민중의 고된 삶을 반영했다. 또 인
간의 개성과 자유를 칭송하여 진일보한 인문주의 사상을 표현했다.

그의 성공을 바라보는 귀족과 천주교회의 시선은 곱지 않았다.
1614년에 누군가가 《돈키호테》의 속편을 위조해서 출판했는데 그
내용은 교회와 귀족의 입장을 대변하여 주인공의 이미지를 왜곡하
고 추하게 만들었으며 아울러 세르반테스를 악랄하게 비방하고 공
격했다. 이러한 위서僞書의 부정적인 영향을 막고자 세르반테스는
서둘러서 《돈키호테》 제2부를 발표했다. 1615년에 이 책이 출판된
후 수많은 언어로 번역되어 세계에 전해졌다.

1616년 4월 23일, 세르반테스는 마드리드에서 마지막 숨을 거두
었다. 그가 죽은 뒤 그의 무덤조차 세상에 알려지지 않았다. 그리고
1년 후 그의 장편 소설 《페르실레스와 시히스문다(Los Trabajos de
Persiles y Sigismunda)》가 출판되었다. 기이한 삶을 살다간 이 평민
작가의 개성 넘치는 문학적 성취와 인문주의적 사상은 그 후로 오랜
시간이 흘렀어도 여전히 밝게 빛나고 있다.

인문주의 정신의 환희 라블레

인간의 본성을 억누르는 종교의 압박이 극에 달했던 16세기 유럽에서 정신의 자유, 개성의 해방을 향한 갈망이 거세게 태동했다. 라블레의《가르강튀아와 팡타그뤼엘 이야기(Gargantua et Pantagruel)》는 당시 세태에 저항하고 미래를 낙관하는 인문주의의 세계관을 대변했다.

억압 속의 반항

    1493년의 프랑스는 천주교가 부르짖는 금욕주의가 사람들의 생각과 행동을 절대적으로 지배하고 있었다. 그리고 이탈리아 르네상스가 전파되면서 프랑스 인문주의는 고대 그리스의 문화를 연구하는 데 주력했다. 그러던 중 인문주의자들은 고대 그리스인의 세계관과 천주교의 세계관이 첨예하게 대립한다는 사실을 발견했다. 이 갈등과 충돌의 서막이 열리는 시기에 라블레가 태어났다.

    프랑수아 라블레(Francois Rabelais, 1494~1553)는 파리 남서부의 시농(Chinon) 교외에서 변호사의 막내아들로 태어나 들판과 포도원으로 둘러싸인 장원에서 행복한 유년 시절을 보냈다. 그는 농부들과 어울리는 것을 좋아해서 자주 모닥불 옆에 앉아 그들이 들려주는 기이한 전설에 귀를 기울였다. 농부들의 재치 있는 농담, 낙관적인 태도, 삶에 대한 열정은 라블레의 성격 형성에 큰 영향을 주었다.

    1530년, 라블레는 의학원에 들어가기 전에 이미 헬라어에 능통해서 히포크라테스(Hippocrates) 등 그리스 의학자들의 저서를 어렵지 않게 읽을 수 있었다. 그 결과 단 6주 만에 시험

▼ 라블레 조각상
프랑스 작가 라블레는 시농의 한 부유한 가정에서 태어나 1553년 4월 9일 파리에서 세상을 떠났다.

251

을 통과하여 의사가 되었다. 1535년에 라블레는 파리에서 석사와 박사 학위를 취득했다. 1537년, 그는 교수형으로 죽은 죄인의 시체를 해부하는 등 자연과학 실험에 열성을 보였고 이후 의사로 개업하여 의학 분야에서 뛰어난 성과를 거뒀다.

《가르강튀아와 팡타그뤼엘 이야기》

그러나 라블레에게 명성을 안겨준 것은 의술이 아닌 그의 장편 소설 《가르강튀아와 팡타그뤼엘 이야기》다. 1532년에 라블레는 파리와 더불어 프랑스의 인문주의 도시인 리옹(Lyon)에서 의원을 개업했다. 그런 한편 휴양지에서 들었던 거인에 관한 전설에서 영감을 얻어 풍부한 상상력과 생생하면서도 신랄한 필치로 《가르강튀아와 팡타그뤼엘 이야기》를 써나갔다. 1532년 11월 1일에 이 책의 제1부

▼ 프랑스 작가 라블레의 풍자 소설 《가르강튀아와 팡타그뤼엘 이야기》 제2부 초판의 표지

《팡타그뤼엘(Pantagruel)》이 출판되었는데, 라블레는 정부의 탄압을 피하고자 자신의 이름에 들어가는 글자를 새롭게 조합해서 전혀 다른 필명 'Alcofribas Nasier'로 발표했다. 해학과 풍자가 넘치는 이 소설은 세상에 발표되기가 무섭게 도시의 중산층과 하층민들에게서 뜨거운 사랑을 받았다. 사람들은 이 책에 담긴 우스꽝스런 내용에 대해 이야기꽃을 피웠고, 평소에는 감히 입에 담지도 못했던 교회와 귀족을 조롱했다. 이듬해에 제2부 《가르강튀아((La vie très horrifique du grand Gargantua))》가 출판되자 보수적인 종교계를 대표하는 파리 소르본(Sorbonne) 신학원은 이 두 권의 책을 금서로 규정했다. 탄압을 피하기 위해 외지로 가서 숨어 지내던 라블레는 후에 인문주의를 지향하던 파리의 주교이자 왕의 측근이었던 벨레(Bellay)를 따라 이탈리아를 방문했다. 이때 교황 클레멘트 7세는 그의 이교도적인 행동을 질책했다.

1535년에 프랑스 왕 프랑수아 1세가 신교를 탄압하기 시작했고, 프랑스의 르네상스 운동은 타격을 받았다. 라블레는 위험을 피하기 위해 줄곧 로마에 머물다가 1536년 1월에 새로운 교황 파울루스 3세의 허락을 받고 베네딕트수도회로 가서 의사로서 계속 일했다. 오랜만에 안정된 생활을 찾은 그는 다시 소설 집필에 집중할 수 있었다. 그리고 1545년에 벨레 가문의 도움으로 왕의 특별 허가를 받아 그는 자신의 원래 이름으로 제3부인 《제3의 서(Le tiers livre)》를 출판했다. 그러나 왕이 죽은 뒤 이 소설은 다시 금서로 규정되어 그의 친구인 출판업자가 극형에 처해졌다. 라블레는 형벌로 얼굴에 낙인을 찍힐 뻔했으나 요행히 도망쳐서 메스로 망명했다.

봉건적인 교회 세력의 박해에도 라블레는 창작을 이어갔다. 그는 작품 창작을 통해 당시의 권력가들에게 '어디 해볼 테면 해보라'며 도전장을 던졌다. 그는 더 이상 잃을 것도 두려울 것도 없었다. 1552년 제4부 《제4의 서(Le quart livre)》가 출판되자 소르본 신학원은 그를 감옥으로 보냈다.

1553년 4월 9일, 가난과 질병으로 고통받던 라블레는 세상을 떠났다. 그는 "가난한 이들에게 내가 가진 모든 것을 다 주어서 나는 빈털터리다."라는 유언을 남겼다. 그 후 1564년 가르강튀아와 팡타그뤼엘 이야기 제5부가 출판되어 라블레의 평생에 걸친 노력이 마침내 세상의 빛을 보게 되었다. 그의 저항 정신과 세계 문학사에서 이룬 위대한 업적을 기리며 후세 사람들은 그를 '위대한 농담가'라고 부른다.

서양 정치학의 아버지 마키아벨리

정치란 무엇인가에 대해서 각 시대와 문화, 관점에 따라 그 해석이 모두 달라서 지금껏 공인된 정의가 없다. 마키아벨리는《군주론(Il Principe)》이라는 책으로 현대적인 의미에서 서양 정치학의 창시자가 되었고 서양의 정치에 깊은 영향을 주었다.

가난에도 꺾이지 않는 투지

1469년 5월 23일, 이탈리아 피렌체의 평범한 변호사 가정에서 니콜로 마키아벨리(Niccolò Machiavelli)가 태어났다. 소년 마키아벨리는 방대한 지식을 소화했고, 남다른 재능 덕분에 사람들의 칭찬 속에서 성장했다. 마키아벨리가 25세가 되던 해에 번영을 구가하던 이탈리아에 전쟁이 터졌다. 이때 마키아벨리는 주변 정세와 세계적으로 일어나는 정치 및 군사적 사건을 분석하는 능력을 길렀다.

▼ 마키아벨리

니콜로 마키아벨리는 이탈리아 르네상스 시기에 활동했던 정치 철학자, 음악가, 시인이자 로맨틱 희극 작가이다. 저서 《군주론》에서 그는 현실적인 정치 이론을 제시했다.

전쟁이 일어난 지 1년 후 60년 동안 피렌체를 통치하던 메디치 가문이 몰락하고 피렌체공국이 성립되었다. 마키아벨리는 1495년 피렌체공화국의 공무원이 되었고 1498년부터 피렌체 제2국무청의 장관, 정치위원회 비서를 맡아 외교와 국방을 책임지며 각 분야에서 실제 경험을 쌓을 수 있었다. 이 기간에 마키아벨리는 다양한 정치적 현안을 세심하게 연구하면서 군주의 역할과 능력에 대해 차츰 눈뜨기 시작했고 이론적인 기초를 닦았다. 피렌체 용병들의 군기가 해이해진 것을 본 그는 본국의 국민군을 창설해야 한다고 강력히 주장했다. 1505년 피렌체에 국민군이 창설되면서 마키아벨리는 위원회 비서를 맡았고, 피사를 정복하기 위해 치른 전쟁에서 부대를 이끌고 작전을 지휘했다. 한편, 프랑스가 이탈리아를 공격하자 그는 이탈리아가 통일을 이루어야만 적군에 대항할 수 있음을 깨달았다.

《군주론》

  1502년, 마키아벨리는 특사의 자격으로 각국의 내로라하는 거물급 인사를 만나면서 이들이 권모술수를 통해 권력의 보좌에 오르게 된 모든 과정을 이해하게 되었다. 그들은 권력을 얻기 위해서라면 어떤 수단도 가리지 않았다. 멀리 있는 적과 손잡고 가까운 적을 공격했으며, 강경책과 회유책을 병행했고, 자신과 뜻을 달리하는 세력은 뿌리를 뽑았다. 권력자와의 만남을 통해 마키아벨리는 진정한 제왕의 길을 생각하게 되었다. 그가 이런 생각에 잠겨 있던 1512년, 메디치 가문이 권력을 재탈환하여 마키아벨리의 정치 생명은 위기를 맞았다. 모든 직위를 잃었고 이듬해에는 반역을 모의했다는 혐의로 감옥에 갇혔다. 옥사를 겪은 뒤 그는 빈털터리가 되어 시골로 내려가 은거하며 저술에 몰두했고 그해에 《군주론》을 발표했다. 이 책에서 밝힌 통치 계급의 행동 법칙과 정치적 비밀은 유럽 대륙의 통치권자뿐만 아니라 하층 민중까지 놀라게 했다. 마키아벨리는 군주가 어떤 수단을 동원해서 자신의 정치적 권력을 지키는지 사례를 들어 설명해 그동안의 탁상공론에 치우친 다른 정치 서적과 달리 그 내용에 현실성을 불어넣었다. 그는 통치권을 지키기 위해서라면 왕은 어

▼ **마키아벨리의 헌서**
마키아벨리는 자신의 저서 《군주론》을 로렌초 메디치에게 바쳤다. 로렌초 메디치는 당시 피렌체의 군주로서 문예 부흥을 후원한 인물이다.

떠한 잔인한 수단도 가리지 않는다고 강조했다.

마키아벨리는 《군주론》에 이어 《리비우스를 논함(Discourses on Livy)》을 완성했다. 1519년 군사와 관련해서 《전략론(Libro dell'arte della guerra)》이 출판되었는데 이 책은 '유럽 최초의 근대적인 군사 저서'로 불린다. 그 외에 《만드라골라(Mandragola)》, 《클리치아(Clizia)》 등의 시와 희극 역시 대중적인 인기를 누렸다. 1520년부터 1525년 사이에 교황 클레멘트 7세는 마키아벨리를 다시 기용하여 《피렌체사(Florentine Histories)》를 집필하게 했는데, 교황은 이 책의 독특한 역사관을 높이 평가했다.

1527년에 메디치 가문이 다시 몰락하고 피렌체는 공화제로 돌아갔다. 이때 마키아벨리는 메디치 가문을 위해 일했던 과거가 원인이 되어 정계를 떠나야 했다. 이때부터 그는 우울증에 시달렸고, 결국 58세의 나이에 세상을 떠났다. 그의 정치 이론서는 오늘날에도 전해지며 후세에 귀중한 정신적인 유산이 되었다.

문학의 거장 셰익스피어

그는 태어날 때는 아무런 주목도 받지 못했지만 죽은 뒤에는 '인류 역사상 가장 위대한 천재', '시대의 영혼', '인류의 문화 올림포스 산의 제우스'로 불렸다. 그의 언어 예술은 인류의 문자 예술을 최고봉으로 끌어올렸다. 그가 바로 영국 희곡의 아버지 셰익스피어이다.

연극 애호가

윌리엄 셰익스피어(William Shakespeare)가 태어난 시대는 엘리자베스 1세가 통치하던 시기로 영국이 정치적으로 안정되고 경제적으로 번영한 시기이다. 1564년 4월 26일 셰익스피어는 영국 중부 에이번(Avon) 강변의 스트랫퍼드(Stratford)에서 태어났다. 그의 부친 존 셰익스피어는 잡화점을 운영하는 부유한 상인이었다. 셰익스피어가 4세가 되던 해, 그의 부친이 읍장에 뽑혔는데 이 덕분에 그는 기본적인 문화적 지식을 배울 수 있었다. 소년 시절 셰익스피어는 라틴어 문법학교에서 공부했다. 그곳에서 그는 고전문학에 관한 풍부한 지식을 익혔고, 처음으로 글쓰기를 연습했다. 그가 살던 마을에는 극단이 자주 와서 순회공연을 했다. 셰익스피어는 연극을 매우 좋아해서 자주 친구들과 함께 연극에서 보았던 등장인물과 줄거리를 흉내 내며 연극 놀이를 했다. 어린 나이에도 그는 이미 연극의 매력에 빠져 있었다. 그러나 자신의 인생이 연극과 떼려야 뗄 수 없는 인연이라는 사실을 그때는 알지 못했다.

13세가 되던 해, 부친의 사업이 실패하여 가세가 기울자 셰익스피어는 학업을 중단하고 부친의 조수로 일했다. 18세가 되기 전에 그는 사회에 나가 독립해서 생활했다. 그는 시골 마을 교사 등 여러 직업을 전전했지만 어느 것도 그가 좋아하는 일이 아니었다. 셰익스피어는 18세 때 자신보다 여덟 살 많은 아내와 결혼했다. 후에 그는 작품에서 "여자란 모름지기 자기보다 나이가 많은 남자와 결혼해야 해."라고 썼는데, 이로 보건대 그는 자신의 결혼을 후회했던 것으로 보인다. 22세가 되던 해, 그는 이미 세 아이의 아버지였지만 여전히 가난한 처지에서 벗어나지 못했다. 하루는 그가 사는 마을에 유랑 극단이 찾아왔다. 연극을 좋아하던 그는 이 극단에서 말을 돌보는

일을 맡아서 극단을 따라 런던으로 갔다. 셰익스피어는 성실하게 말을 돌보는 일을 했고, 바쁠 때는 극단의 어린 아이들이 일손을 거들었다. 한가한 시간에는 무대 위의 연극을 관람했고 혼자서 문학, 역사, 철학을 꾸준히 공부했다. 극단에서 임시로 배우가 필요해지면 셰익스피어는 주저 없이 무대에 섰다. 머리 회전이 빠르고 언변이 좋은 그는 곧 조연 배우가 되었고 연기력이 점점 좋아지자 얼마 후 정식 배우가 되었다.

런던은 연극으로 정신적인 갈증을 해소하는 도시였다. 아래로는 평민에서부터 위로는 엘리자베스 여왕에 이르기까지 누구나 연극 보는 것을 좋아했다. 그렇다 보니 런던의 극단은 새로운 극본이 절실히 필요했는데, 이 역시 셰익스피어가 후에 극작가로 성공하게 된 배경 중 하나이다. 당시의 영국은 스페인의 무적함대를 막 물리친 뒤였

▲ **셰익스피어**
셰익스피어(1564~1616)는 영국 르네상스 시기의 위대한 극작가, 시인이며 유럽 르네상스 시기 인문주의 문학을 집대성했다.

고 해상 모험마저 순조롭게 진행되어 온 나라에 활력과 자신감이 넘쳤다. 여기에 영향을 받아 셰익스피어는 인생을 낙천적으로 바라보았고 인문주의 사상이 실현될 것이라고 믿었다. 16세기 말, 그의 작품은 모두 명랑하고 낙천적인 분위기를 풍겼다. 극작가로서 그는 처음에는 역사 속 사건을 제재로 한 역사극에 도전했다. 27세 때 3부작 〈헨리 6세〉을 완성했는데 그는 화려한 대사와 짜임새 있는 줄거리로 인물의 성격을 생생하게 표현했다. 이 희곡이 연극으로 상연되자 대중으로부터 갈채를 받았고 셰익스피어는 극작가로서 이름을 알리게 되었다.

불후의 명작

〈헨리 6세〉로 명성을 얻은 뒤 셰익스피어는 쉴 틈 없이 〈찰스 3

세〉, 〈찰스 2세〉, 〈헨리 4세〉, 〈헨리 5세〉 등 역사극을 발표했다. 이
작품들은 혼란스러웠던 지난 백 년 동안의 영국 역사를 회고하며 폭
군과 폭정을 꾸짖고 현명한 군주를 칭송하여 봉건제와 폭정을 반대
하는 셰익스피어의 진보적인 사상을 반영했다. 같은 시기에 셰익스
피어는 〈한여름 밤의 꿈(A Midsummer Night's Dream)〉, 〈베네치아
의 상인(Merchant of Venice)〉, 〈십이야(Twelfth Night)〉로 대표되는
희극도 창작했다. 사랑, 우정, 결혼을 주제로 한 이 작품들은 착하고
아름다우며 용감한 여성이 주인공이 되어 봉건 제도 아래 놓인 온갖
장애를 딛고 일어나 행복한 결말을 맺는다는 것이 공통점이다. 이와
같은 작품을 통해 셰익스피어는 인문주의가 찬미하는 자유연애를
장려하고 봉건 제도의 속박에서 벗어나야 한다는 주장을 표현했다.
그의 작품 중에서 특히 〈로미오와 줄리엣(Romeo and Juliet)〉은 명
작으로 꼽힌다. 〈로미오와 줄리엣〉이 런던에서 상연되자 이후 관객
들이 마치 밀물처럼 극장으로 몰려들었다. 주인공이 사랑을 위해 목
숨을 던지는 장면, 대대로 이어온 가문 사이의 원한이 해소되는 장
면에서 관객들은 감동의 눈물을 흘렸다. 이때 그의 작품은 장르와

▼ 오필리아(Ophelia)
햄릿의 연인 오필리아는 아버지
와 사랑하는 연인이 모두 죽자
그 충격을 견디지 못하고 정신
을 잃었다.

259

사상적 깊이에서 모두 기존의 한계에서 벗어나 창조적인 혁신을 일으켰다. 무대 위에서 표현되는 그의 작품은 현실에서의 생활을 그대로 재현했다. 인물의 대사는 화려하면서도 시적인 감수성과 철학적인 깊이를 담고 있어서 엘리자베스 여왕도 그의 작품을 즐겨 관람했다.

1599년, 셰익스피어는 이제 예전의 가난뱅이가 아니었다. 그는 명성과 부를 얻었다. 그는 또한 극단의 주인이 되었고, 고향에 주택과 토지도 사두었다. 그러나 이런 윤택한 생활에도 그는 전혀 기뻐하지 않았다. 당시 영국에서는 계급 간의 갈등과 정치 개혁이 사회 문제로 대두되던 때였다. 정치 개혁을 주장하던 그의 두 친구 중 한 사람은 교수형을 당하고 다른 한 사람은 감옥에 갇혔다. 이에 슬픔과 분노를 느낀 그는 유명한 4대 비극 중 하나인 〈햄릿(Hamlet)〉을 완성했다. 그 후 연이어 〈리어왕(King Lear)〉, 〈맥베스(Macbeth)〉, 〈오셀로(Othello)〉를 발표했다. 당시 비통한 심정을 가다듬고 쓴 작품들은 과거의 작품에서 풍기던 낭만적인 분위기를 전혀 찾아볼 수 없었고 인물의 성격, 언어, 줄거리 모두 이전보다 성숙하고 복잡하게 바뀌었다. 그중에서도 〈햄릿〉이 대중으로부터 큰 인기를 얻었다. 이 작품은 인물의 성격, 대사, 줄거리, 중심 사상 등에서 볼 때 셰익스피어의 작품 중에서 최고로 꼽힌다. 햄릿의 복수는 르네상스 시기 진보적인 인문주의자들이 봉건 질서를 깨뜨리고자 한 강렬한 열망을 표현한다. 햄릿의 비극은 셰익스피어 자신을 포함한 당시의 인문주의자들이 잔혹한 현실 앞에서 겪어야 했던 인문주의적 이상의 파괴를 대변한다. 셰익

▼ 셰익스피어 글로브 극장
템스 강 남쪽의 글로브 극장(The Globe)은 셰익스피어, 그리고 그와 같은 시대에 활동했던 우수한 극작가의 작품을 연구하고 감상하기 위해 지은 세계적인 수준의 연극 공연장이다.

스피어가 이 시기에 쓴 희극에서조차 비극적인 색채를 띠었다.

불후의 천재

17세기 초, 제임스 1세가 집권하면서 정치는 더욱 부패하고 사회 갈등은 심화되었다. 고향으로 돌아온 셰익스피어는 오랜 시간 책상에 웅크리고 글을 쓰다 보니 건강이 매우 나빠졌다. 인문주의의 이상을 실현할 수 없다는 작가의 좌절감과 분노가 이 시기에 발표한 작품들에 녹아 있다. 〈심벨린(Cymbeline)〉(1609), 〈겨울 이야기(The Winter's Tale)〉(1610)는 주인공들이 이별 뒤에 다시 만나게 되고, 억울한 누명을 썼지만 결국 오해를 풀게 되는 등 행복한 결말로 끝나는 작품이다. 이전 시기의 작품과 비교할 때 현실적인 비판 정신이 줄어들고 마법, 환상, 우연을 통해서 등장인물 사이에 용서와 화해를 끌어내고 있다. 셰익스피어의 이상은 현실에서는 받아들여지지 않았지만 적어도 가상의 무대에서는 현실로 이루어졌다.

셰익스피어가 1611년에 쓴 〈폭풍우(The Tempest)〉는 부모끼리는 원수이지만 그 자식들이 서로 사랑하게 되면서 마침내 화해한다는 이야기이다. 이 작품은 이 시기 셰익스피어의 작품을 대표하며, 여기에 사용된 시적인 언어와 변화무쌍한 예술적 표현을 가리켜 '시로 쓴 유언'이라고 불린다. 이 밖에도 셰익스피어는 존 플레처(John Fletcher)와 공동으로 〈헨리 8세(Henry VIII)〉, 〈두 귀족 신사(The Two Noble Kinsmen)〉를 집필했다. 셰익스피어를 가리켜 천재라고 말하는 데는 단지 극작가로서만이 아니라 시인으로서의 재능도 포함되는데, 그가 창작한 14행시 역시 정교한 언어로 심오한 감정을 표현하여 세대를 이어 전해지는 명작이다.

1616년 셰익스피어는 52세의 나이로 삶을 마감했다. 스트랫퍼드의 작은 교회당 옆에는 매년 수많은 사람이 마치 성지 순례를 하듯 그곳에서 안식하는 불멸의 영혼 셰익스피어를 찾아온다. 그의 묘비에는 다음과 같은 비문이 새겨져 있다. "하느님의 얼굴을 봐서라도 제발 나의 무덤을 건드리지 마시오. 경거망동하는 자는 저주를 받을 것이로되 이를 지키는 자는 축복을 받으리니."

영원한 모나리자 천재 다 빈치

그의 재주는 시대를 초월했고 그가 이룬 업적은 그 누구와도 비교할 수 없다. 인류 역사에서 이와 같은 천재는 오직 한 사람뿐이다. 레오나르도 다 빈치, 그는 빛과 어둠 사이를 서성이며 회화사에 위대한 기적을 만들어냈다.

천재 다 빈치

르네상스 시대는 별처럼 빛나는 천재들의 시대라고 할 수 있다. 그러나 레오나르도 다 빈치(Leonardo da Vinci)를 빼놓는다면 가장 빛나는 별을 잃게 될 것이다. 다 빈치의 재능과 지혜는 그가 살았던 시대를 훨씬 앞서 있었다. 그래서 사람들은 그를 조물주가 이 세상에 보낸 특별한 선물이라고 여기며 감탄한다.

1452년 4월 15일 저녁 10시 30분, 다 빈치는 이탈리아 피렌체 교외의 해변 마을 빈치(Vinci)에서 태어났다. 그의 부친 피에로 다 빈치(Piero da Vinci)는 피렌체에서 공증인으로 일했다. 그의 부모가 혼인하지 않고 낳았기 때문에 그는 사생아였다. 다 빈치는 어려서부터 머리가 비상해서 주변 사람을 자주 놀라게 했다. 그는 다양한 분야에 흥미를 느꼈는데 특히 음악과 회화에서 특별한 재능을 보였다. 그의 노랫소리는 무척 아름다웠고, 어린 나이에도 현악기를 자유자재로 연주했다. 붓을 들고 몇 번 휘두르면 금세 멋진 작품이 탄생해 마을에서는 그를 '그림 신동'이라고 불렀다. 그의 부친은 다 빈치가 14세 되던 해에 그를 피렌체의 유명한 화가 안드레아 델베로키오(Andrea del Verrocchio)의 공방으로 보냈다. 그곳에서 다 빈치는 조형 예술을

▼ 다 빈치
레오나르도 다 빈치(1452~1519)는 이탈리아 르네상스의 3대 거장 중 한 사람이며 유럽 르네상스 시대를 대표하는 인물이다.

체계적으로 배웠고 이때 만난 인문주의자, 예술가, 과학자 등의 영향으로 인문주의를 마음 깊숙이 새겨 넣었다. 그러나 회화와 조형 예술만으로는 이 천재를 만족시키지 못했다. 그는 그림을 배우는 한편 기계 장치, 천문 지리, 의학의 해부학 등을 연구했고 이를 모두 기록하여 1만 3,000쪽에 해당하는 방대한 수기 원고를 남겼다.

다 빈치가 명성을 얻은 분야는 역시 예술 분야에서의 업적이었다. 1470년, 다 빈치는 스승 베로키오가 〈세례를 받는 그리스도(Baptism of Christ)〉를 작업하는 것을 도왔다. 당시 그는 그리스도 옆의 천사 한 명만을 그렸는데 그의 붓에서 표현된 천사의 표정과 부드러운 색조는 스승을 능가했다. 이를 본 베로키오는 감탄하며 "이렇게 완벽하게 표현하다니 이제 앞으로는 조각에만 전념해야겠군."이라고 말했다고 한다. 이후 다 빈치의 명성이 두루 퍼져 그는 피렌체의 유명한 화가가 되었다. 1481년에 다 빈치는 〈동방박사의 경배(The Adoration of the Magi)〉를 그렸는데, 이 작품의 구도와 형상에서 모두 새로운 시도를 선보였다. 화법에서 다 빈치는 종전의 전통 회화 기법을 따르지 않고 자신이 발명한 스푸마토(sfumato) 기법을 사용했다. 원형의 물체가 빛을 받으면 밝은 부분에서 어두운 부분으로 이어지는 것처럼 스푸마토 기법을 사용하면 마치 안개가 자욱하게 낀 듯 분명한 경계 없이도 그림자로부터 인물의 형상을 두드러지게

▼ 〈최후의 만찬〉

〈최후의 만찬〉은 다 빈치가 이탈리아 밀라노의 산타마리아 델레 그라치아 수도원 식당에 그린 대형 벽화이다. 그림은 예수가 로마 군인에게 체포되기 전날 저녁에 열두 제자와 함께 마지막 식사를 하는 장면을 그린 것이다.

해준다. 그는 "회화의 가장 큰 기적은 평면적인 화면에 입체감을 살리는 것이다."라고 말했다. 예술 창작을 할 때 그가 보여준 대담한 시도와 실험 정신은 유럽 예술의 변화에 중대한 영향을 주었다.

〈영원한 모나리자〉

　1482년 밀라노에 도착한 다 빈치는 상 프란체스코 그랑데(San Francesco Grande) 성당의 의뢰를 받아 〈바위 동굴 속의 마리아(Madonna of the Rocks)〉라는 제단화 한 폭을 제작했다. 이 그림은 전통적인 종교화의 제재에 형태적으로 새로운 시도를 가한 것이다. 다 빈치는 스푸마토 기법을 사용해서 사실적인 묘사와 예술적인 표현에서 커다란 발전을 이루어냈다. 또 1495년 밀라노 대공의 부탁으로 다 빈치는 산타마리아 델레 그라치아 수도원(Santa Maria delle Grazie)의 식당에 벽화를 그렸는데 이것이 바로 유명한 〈최후의 만찬(the Last Supper)〉이다. 이 그림은 수많은 종교 화가가 그렸던 전통적인 제재를 사용했지만 이전의 화가들과는 다른 독특한 화법을 사용했다. 다 빈치는 유다와 예수, 나머지 제자들을 일렬로 배열하여 인물의 동작, 자세, 표정에서 미묘한 심리 상태와 성격을 표현했다. 이로써 그림의 주제를 부각시켰으며 구도의 통일을 이루어 미술사에서 가장 완벽하고 모범이 되는 작품으로 불린다. 사람들은 이 작품을 감상할 때마다 제자들의 감정과 성격에서 새로운 의미를 발견한다. 그래서 〈최후의 만찬〉을 르네상스 시대의 가장 뛰어난 종교화라고 부르는 것이다.

　1500년 다 빈치가 피렌체로 돌아왔을 때, 피렌체는 다시 공화국으로 체제가 바뀌어 있었고 그 영향으로 유럽 르네상스 운동이 가장 활발하게 전개되었다. 당시 다

▼ 1519년 5월 2일, 예술의 거장 다 빈치가 세상을 떠났다. 그는 소식을 듣고 급히 달려온 프랑수아 1세의 가슴에 안겨 마지막 숨을 거두었다 한다.

빈치 외에도 미켈란젤로(Michelangelo Buonarroti), 라파엘로가 미술계에서 명성을 떨쳤다. 다 빈치가 소묘로 그린 〈성모와 성 안나, 세례 요한(The Virgin and Child with St. Anne and St. John the Baptist)〉은 많은 관람객을 끌어들였고 큰 반향을 일으켰다. 그리고 그 구도의 원리와 화법은 미켈란젤로와 라파엘로 등의 화가에게 영감을 불어넣었다. 1503년, 다 빈치는 피렌체의 한 은행가에게서 의뢰를 받아 그의 아내 리자(Lisa)의 초상화를 그렸다. 이 부인이 화가 앞에 나타났을 때, 그는 예술적인 혜안으로 이 젊은 부인의 순수하면서도 풍만한 아름다움에서 감동적인 신비스러움을 꿰뚫어 보았다. 다 빈치의 손길이 거치고 나서 그녀는 이상적이고 신비스러운 미의 상징으로 형상화되었다. 게다가 다 빈치는 명암법을 사용하여 평면의 형상에 입체감을 불어넣었다. 〈모나리자(Mona Lisa)〉는 다 빈치가 명암법을 사용하여 그린 전형적인 작품으로 훗날 세계적으로 가장 유명하고 위대한 초상화가 되었다. 그림이 완성된 후 다 빈치는 이 작품을 너무 아낀 나머지 의뢰인에게 전달하지 않고 밤새 짐을 싸서 하인과 함께 달아나고 말았다.

1513년에 로마로 이주한 다 빈치는 그곳에서 이제 막 화가의 길에 입문한 미켈란젤로를 만났다. 신비로운 인체에 관심이 많았던 다 빈치는 인체 해부 실험을 했다. 이 일로 그는 로마 교황의 미움을 샀고, 그 후 2년 동안 별다른 주목을 받지 못했다. 1515년에 프랑스의 프랑수아 1세가 밀라노를 점령하고 극진한 정성으로 다 빈치를 프랑스로 초청했다. 당시 64세였던 다 빈치는 이 초청을 수락하고 알프스 산을 넘었는데, 그때 자신이 가장 아끼던 세 작품인 〈모나리자〉, 〈성 안나(St. Anne)〉, 〈세례자 성 요한(St. John Baptist)〉을 프랑스로 가지고 갔다.

1519년 5월 2일, 다 빈치는 67세의 나이로 타향에서 숨을 거두었다. 이 위대한 천재 화가는 프랑스의 앙부아즈 성(Chateau d' Amboise)에 묻혔다.

예술을 위해 살다 미켈란젤로

비탄에 잠긴 마음과 고매한 예술적 소양, 이것이 바로 미켈란젤로를 불멸의 위대한 화가로 만들었다. 강인하면서도 완벽한 아름다움을 겸비한 다비드의 신체와 그 강철처럼 견고한 의지는 공화정에 보내는 격려와 지지였고, 시스티나 성당의 벽화는 강렬한 시각적 효과로 르네상스 시대 최고의 작품이 되었다.

꼬마 석공

예술 분야에서 천재들이 이룩한 뛰어난 업적은 한 분야에만 머물지 않는다. 다 빈치, 미켈란젤로, 라파엘로가 그 대표적인 예이다. 그들은 회화, 조소, 건축에서 비범한 재능을 발휘했다. 그러나 그들이 명성을 얻은 작품의 영역은 각기 달랐다. 르네상스 시대 다 빈치의 〈모나리자〉가 초상화의 걸작이라고 하면 미켈란젤로의 〈다비드〉는 인체 조각상 중에서 불멸의 작품이라고 할 수 있다.

1475년 3월 6일 미켈란젤로 부오나로티(Michelangelo Buonarroti)는 이탈리아 투스카니(Tuscany) 아레초(Arezzo) 부근의 카프레세(Caprese)에서 태어났다. 당시 그의 부친은 카프레세의 관리로 일했다. 그가 태어난 지 몇 달 후에 그의 가족은 고향인 피렌체로 돌아가 정착했다. 그의 가문은 대대로 피렌체에서 소규모 은행을 경영했지만, 부친의 대에 이르러 더는 은행을 경영하지 않았고 아레초에 채석장 한 곳만을 남겨두고 있었다. 그가 6세가 되던 해에 모친이 병으로 세상을 떠나자 부친은 어린 미켈란젤로가 보살핌을 받고 자랄 수 있도록 그를 채석장에서 일하는 한 석공의 집으로 보냈다. 그때부터 미켈란젤로는 돌, 정, 망치와 떼려야 뗄 수 없는 인연을 맺었다. 그는 석공이 돌을 쪼개는 모습을 신기한 듯 지켜보았고 결코 싫증을 내지 않았다. 연장을 다루는 법을 배운 그는 시간이 지나자 숙련된 솜씨로 그림 속의 형상을 조각해냈다. 이때의 경험을 토대로 미켈란젤로는 한 시대를 대표하는 거장으로 성장할 수 있었다. 실제로 인생의 여러 가지 일은 어린 시절에 이미 결정되는 경우가 많다.

어린 시절 미켈란젤로는 대리석 조각의 매력에 깊이 빠져들었다.

▼ 미켈란젤로

미켈란젤로(1475~1564)는 이탈리아 르네상스 시대의 위대한 화가, 조각가, 건축가이자 시인이며 르네상스 시대 조각의 최고봉을 대표한다. 그는 라파엘로, 다 빈치와 더불어 르네상스 3대 거장으로 불린다.

▲ 〈창세기〉에서 〈홍수〉 부분

〈창세기(Book of Genesis)〉는 미켈란젤로가 바티칸의 시스티나 성당 천장에 그린 벽화로 작품의 규모가 웅대하고 인물 묘사에 생동감이 넘쳐서 미켈란젤로의 대표적인 작품으로 꼽는다.

그의 부친이 라틴어와 헬라어 문법학교로 그를 보내려고 할 때, 그는 오히려 성당의 그림을 모사하러 가거나 화가 친구와 어울리는 것을 좋아했고 부친이 아무리 혼을 내도 전혀 아랑곳하지 않았다. 13세가 되던 해에 미켈란젤로는 피렌체의 화가 도메니코 기를란다요(Domenico Ghirlandaio)의 공방에 도제로 들어갔다. 그곳에서 지낸 지 3년도 채 되지 않아 더 이상 배울 것이 없게 된 그는 기를란다요가 진행하던 성당 벽화 작업에 조수로 참여했다. 회화보다는 조각을 더 좋아했던 그는 고대의 조각품을 소장하고 있던 메디치 가문의 정원에서 조각가 베르톨도 디 조반니(Bertoldo di Giovanni)를 만나 조각을 공부했다. 또 메디치 가문의 미술 아카데미에서 인문주의학자, 시인, 예술가들을 만났다. 그때부터 그는 이미 인문주의에 심취한 꼬마 예술가가 되었다.

미켈란젤로는 15세를 전후하여 조각과 회화에서 사람들의 주목을 받았다. 어린 나이임에도 그의 작품에는 고전주의의 풍격이 두드러졌고 동료들의 수준을 훨씬 뛰어넘었다. 가장 초기 작품인 〈계단의 성모(Madonna of the steps)〉(약 1492년), 〈켄타우로스의 전투(Battle of the Centaurs)〉(약 1492년)는 당시의 조각에서 보기 어려운 소박하면서도 우람한 형체미를 드러냈고 주인공의 장중한 자태에는 고전주의의 풍격이 깊이 배어 있다. 미켈란젤로가 20세 때 제작한 〈바쿠스(Bacchus)〉는 인체의 표현에 모든 정신을 집중한 그의 독특한 풍격이 돋보이는 작품이다. 이 작품은 그동안 기계적인 균형에 매달렸던 기존의 조각 작품의 틀을 15세기 이래 처음으로 깨뜨려 청년 예술가의 탁월한 재능을 유감없이 보여주었다.

미켈란젤로는 처음에 무심결에 화가의 길로 들어섰지만, 그의 꿈은 조각가가 되는 것이었다. 1499년에 24세의 미켈란젤로는 〈피에타(Pietà)〉를 완성했다. 로마 전체가 이 작품으로 충격에 휩싸였다. 사람들은 인간의 손으로 만들어냈다고는 도저히 믿을 수 없는 이 작품을 이제 막 예술계에 입문한 새내기 작가가 만들었다는 사실이 믿기지 않았다. 섬세하고 숙련된 장인의 손길과 더불어 차디찬 대리석에 인체를 그대로 재현한 듯 깎아놓은 유연한 곡선은 해부학을 예술로써 대담하게 실현한 것이었다. 사람들의 의심을 해소하기 위해 그는 성모의 옷자락에 자신의 이름을 새겨 넣었다. 〈피에타〉는 인체를 사실적이고 숭고하리만큼 아름답게 표현하여 예수의 주검을 안고 있는 마리아의 하늘이 무너지는 듯한 처절한 슬픔과 고통을 감추었다. 이를 통해 작가는 인문주의의 이상인 인간의 숭고함과 영원토록 변하지 않는 이상을 작품 속에 담아내고자 했다. 그리하여 인성이 신성을 끌어안는 가장 감동적인 작품이라는 찬사를 받았으며 이때부터 미켈란젤로는 로마에서 명성을 떨쳤다.

16세기 초, 미켈란젤로는 이름을 알린 뒤 창작의 황금기를 맞았다. 1501년 미켈란젤로는 피렌체공국 정부로부터 거대한 조각상 〈다비드(David)〉의 제작을 의뢰받았다. 이 작품을 조각하면서 미켈란젤로는 지극한 창작의 열정을 쏟아부었고, 현실주의 수법과 영웅주의로 가득한 이상을 이 신격화된 인물로 표현했다. 다비드는 체구가 장대하고 산을 옮길 만큼 강한 힘과 강철 같은 의지가 있었다. 그는 왼손에 물레를 들고 자신감에 차서 전장으로 향하고 있다. 〈다비드〉는 원래 성당을 장식하기 위해 제작한 것이었다. 그러나 미켈란젤로의 손에서 완벽한 작품으로 태어나자 공화국 정부는 계획을 바꾸어 시청사 정문 앞에 설치하여 조국을 지키기 위해 용맹하게 싸우는 피렌체인의 사기를 높이고자 했다. 이로써 〈다비드〉는 르네상스 시대의 예술 작품 중 가장 정치적 색채가 뚜렷한 작품이 되었다.

16세기 초 피렌체에 당시 재능 있는 예술가들이 모여들었다. 당시에 다 빈치 역시 피렌체로 돌아왔다. 1504년부터 1505년까지 미켈란젤로는 다 빈치와 함께 피렌체 정부의 의뢰를 받아 정부 청사 대회당에 벽화를 제작했다. 예술의 거장 두 사람이 대회당 벽면을 나누어 맡아 각자의 재능을 발휘했으니 두 예술가 사이에 불꽃 튀는 경쟁이 벌어지리라는 데는 의심의 여지가 없었다. 그러나 안타깝게도 미켈란젤로는 벽화가 절반 정도 진행되었을 때 로마 교황청의 부름을 받아 이곳의 작품을 완성하지 못했다. 이 미완성의 작품은 마찬가지로 미완성으로 남은 다 빈치의 벽화와 함께 후에 훼손되었다. 그러나 미완성이라고는 해도 당시 피렌체의 화가들은 이 작품을 감상할 수 있었고, 여기서 크나큰 영향을 받았다. 강인한 인체미를 부각시킨 그의 화법과 그 안에 담긴 인문주의 정신은 그 후 수세기에 걸쳐 유럽의 예술에 영향을 주었다. 미켈란젤로는 다 빈치와 함께 피렌체 예술의 마지막 절정기를 앞당겼다.

하늘을 향해 그리다

교황 율리우스 2세는 피렌체에서 명성을 떨치던 미켈란젤로를 주목하고 1505년에 그를 로마로 초빙해 교황의 능묘陵墓 제작을 맡겼다. 대규모 공사를 맡은 미켈란젤로는 그동안 해보지 못한 세계적인 기념물을 만들어낼 수 있다는 생각에 흥분을 감추지 못했다. 그는 피렌체에서 진행하던 일을 중도에 그만두고 직접 채석장에 가서 8개월에 걸쳐 대리석을 골랐다. 그런데 율리우스 2세가 돌연 생각을 바꾸는 바람에 능묘를 조각하는 작업이 중단되었고, 심지어 대리석 대금의 지급마저 거절당했다. 이 일로 순수한 열정에 사로잡혔던 예술가의 분노는 극에 달했다. 그는 신뢰를 저버리고 예술가를 존중하지 않는 교황에게 화를 참지 못하고 피렌체로 돌아갔다. 그러나 16세기 초에는 교황이 최고의 권력을 휘두르고 있었기 때문에 아무리 대우가 좋지 않더라도 예술가들은 그를 위해 일해야 했다. 교황의 압력을 받은 피렌체 정부는 미켈란젤로를 여러 차례 다독였고, 그는 결국 다시 로마로 돌아갔다. 그 후 2년을 그는 교황의 청동상을 제작하는 데 보냈다.[66] 1508년에 미켈란젤로는 또다시 힘겨운 대규모 작업을 맡았는데 시스티나 성당의 천정 벽화를 그리는 것이었다. 작업 초기에 교황은 나체화가 풍속을 해친다고 그림에 옷을 입히라고 명령했

▲ 〈다비드〉

〈다비드〉는 이탈리아 조각가 미켈란젤로의 대표작이며 현재 피렌체 미술 아카데미에서 소장하고 있다. 이 조각상은 서양 미술사에서 남성의 인체를 가장 완벽하게 표현한 작품으로 평가받는다.

---

66) 훗날 훼손되었다.

다. 이에 미켈란젤로는 여러 차례에 걸친 투쟁으로 교황이 다시는 창작에 관여하지 않겠다는 다짐을 받은 뒤에야 비로소 작업을 계속했다.

이 위대한 예술가는 초기에 느꼈던 비통함과 분노를 창작의 열정으로 승화시켜서 이 벽화를 세계가 놀랄 만한 기념비적인 걸작으로 만들겠다는 뜻을 세웠다. 그 결과, 그는 자신의 뜻을 이루었다. 그는 웅장한 성당 건물의 구조를 그림의 틀로 삼아 천장 중앙에 크기가 각기 다른 종교화 아홉 폭을 그렸다. 그림의 내용은 성경에서 천지 창조, 인간의 타락, 노아의 홍수에 이르는 사건을 제재로 취했다. 천장 가장자리의 아치형 벽면에는 남녀 선지자 12명을 그렸고, 네 모퉁이에 모세와 다윗 등의 이야기를 그렸으며, 건축 구조물 위와 그 사이에 어린 소년의 다양한 모습을 그렸다. 이 웅장한 벽화는 시종 인물의 표정에 중점을 두었다. 뚜렷한 형체가 있는 사람의 모습이

◀ 시스티나 성당 제단화 〈최후의 심판〉

1534년 세 번째로 로마에 온 미켈란젤로는 교황 바오로 3세로부터 시스티나 성당 안쪽 벽에 제단화를 그려달라는 부탁을 받았다. 이에 그는 이듬해인 1535년부터 거대한 규모의 벽화인 〈최후의 심판(The Last Judgement)〉 제작에 착수했다. 무려 6년 반의 시간을 들여 완성한 이 시스티나 성당의 제단화는 그 엄청난 스케일로 보는 이를 압도한다.

모두 343개로 대부분 실물보다 크게 그려졌는데 크기가 2배가 넘는 그림도 있다. 천장의 실제 면적은 약 500제곱미터로, 이 작품은 미술사에서 가장 큰 벽화이다. 꼬박 4년 동안 미켈란젤로는 조수의 도움도 받지 않았고 작업하면서 일반인은 물론 교황까지 출입을 통제시켰다. 거대한 면적의 천장을 채울 그림의 내용을 하나하나 설계하고 밑그림부터 채색까지 모든 과정을 혼자 힘으로 완성했다. 높은 받침대 위로 올라가서 고개를 뒤로 젖힌 채 천장을 보며 작업하는 동안 그의 정신세계는 서서히 천상의 세계로까지 뻗어나갔다. 꼬박 4년을 이처럼 극도로 부자연스런 자세로 작업했기 때문에 그는 점차 고개가 굳어 나중에는 목을 가누지 못했고, 편지를 읽을 때마저 머리 위로 편지를 들어서 올려다보아야 했다. 벽화가 완성되어 일반에 공개되는 순간, 그가 흘린 땀과 노력은 그 가치를 인정받았다. 벽화의 거대한 스케일과 그림 속 인물의 장중한 분위기, 강인한 힘과 의지는 보는 이를 압도했고 평생 잊을 수 없는 감동을 선사했다. 이는 미켈란젤로가 기존의 구태의연한 방법에 안주하지 않고 사실적인 기초 위에 천재적인 영감을 불어넣어 완성했기에 가능한 것이었다. 그의 손에서 창조된 벽화는 흠잡을 데 없이 아름답고 에너지가 흘러넘쳐서 다른 어떤 작품과도 비교할 수 없는 걸작으로 인정받았다. 특히 하느님과 아담의 감동적인 장면은 르네상스 미술의 가장 완벽한 결정체이다.

시스티나 성당의 천장화에 이어 미켈란젤로는 유명한 조각상인 〈모세(Moses)〉, 〈반항하는 노예(Rebellious Slave)〉, 〈죽어가는 노예(Dying Slave)〉를 제작했다. 1519년부터 1534년 사이에 그는 피렌체에서 로렌초 성당 내부의 메디치 가문 가족묘에 조각상 여러 개를 제작했다. 이 작품들은 모두 비통함과 울분을 강조하며 권력에 대한 예술가의 혐오감과 분노를 표현했다. 하나하나 완벽하다고 평가받는 이 작품들로써 미켈란젤로는 미술 조각사에서 영원히 그 빛이 바래지 않는 이름으로 기억되고 있다. 말년의 미켈란젤로는 그의 재능을 건축에 쏟아 부었다. 웅장한 성 베드로 성당은 르네상스 시기의 가장 화려하고 거대한 건축물이었고 미켈란젤로 특유의 웅장하면서도 아름다움을 잃지 않는 예술적 풍격을 그대로 보여주었다.

1564년 2월 18일, 미켈란젤로는 로마에서 마지막 숨을 거두었지만 그의 예술은 수세기가 지난 지금까지도 커다란 영향을 주고 있다.

고전주의 미술 최고의 경지 라파엘로

예술가가 살아온 삶의 가치는 그가 얼마나 오래 살았는가에 있지 않고 그가 인류에게 영원한 기념물을 남겼는가로 결정된다. 라파엘로는 비록 꽃같이 젊은 나이에 세상을 떠났지만, 그가 남긴 불후의 명작으로 다 빈치, 미켈란젤로와 어깨를 나란히 하는 이탈리아 르네상스 3대 화가가 되었다.

독자적인 예술 세계

위대한 화가는 작품을 통해 자신의 사상을 보여주며, 작품 하나하나 그 이면에 화가의 정신세계를 감추고 있다. 다 빈치는 함축과 지혜를, 그리고 미켈란젤로는 격정과 웅장함을 독특한 풍격으로 삼는 한편, 라파엘로는 우아함과 조화로움으로 이탈리아 르네상스의 '화성畵聖'으로 불린다.

1483년 4월 6일, 라파엘로 산티(Raffaello Santi)는 이탈리아 북서부 베네치아와 피렌체 사이의 우르비노(Urbino)라는 작은 마을에서 태어났다. 그의 부친 조반니 산티(Giovanni Santi)는 우르비노 공작의 궁정 화가였다. 부친의 영향으로 라파엘로는 어려서부터 그림에 매우 흥미가 많았고, 모친의 극진한 사랑을 받으며 건강하고 즐겁게 성장했다. 그는 모친의 영향을 받아 성격마저 온순하고 원만했으며, 평생 여성에 대해 품은 애틋한 연정은 작품에도 반영되었다. 그러나 8세가 되던 해에 라파엘로는 병으로 모친을 여의고 3년 뒤 부친마저 잃었다. 11세의 나이로 고아가 된 라파엘로에게 숙부가 보호자가 되었다. 라파엘로는 15세 때부터 볼로냐의 한 공방에 들어가 그림을 그렸다. 그의 스승은 곱상하게 생긴 이 학생이 독창적이면서도 예리한 감각이 있으며 아름다움과 예술의 진정한 의미를 정확하게 파악하고 있다는 것을 발견했다. 이듬해에 라파엘로는 고향을 떠나 이탈리아 북부의 페루자(Perugia)로 가서 피에트로 페루지노(Pietro Perugino)를 사사했다. 3

▼ 라파엘로의 자화상
현재 피렌체 우피치 미술관에 소장된 이 그림은 라파엘로가 23세 때 그린 것이다.

년 만에 라파엘로는 색채에 대한 감각과 투시 원리를 통달했고, 회화 기교에도 능숙해졌다. 19세가 되자 스승의 권유를 받아들여 예술계의 거장들이 모여 있는 피렌체로 떠났다.

피렌체에서 라파엘로는 자기만의 진정한 예술적 천국을 찾았다. 그는 각 화파 대가들의 특징을 연구하고 거기서 깨달음을 얻었다. 또 겸허한 학생의 자세로 자신과 동시대 인물들을 연구해 다 빈치의 구도와 미켈란젤로의 웅장한 풍격에 주의를 기울였다. 그 밖에 해부학, 대자연의 변화, 사회에서의 인간관계 모두 그가 배우고 느끼는 대상이 되었다. 그는 아름다움을 알아보는 눈으로 인생에 대해, 인간에 대해, 특히 여성과 어머니에 대해 특별한 감정과 사랑을 느꼈다. 1504년 21살이 된 라파엘로는 그의 예술적 입지를 다지게 한 첫 번째 작품 〈성모의 결혼식〉을 완성했다.

▼ 라파엘로의 〈아름다운 여정원사〉

라파엘로가 1507년부터 1508년 사이에 그린 작품으로 현재 루브르 박물관에서 소장하고 있다.

고전 미술의 결정체

라파엘로는 준수한 외모에 성격이 매우 다정하고 온순했으며 세련된 풍모를 갖췄다. 그는 화가들이 운집한 피렌체에서 자신만의 독자적인 노선을 개척했다. 피렌체에서 활동하던 시기에 그는 다양한 주제의 성모상을 제작했다. 〈대공의 성모(Madonna of the Grand Duke)〉(1504), 〈풀밭의 성모〉(1505), 〈오색 방울새의 성모(Madonna del Cardellino)〉(1507), 〈아름다운 여정원사(La Belle Jardiniere)〉(1507) 등이 그 대표작이다. 르네상스 시대의 대표적인 화가로서 라파엘로가 그린 성모는 온유하고 아름답고 성결하여 모성

애와 인간미가 강조되어 있다. 이와 달리 성자는 매우 건강하고 활
달하게 표현되었다. 머리 위의 광환을 제외한다면 성모와 성자는 평
범한 어머니와 아들의 모습으로, 어떤 금욕적인 교훈도 찾아볼 수
없다. 여기에서 화가의 인문주의 정신을 확인할 수 있는데, 그의 화
풍은 당시 그 누구도 닿을 수 없는 높은 경지에 도달해 있었다. 화풍
이 점점 성숙하면서 그는 곧 다 빈치, 미켈란젤로와 함께 명성을 떨
쳤다.

당시 교황 율리우스 2세는 이탈리아의 우수한 화가, 조각가, 건축
가를 모두 로마로 불러들여 자신을 위해 일하게 했다. 피렌체에서
가장 유명한 청년 화가였던 라파엘로 역시 당연히 초청을 받았다.
25세가 되던 해에 라파엘로는 로마에 도착했다. 오래지 않아 바티칸
으로 찾아간 화가들은 라파엘로와 미켈란젤로를 제외하고는 모두

돌아가라는 통고를 받았다. 로마에서 지내는 동안 라파엘로의 성모상은 더욱 세련되게 다듬어졌다. 〈의자 위의 성모(The Madonna of the Chair)〉, 〈시스티나 성모〉(1513~1514) 모두 이 시기의 가장 완벽한 작품으로 모성의 위대함과 서서히 드러나는 슬픔과 연민의 정을 표현했다. 1509년 교황 율리우스 2세는 라파엘로에게 바티칸의 벽화 제작을 의뢰했다. 라파엘로는 신학, 철학, 시, 법률을 주제로 하여 네 폭의 벽화를 그렸다. 그중 철학에 해당하는 〈아테네 학당(The School of Athens)〉이 가장 유명한데, 전체적으로 웅장한 분위기 속에서 보는 이를 향해 철학적인 깨우침을 제시한다.

라파엘로는 숨 돌릴 틈 없이 작업에 매진하여 마치 한 자루 촛불처럼 예술의 빛을 밝히는 데 자신의 생명을 태웠다. 명성이 높아갈수록 그를 찾는 사람이 많다 보니 늘 과로에 시달렸다. 1520년 봄, 한창나이의 이 젊은 화가는 결국 병에 걸려 쓰러지고 말았다. 당시 작업하던 〈그리스도의 변용(Transfiguration)〉이 완성되지 않았는데, 임종 전에 그는 이 그림을 침대맡으로 가져오게 했다. 그 그림을 보며 이 세상을 떠나기를 원했던 것이다. 아름다움을 추구하는 라파엘로의 열정은 자신의 생명까지도 초월했다. 4월 6일, 라파엘로의 짧지만 위대한 삶은 끝이 났다. 그러나 그가 이룩한 예술적 업적은 영원히 세상에 남아 인류 문명을 기록한 역사서의 한 페이지를 장식했다.

◀〈시스티나 성모(Sistine Madonna)〉

북유럽 르네상스의 거장 뒤러

그는 예술가의 지위가 가장 낮은 나라에서, 중세부터 이어온 장인의 가문에서 태어났지만, 오히려 당시 유럽에서 가장 독립적이고 자신만만했던 예술가였다. 사람들은 그를 북유럽의 다 빈치라고 불렀다. 그는 예술을 사랑했지만 과학적인 탐구에도 뜻을 두어 다양한 영역에서 초인적인 재능을 발휘했다.

금세공사의 아들

1471년 5월, 알브레히트 뒤러(Albrecht Durer)는 독일 뉘른베르크 (Nuremberg)에서 태어났다. 그와 동명인 부친은 헝가리 국적의 금세공사였고 모친 역시 금 세공사의 딸이었다. 뒤러는 어려서부터 부드럽게 흐르는 곡선을 보며 미美를 인식했다. 예술적인 분위기 속에서 성장하며 남달리 영리했던 뒤러는 천부적인 그림 실력을 보였다. 그의 대부인 안톤 코베르거(Anton Koberger)는 뉘른베르크의 인쇄상이자 출판업자였다. 뒤러는 어린 시절 그의 공장에서 놀면서 동판화를 접했다. 이때의 경험은 그가 훗날 판화를 작업하는 데 큰 도움이 되었다. 뒤러의 부친은 아들이 자신의 가업을 잇기를 바라며 어린 뒤러에게 직접 금세공 기술을 가르쳤다. 그러나 뒤러는 그림에 더 관심이 많았고 예술가들의 초상화나 조각 작품을 모사하기를 좋아했다. 13세 때에 뒤러는 거울을 이용해서 처음으로 자화상을 그렸다. 이 작품으로 그는 신동으로 유명해졌다.

뒤러는 회화에 점점 빠져들었다. 15세가 되던 해, 뒤러는 화가가 되는 것을 허락해달라고 부친에게 청했다. 이에 부친은 그를 뉘른베르크에서 유명한 화가 미카엘 볼게무트(Michael Wolgemut)의 도제로 보냈다. 3년 동안 뒤러는 힘든 줄도 모르고 그림 공부에 매달렸고 색의 배합과 운용을 깊이 있게 연구했다. 그는 스승의 작품을 모사하는 것에 그치지 않고 대자연, 인체, 그리고 식물을 대상으로 연구하고 습작했다. 도제로서의 기간이 끝났을 때 그는 이미 혼자서 창작할 수 있는 실력을 갖췄다. 자신감에 가득 찬 젊은 뒤러는 독일 각지를 돌아보며 견문을 넓혔다.

1490년 뒤러는 라인 강을 따라 스트라스부르, 쾰른, 바젤 등지를 방문했다. 아름다운 자연 풍경과 예술적인 분위기를 직접 감상하고 체험하면서 뒤러의 심미 의식은 한층 성숙해졌다. 4년 동안 유람하면서 그는 많은 학자와 예술가를 사귀었고 수학, 라틴어, 고전문학, 인체해부학에 깊은 관심을 느꼈다. 이때의 관심은 이후에도 계속 이어졌다. 1494년 뒤러는 고향 뉘른베르크로 돌아와서 금속 세공사의 딸 아그네스 프라이(Agnes Frey)와 결혼했고 집에서 멀지 않은 곳에 정식으로 화실을 열었다. 그러나 가정생활이 원만하지 못하여 뒤러는 아내를 남겨두고 같은 해에 다시금 유람을 떠났다. 그가 찾은 곳은 바로 르네상스의 본거지 이탈리아였다.

판화의 거장

다 빈치와 미켈란젤로와는 달리 뒤러는 판화로 이름을 알렸다. 1498년, 25세의 뒤러는 독특한 개성을 연출할 수 있는 판화라는 형식으로 〈요한계시록(The Apocalypes)〉을 완성했다. 이 작품은 목판화 15점이 연작 형식으로 구성되었는데, 세상의 종말에 불안해하는 인간의 미약함과 공포를 표현했다. 15점의 연작 중에서 〈네 기사(The Four Horsemen)〉와 〈용과 싸우는 천사 미카엘(St. Michael Fighting the Dragon)〉은 판화 예술에서 불후의 명작으로 불린다. 이 작품 이후로 뒤러의 이름은 그 시대 예술의 거장들과 같은 반열에 올랐다. 뒤러는 처음으로 명성을 얻자 더욱 자신감을 얻어 같은 해에 화려한 옷으로 한껏 멋을 낸 자화상을 그렸다. 자화상이 호평을 받으며 그는 '자화상의 아버지'라고 불렸다.

1501년 다 빈치의 〈최후의 만찬〉, 미켈란젤로의 〈다비드〉가 이미 완성되었을 때, 뒤러는 고난도의 기법으로 판화 〈성 유스터스(Saint Eustace)〉를 제작했다. 판화 외에도 뒤러의 소묘, 유화, 수채 풍경화 모두 진귀한 작품이다. 뒤러의 이성적인 성향은 작품에도 영향을 주어 그의 예술은 매우 이지적인 특징을 보인다. 그의 소묘 작품은 뚜렷한 윤곽과 구조를 추구했는데 세밀한 부분 하나하나까지 정연하게 묘사되어 있다. 그가 그린 동식물 소묘의 정확성은 다 빈치와 비교해도 손색이 없을 정도였다. 뒤러의 유화 중 가장 유명한 작품은 〈네 사도(The Four Holy Men)〉이다. 그는 사도들을 표현하던 온화하고 선량한 기존의 이미지에서 벗어나 네 인물을 통해 각기 네 가지 성격을 표현했다. 그의 필치는 대담하고 자유분방했고 색채는 짙

고 강렬해서 게르만족의 성격을 유감없이 보여주었다. 뒤러의 수채
풍경화는 다른 장르의 작품보다 더욱 세밀해서 마치 실제 풍경을 보
는 듯하다. 뒤러는 평생에 걸쳐 수많은 작품을 창작해서 현존하는
작품만 수천 점에 이른다.

회화 외에도 뒤러는 다 빈치와 마찬가지로 대자연의 신비를 찾고
자 했다. 그는 건축학의 체계를 세웠고 도시의 건축과 방위에 관한
이론을 처음으로 정립했다. 또 회화 개론서와 인체해부학에 관한 책
도 저술했다. 다양한 분야에서 보여준 뛰어난 재능으로 뒤러는 '독
일의 다 빈치'라는 영예로운 별명을 얻었다. 아마도 이것이야말로
그의 생애에 대한 최고의 평가일 것이다.

색채의 왕 티치아노

그는 색채의 매력을 극한까지 끌어올렸고, 여기에 조각과 같은 형태미를 더하여 예술의 새로운 경지를 열었다. 티치아노는 세밀한 묘사를 번잡하다고 보았고, 호방한 필치와 현란한 색채를 사용한 시각적 효과만이 삶에 대한 열정과 자유에 대한 갈망을 표현할 수 있다고 보았다.

청출어람

15세기 말, 베첼리오 티치아노(Vecellio Tiziano)는 베네치아 북부 알프스 산골의 피에베 디 카도레(Pieve di Cadore)에서 태어났다. 그림 같은 풍경이 펼쳐진 이곳에서 어린 시절을 보낸 티치아노는 성격이 자유분방했으며 삶에 대해 열정이 가득했다. 부친 그레고리오(Gregorio Vecellio)는 열 살 된 티치아노를 데리고 부유하고 번화한 도시 베네치아를 여행했다. 당시 피렌체에서 활동하던 수많은 화가가 베네치아로 건너가면서 베네치아의 회화 예술은 빠르게 발전했다. 이 부유하고 자유로운 도시에서 사람들의 사상은 더욱 개방적이고 낙천적으로 변했고 더욱 향락을 추구하게 되었다. 금욕이라는 암울한 색은 한쪽으로 버려지고 그곳에 세속화된 자유와 열정이 자리를 잡았다. 부친이 열두 살의 티치아노를 다시 베네치아로 보냈을 때, 그는 조반니 벨리니(Giovanni Bellini)의 문하생이 되었고 그 후 평생 베네치아를 거의 떠나지 않았다.

조반니의 화실에서 티치아노는 그보다 한 살 더 많은 동문인 조르조네(Giorgione)[67]를 알게 되었다. 티치아노는 조르조네에게서 사상은 물론 회화적 기교도 배웠다. 또 조르조네의 향락주의적인 인생관과 개방적인 사고방식은 티치아노의 이후 작품에 은연중에 영향을 주었다. 조르조네는 티치아노를 무척 아껴서 틈나는 대로 그를 지도했다. 한편, 티치아노는 다 빈치, 미켈란젤로, 라파엘로의 명작을 공부하는 것 또한 게을리하지 않았다. 티치아노가 조르조네의 화풍을 모방하자 사람들은 두 사람의 작품을 구분하지 못했다. 두 사람이 화실에서 나온 뒤 조르조네가 의뢰받은 그림 대부분을 티치아노가

---

67) 조르조 다 카스텔프랑코(Giorgio da Castelfranco)의 별명, 1477~1510

그렸을 정도이다. 티치아노의 실력이 점점 늘어가자 조르조네는 색채와 조형에서 티치아노가 자신을 초월했다는 것을 깨달았다. 이 일로 자신에게 크게 실망한 조르조네는 더욱 분발하기보다 오히려 방탕한 길로 빠져들어서 33세의 젊은 나이에 페스트에 걸려 세상을 떠났다. 조르조네의 갑작스러운 죽음으로 티치아노는 독자적인 예술의 길을 걸었다.

유화의 아버지

〈성모의 승천〉
티치아노가 성 마리아 데 프라리 성당에 그린 제단화이다. 웅장하면서도 안정된 구도의 이 그림은 성모가 승천하는 신성한 순간을 그린 것으로 종교적 색채가 매우 짙다.

뒤러의 작품은 정교함이 특징인 것과 달리 달리 티치아노는 세부 묘사를 포기했다. 그는 본격적인 작업에 들어갈 때 한 번도 밑그림을 그린 적 없이 캔버스에 바로 그림을 그렸다. 필요하면 이미 칠한 색 위에 새로운 색을 칠해서 수정했는데, 이렇게 하다 보니 색채는 티치아노의 작품에서 가장 중요한 요소가 되었다. 티치아노의 초기 작품은 라파엘로와 미켈란젤로의 영향을 받았다. 여기에 해당하는 작품은 〈집시 마돈나(Gypsy Madonna)〉, 〈살로메(Salome)〉 등이다. 그중 가장 유명한 작품은 〈성모의 승천(Assunta)〉으로 이것은 베네치아 프라리(Frari) 성당의 의뢰로 그린 제단화이다. 화면 가운데에 성모 마리아가 천사들에게 둘러싸여 공중으로 날아오르는데 그 표정은 자신감이 넘치고 화면 전체에 축제 분위기가 가득해서 예전의 무거운 느낌의 종교화와는 매우 큰 차이를 보여준다. 이 그림은 티치아노에게 높은 명성을 가져다주었고 이탈리아 르네상스 말기의 절정기가 찾아올 것을 암시했다.

1520년으로부터 10년 동안 티치아노는 베네치아파를 대표하는 화가로서 전성기를 보냈다. 〈주신酒神 축제〉, 〈바쿠스와 아리아드네(Bacchus and Ariadne)〉, 〈목욕 후의 비너스〉 등이 모두 이 시기의 작품이다.

티치아노는 장수한 만큼 많은 작품을 남겼다. 90세를 향수한 그는 60세가 되어서야 비로소 화가로서 창작의 절정기에 들어섰다. 인문주의를 억누르는 교회를 보며 티치아노는 찬란한 금색으로 인성의 자유를 표현했으며, 그는 금색만이 자신이 드러내고자 하는 정신을 완벽하게 표현한다고 보았다. 이런 이유로 그의 작품에서 금색을 자주 볼 수 있는데, 금색이 사용되면 작품에 화려하고 현란한 느낌이 더해진다. 그래서 사람들은 그를 '금색의 티치아노'라고 불렀다. 〈우르비노의 비너스(The Venus of Urbino)〉, 〈다나에(Danae)〉모두 이 시기에 제작된 걸작이다. 미켈란젤로도 티치아노의 화실을 방문했을 때이 〈다나에〉를 보고 감탄을 연발했다.

▲ 〈바쿠스와 아리아드네〉
티치아노가 플로라(Flora) 공작을 위해 그린 작품으로 주신 바쿠스가 인도에서 돌아올 때 아리아드네와 한눈에 반하는 장면을 그린 것이다.

티치아노는 창조적인 정신을 가진 유화의 대가이다. 그는 색채의 풍부함, 명쾌하고 미묘하면서도 정확한 색조의 재현을 매우 중시했다. 그의 필치는 열정을 담아 자유롭게 치닫고 어떤 구태의연한 인습에도 얽매이지 않으며 생명의 활력과 고귀하고 장중한 아름다움을 뿜어낸다. 이런 업적이 있기에 사람들이 그를 '서양 유화의 아버지'라고 부르는 것이다. 티치아노가 한평생 남긴 작품 1,000여 점은 이탈리아 르네상스 말기에 출현한 베네치아파의 영광을 이룩했고 그의 이름을 영원히 빛나게 했다.

르네상스의 후원자 메디치 가문

피렌체는 이탈리아어로 '꽃의 도시' 라는 뜻이다. 중세부터 이어온 경제적 번영과 민주적인 정치 제도를 시행한 이곳은 유럽에서 최초로 개방, 민주, 부유를 실현한 곳이다. 이 자유로운 분위기에 끌려 수많은 장인, 상인, 학자, 그리고 예술가들이 피렌체로 모여들었다.

가문의 영광

▼ **로렌초 메디치 조각상**

미켈란젤로가 메디치 가문의 로렌초를 위해 만든 조각상. 메디치 가문의 후원과 도움으로 이탈리아의 르네상스는 눈부신 성과를 쌓았다.

피렌체공국(Republic of Florence)은 상공업이 발달하여 경제적인 번영을 누렸다. 13세기 말부터 14세기 초까지 피렌체는 방직, 은행, 무역이 크게 발달해 자산 계급을 위주로 한 길드가 점차 피렌체의 통치권을 장악했다. 이러한 사회적 배경을 바탕으로 훗날 피렌체에서 문화 예술 분야가 눈부시게 발전할 수 있는 토양이 마련되었다. 그러나 이 토양은 피렌체의 실제적인 통치자 메디치 가문(House of Medici)이 조성한 것이나 다름없다.

메디치 가문의 선조는 본래 평범한 중산층 가문이었으나 상공업에 종사하면서 대대로 부를 축적했다. 14세기 초, 메디치 가문의 조반니 메디치는 높은 이윤을 받는 은행업에 종사했다. 수십 개의 은행이 유럽 각 대도시의 경제를 좌지우지할 만큼 그 영향력이 대단했다. 당시 메디치 가문은 이미 피렌체에서 최고의 부자였다. 메디치 가문의 재력이 커지자 정치적 위상도 올라갔다. 조반니의 아들 코시모(Cosimo de' Medici)는 피렌체에서 참주 정치를 하여 왕관만 쓰지 않았을 뿐 실제적인 통치자였다. 1469년 코시모의 손자 로렌초가 집정을 시작했다. 그는 정치적인 수완을 발휘해 피렌체의 이권을 보호했고 진정한 의미에서 정치를 안정시켰다. 메디치 가문은 이때부터 전성기로 접어들어 피렌체를 1737년까지 통치했다.

메디치 가문이 피렌체를 통치하는 기간에 선조인 조반니는 물론 로렌초 역시 예술을 아낌없이 후원했다. 유명한 피렌체 대성당(Duomo di Firenze)은 조반니와 코시모 2대에 걸친 후원으로 완성되었다. 이 건물은 건축 양식과 구조에서 중

▲ 메리 메디치의 즉위식
프랑스로 시집간 메리 메디치가
왕비로 즉위하여 왕관을 받는
장면이다.

대한 혁신을 이루어 유럽 건축에 큰 영향을 주었으며 오늘날에 이르
기까지 피렌체를 상징한다. 코시모는 문예 사업에만 자금을 지원한
것이 아니라 학자와 예술가의 친구이자 보호자가 되었다. 미켈로초
(Michelozzo, 1396~1472)[68], 도나텔로(Donatello, 1386경~1466)[69],
프라 안젤리코(Fra Angelico, 1387~1455)[70], 기베르티(Lorenzo
Ghiberti, 1378~1455)[71] 등 수많은 예술가가 그의 후원을 받았으며,
이로써 르네상스의 걸작들이 탄생할 수 있었다. 그가 세상을 떠났을
때 도시 전체가 그의 죽음을 애도했다고 한다. 코시모의 손자 로렌
초 데 메디치는 르네상스 시대에 가장 훌륭한 예술의 후원자였고,
로렌초 일 마그니피코(Lorenzo il Magnifico), 즉 '위대한 로렌초'로
칭송받았다.

위대한 로렌초

로렌초는 메디치 가문의 전성기에 태어나서 최고의 인문주의 교

---

68) 피렌체의 건축가, 조각가
69) 이탈리아의 조각가
70) 이탈리아의 화가
71) 이탈리아 르네상스 초기 대표 조각가

육을 받았다. 이런 환경에서 자랐으니 화려하고 사치스러운 생활을 좋아하는 것은 당연한 일이었다. 그는 정치적 수완이 뛰어나서 피렌체가 이탈리아 정치에서 중추적인 역할을 맡았고, 이에 따라 피렌체와 메디치 가문의 번영은 절정에 달했다. 정치가와 사업가 외에도 그는 시인, 예술 평론가로도 유명했으며 당시 최고로 꼽히는 학자, 문인, 예술가가 늘 그의 주변에 모여들었다. 로렌초의 배려 덕분에 미켈란젤로는 메디치 가문의 궁전을 수시로 출입하며 수많은 예술품을 가까이에서 보고 연구할 수 있었고, 최고 수준의 예술가들과 교우할 수 있었다. 로렌초가 후원했던 예술의 대가로는 보티첼리, 다 빈치, 라파엘로 등이 있다.

로렌초는 예술가들의 작품은 물론 그들의 인생에도 영향을 주었다. 로렌초뿐만 아니라 메디치 가문에서 배출한 사회 지도자들은 모두 인문주의 사상에 조예가 깊었다. 교황 레오 10세, 클레멘트 7세 역시 로마에서 이탈리아 문화 예술의 발전을 위해 중요한 기여를 했다. 그들은 재능 있는 예술가를 후원하여 르네상스가 사람들의 생활 속에 깊이 뿌리내리게 했다. 이 밖에도 메디치 가문은 문화유산을 보호하는 데도 관심을 기울여 고대 그리스 로마 시대는 물론 르네상스 시대의 예술품을 수집했다. 메디치 가문에서는 자신들이 세운 우피치 미술관을 훗날 피렌체 시에 기증하여 모든 사람이 예술품을 감상할 수 있도록 개방했다. 르네상스 시대에 메디치 가문이 황금의 손으로 중세의 암흑을 밝히는 세계의 등불이 되었다고 해도 과언이 아닐 만큼 그들은 유럽의 르네상스를 위해 많은 공헌을 했다.